Giovanni Amaduzzi

Anecdota Litteraria Ex Mss

Codicibus Eruta

Giovanni Amaduzzi

Anecdota Litteraria Ex Mss
Codicibus Eruta

ISBN/EAN: 9783741172496

Manufactured in Europe, USA, Canada, Australia, Japa

Cover: Foto ©Thomas Meinert / pixelio.de

Manufactured and distributed by brebook publishing software
(www.brebook.com)

Giovanni Amaduzzi

Anecdota Litteraria Ex Mss

ANECDOTA

LITTERARIA

EX MSS. CODICIBUS

ERUTA

VOL II.

ROMAE

APUD ANTONIUM FULGONIUM

CIↃ IↃCC LXXIII

PRAESIDUM ADPROBATIONE.

LECTORIBUS ERUDITIS
EDITORES.

E N alterum Anec-
dotorum noftro-
rum Volumen ,
quod veftrae eru-
ditioni, & clien-
telae commendamus . Quod fe-
rius, quam ftatutum erat, ad vos
perveniat, non eft, quod rationem
reddamus. Multa enim, quae ingentis funt impedimenti ad opera
peragenda, nullius ad audiendum
funt vel oblectamenti, vel utilitatis. Quare ne vos pluribus ina-
niter detineamus, illud potius interim rogamus , ut fedulitati noftrae aliquid tribuatis, quam fane
in pofterum vos non ita diutius

defideraturos confidimus. Volumen hoc ad prioris normam
concinnatum eft, quod nimirum
Opufcula variae eruditionis exhibeat , quibus plerique Litterato-
rum allici, ac detineri poffint. Siquidem Φιλέλληνες , Sanctorum
Patrum ftudiofi, Biographi, Oratores , Epiftolographi , Poetae,
Philologi , Hiftorici , Antiquitatum tum veterum faeculorum ,
tum medii aevi cultores , ceterique habebunt, quo vario etiam
in idiomate delectentur , & edo-
ceantur. Quare fi quid aliquis
forte faftidiat , probabit alter ;
eritque femper, cuius interfit, X
cui arrideat. Valete ergo, Eruditi Lectores , & noftro de vobis be-
nemerendi ftudio amice favete.

ELEN-

ELENCHUS
OPUSCULORUM

Quae in hoc Vol. II. continentur.

a 2 *pri-*

Ponti-

IMPRI-

IMPRIMATUR,
Si videbitur Rmo Patri Magiftro Sacri Palatii Apoftolici .

D. Iordani Patriarchæ Antioch. Vicefgerens .

MUlta funt in fecundo hoc Litterariorum
Amœnitatum Volumine, quae ex Bibliothecarum
fcriniis eruta ab Eruditiffimis quibufdam Viris
de Litteris bene meritis nunc primum magno bo-
narum Artium ftudioforum bono in lucem produ-
cuntur. Ea & perluftravi libenter , & plunes ,
attenteque legi , Rmi Patris Magiftri Sac. Palatii
Apoft. nutibus obtemperaturus , nihilque in iis
vel minimum reperi , quod Catholicae Fidei , aut
Chriftianis moribus adverfaretur. Quapropter &c.
Ex Bibliotheca Almae Urbis Archigymnafii vii.
Kalendas Decembris an MDCCLXXIII.

Profper Petronius eiufdem Bibliothecae Praefes .

IMPRIMATUR.
Fr. Thomas Auguftinus Ricchinius Ord. Praedicatorum , Sac. Palatii Apoftolici Magifter.

ERRATA	CORRIGE.
Pag.16. 5pa	7pa .
209. Laudatiffimoque	Lautiffimoque .
213. Antonius Francifcus	Francifcus Antonius .
380. His	His .

FRAGMEN-

FRAGMENTUM ANECDOTUM
ORATIONIS LIBANII SOPHISTAE
DE SERVITUTE

E CODICE MS. BIBLIOTHECAE
MEDICEO - LAURENTIANAE ERUTUM

ET E GRAECO IN LATINUM SERMONEM
CONVERSUM

A IOHANNE CHRISTOPHORO AMADUTIO
GRAECARUM LITTERARUM PROFESSORE

In Archigymnafio Romanae Sapientiae :

Tom.II.　　　　**A**

IOHANNIS CHRISTOPHORI AMADUTII

AD CL VIRUM

AUGUSTINUM ANTONIUM GEORGIUM

PROCURATOREM GENERALEM

AUGUSTINIANAE FAMILIAE

PRAEFATIO.

SINAS, GEORGI *Vir Clarissime, inscribi a me
nunc tibi Fragmentum hoc anecdotum Orationis Libanii Sophistae* περὶ τοῦτο *de Servitute,*
quod tecum iam communicaveram, *ut aliqua ratione tentarem*, *an quod mihi a Graeco in Latinum
sermonem converti impossibile*, *aut difficillimum*
saltem videbatur, *por tuam eruditionem*, *peri-
tiamque sane immutata aut clarius evadere*, *aut
facilius fieri contingeret*. Codicis corruptionem,
& Amanuensis peccata tunc simul culpavimus,
idque unanimi sententia statuimus, *ut si his me-
dicam manum quis unquam adhibere pro necessitate voluisset*, is quidem *Augiae Stabulum sibi fere
repurgandum assumpsisset*. Graeci *textus sensum satis*
patere simul perspeximus, *ac revera non alius est*,
quam ut exemplis ab Hercule, *a Marte*, *a Theseo*,
ab *Atridis*, *a Tyrannis*, *atque ab Heris omnibus petitis evincatur*, *neminem liberum esse posse*, *atque
eos quinetiam*, *quibus servis esse contigit*, *aliqua
interdum frui libertate, quam eorum domini saepe
desiderent*. *Simile quid etiam sapientissimus ille*

A 2   *Roma-*

Romanae eloquentiae Pater Marcus Tullius sibi pro-
bandum aggreſſus olim fuit Paradoxo v., atque etiam
huc redit ſanctiſſimi Eccleſiae Patris Aminoſii Diſ-
ſertatio, ſive Epiſtola ad Simplicianum de vera
Libertate, ac Servitute. Idem praeterea aliqua
ratione adſtruunt Philemonis verſus in Thebanis,
quos refert Stobaeus (a), quique ita ſe habent :

Δοῦλοι βασιλέων εἰσιν· ὁ βασιλεὺς θεῶν·
Ὁ θεὸς ἀνάγκης· πάντα δ' ἀν εὑτῆς ἴλεω
Ἔτερον ἑτέρου, ἱδίων δὲ μηζότα·
Τούτοις ἀνάγκη ταῦτα δουλεύειν ἀεὶ.

Sui ſunt famuli regum, rex autem Deo-
    rum,
Et Deus neceſſitas. Denique nihil non,
    ſi perpenderis,
Alterius exſiſtit, maiora minoribus domi-
    nantur :
Haec illis perpetuo ſerviant neceſſe eſt.

His praelucentibus, aliquid tentari poſſe videbatur ;
ſpes enim affulgebat, ſi non ad litteram, ad ſenſum
ſaltem haberi aliquam verſionem poſſe, qua Graeci
idiomatis ignaris aliquid etiam de hoc ipſo anecdoto
Fragmento conſtaret. Rem hoc conſilio peregi, aſt
dubio ſemper conatu, & ancipiti greſſu, cum mihi
anfractus ubique occurrerent, ſenſus nimirum biulcus,
vitiata ſyntaxis, voces corruptae, & innumera
propemodum, quae ſunt ad orthographiam, inconcinna prorſus, & incondita. Senſum ergo aliquem
conſectari conatus ſum, parum interim laborans,
                                                    an

. (a) Apophthegm. Serm. LX. pag. 883.

an is fabulae, vel hiftoriae refponderet eorum, quae innuebantur. Si enim utrumque affequi voluiffem, inferenda vis fuiffet Graeco textui, quod mihi religio in veterum fcripta vetabat: nam malui indoctum interpretem videri, quam vel corruptorem, vel adulteratorem audire. Quibus blanda, levifque fieri poterat citra audaciam medicina, facta per me eft, ut potui: cetera vero, quae pro fenfu, quem mihi finxi, opportuna videbantur, reiectis in ima ora notis, aut, fi mavis, emendationibus reformavi. Hac fiquidem ratione & fenfui, & litterae quinetiam profpectum a me facile cenfui; fed fi neutrum me affecutum effe tandem conflaret, veniam, quam a te, amantiffime GEORGI, pro tua humanitate impetravero, ceteros etiam, fi non benevolos, minus forte inclementes in me facturam effe, firma fpe nitor. Ceterum fi quis huius rei difficultatem experiatur, hoc fane opus facile copulandum cenfeat Graeco alteri Hippocratis Libro περὶ ἑπταμήνου de Septimeftri Partu, qui adeo inemendatus circumfertur, ut litteralem interpretationem refugiat, & quae peracta eft quoquo modo, fenfum dumtaxat refpiciat. Adfunt & alia ita incompta, & depravata Amanuenfium infcitia, ut tamquam defperatae interpretationis dimiffa fuerint; quod factum non ita pridem novimus a Viro eruditiffimo Profpero Petronio Alexandrinae Bibliothecae in Archigymnafio noftro Romanae Sapientiae Praefecto, qui fine ulla verfione prodire fivit duo Graeca Epigrammata anecdota, quae ex Palatino, nunc Vaticano Anthologiae Codice Mf. ipfe exce-

A 3   *perat.*

perat (a) , & cui nunc etiam haec nostra expen-
denda commisimus , ut ex eius insuper peritia lux
aliqua nobis , si potis esset , affulgeret . Verum his
missis , ad Codicem veniamus , ex quo haec in nos
manarunt consueto beneficio Viri amicissimi , &
a nobis numquam sine laudis , & observantiae
significatione commemorandi Angeli M. Bandinii ,
qui alteri spectatissimo amico nostro Philippo An-
gelico Becchettio Praedicatorum Familiae Alumno
Fragmentum hoc ipsum ex Codice Ms. Bibliothecae
Mediceae Laurentianae Florentiae exscribendum libentissime dedit . Recensetur hic Codex ab erudits-
simo Bandinio summa diligentia in Catalogo ,
quem edidit , Codicum Graecorum laudatae
Bibliothecae (b) , ex quo haec nos nunc potissimum
delibamus . Continetur hoc ipso Codice , qui pa-
pyraceus est in 4 , & saeculo XIV. conscriptus ,
Libanii Sophistae , ac Luciani Opera varia , inter
quae (c) habetur Libanii Oratio τις φιλίας de Servitute , quae edita est a Federico Morellio inter
alias Libanii Orationes (d) , sed quae tamen sine
defiituta est , quem nimirum nos nunc primum eruditis communicamus . Patet ex hoc Fragmento ,
quo haec Oratio quoquo modo perficitur , Libanium
aliam

(a) Notizie Oltramon-
tane per uso de' Lette-
rati d' Italia Tom. II.
Part. II. dal principio di
Luglio a tutto Decembre
MDCCXLIII. In Roma ap-
presso li fratelli Pagliarini

ni ; Artic. XLIV. pag. 339.
(b) Tom. II. col. 137.
Plut. XXXII. Cod. XIIL.
num. XX.
(c) Num. XX. pag. 109.
(d) Tom. II. Orat. LXXI. ,
pag. 642. , & seqq.

aliam confcripfiffe Orationem de hoc ipfo fervitutis
argumento, quam nos huc ufque defideramus. Quare
eiufdem exoptandam ſvprev ex animo augurabimur
Viro Cl. Iob. Iacobo Reiskio, iam pro omnium Libanii Orationum editione adlaboranti, cui & alterius anecdotae Libanii Orationis ἰνλ, Ὀλυμπίω pro
Olympio, quam habet Codex Bibliothecae Barbe-
rinae (a), quamque eidem parare nititur omnis
Litteraturae Volupiae cultor egregius Iob. Ludovicus Blanconius Saxoniae Electoris a confiliis, & apud
Romanam Sedem Orator, editionem libenter refer-
vamus, & a quo demum haec noſtra corrupta,
& hiulca prorfus emendationem, ac formam aliquam fperare poffint. Id etiam peculiare ex fragmento hoc ipfo nunc deprehenditur, effatum illud:
Ἐι Ἐν δυλῳ νιλῳ ὁ Ἀνθρωπ. Unus eſt fervus domus herus, quod inter breves Graecas fententias
ad calcem Lexici Cornelii Schrevelii appofitas (b)
legitur, nullo Scriptori tributum, Menandro accen-
fendum effe ex fide Libanii, qui ex ipfius ore ufur-
pat. Ceterum inter Fragmenta ipfa Menandri
a Grotio, & Clerico in unum collecta (c), ipfum
invenire non licuit. Id unum reſtat modo, GEORGI
Vir Cl., & amiciffime, ut in incondito hoc mu-
nufculo, tum etiam exiguo prorfus, ac tenui dantis animum fpectare dumtaxat velis, quem tibi
omnino devinctum, quem gratum, quem benevo-

A 4   lum,

(a) Vid. Fabricium Bi-   (c) Amſtelodami typis
bliotb. Graec. Vol. VII.   Thomae Lombrail 1709.
pag. 411, & 412.   in 8.
    (b) Cap. V.

lum, quem tuae sapientiae, ac meritorum tuorum aestimatorem, & quem tandem tuarum laudum praeconem non uno ex indicio pro mea quidem imbecillitate, si non pro dignitate tua, quod meae non est opis, perspicere facile potuisti. Mitte animo, ac virtute, hoc praesertim tempore, quo fulsere tandem candidi soles (a), Ecclesiae, litteris, tuique similibus auspicatissimi. Vale.

Datis ex Aedibus meis a. d. xv. Kalendas Septembris, die ipso natali meo, qui mihi primus est anni xxxiv., quemque tu mihi faustum, ac felicem precare, anno a Christo nato cɪɔɪɔcccʟxxɪɪʟ.

(a) Catull. Hendecasyll. viii.

FRAGMEN-

FRAGMENTUM ANECDOTUM
ORATIONIS LIBANII SOPHISTAE
DE SERVITUTE.

Μοὶ δὶ δοκεῖ μηδ᾽ αὐτὸς
(Ἄρης) διαφεύγειν δου-
λείαν (a) · τὸ γὰρ κατὰ φυχὴν
οἱ κατασκευάσασθαι τὸν πί-
θον, καὶ διδόναι τὸν ἐπι-
παππόμενον αὐτὸν, καὶ εἶναι
αὐτῷ δελευότος φαυλότερον δῆλον ἐποίει τὸν ἐν τῇ
τάξει τῆς κελευότος. Ἡρακλῆς δ᾽ ἔχων (b) εἰς ᾄδε
τὸν ἀνεψιὸν (c) τὸν αὐτῷ δῆλον ὄντα τὰ πρῶτα
καὶ προσότι γε δεσμώτην ἔλυσε · καὶ τῆς Ἀτρεί-
δας γε οἱ χιλίαις ναῦσι τῇ Τροίᾳ προσέβαλον
πολλὰ ἂν εὕροιεεν ἐν τῇ πολεμίᾳ τῷ στρατῷ δι-
δυλεικότας. Νῦν δὶ εἶχε Μένανδρος ὁ δικαιο-
θῶς,

Quid quod ne (Mars) ipſe
ſervitutem evaſiſſe mihi videtur.
Quod enim ipſi poſt fugam fuerit
conſtructus cadus, & in eo ipſe
collocatus fuerit vinculis conſtri-
ctus, id fecit, ut qui antea in ordine inhernis fuerat, ſervos for-
ticate ipſo deterior exſiſteret.

Hercules vero accedens ad ſomum
Ditis conſobrinum ſuum ſervum
exſiſtentem inferorum, & inſuper
ligatum diſſolvit. Atque Atridæ,
qui mille navibus Troiam aggreſſi
ſunt, multam invenient in bello
exercitui inſerviiſſe. Hanc autem
opinionem habebat Menander di-
vinitus

θῶς, καὶ κλῆσα τοῖς οἰκέταις ἄρα τοῖς αὐτῷ δε-
δουλευκῶς ὕτως ἔχειν εἰπεῖν· Τὸ δέ ὅτι δ᾽ὕλις
οἰκίας ὁ δισπότης (d)· καὶ γὰρ ὡς ἀληθῶς πολὺς
ὁ τῶν φροντίδων ἑσμὸς ὡς οὐκέτιν ἐν εὐπραξία τι,
καὶ κακοπραξία. Τῷ μὲν γὰρ ἀρκεῖ πρὸς τὰς
ἑαυτοῦ χεῖρας ἰδεῖν, τῷ δὲ ὀρέγεισ (c) ἀνάγκη.
Καιρὸν δέ αἰτιάσεσθαι καὶ Διὸς ὀργὴν, καὶ πτω-
μάτων ἀπυσίαν, καὶ ὅσα καρπογονίας ἴσχη·
τύτων ὑδέν ἀπολογία πρὸς δ᾽ὕλον· ἀλλ᾽ ἐκείνῳ
γ᾽ ἢ γᾶ, καὶ μὴ φιμῶσα φέρει ἐσθῆστι (f), καὶ
ὑποδήματα· ἢ μὲν ἐξυφαίνεται, τὰ δὲ ῥάπτεται
καθευδέτω. Γαμῶσι δὲ ὑδέν φροτοκτήσαντες·
ἀλλ᾽ ἡ μὲν πρόνοια τῷ δισπότῃ καθὴ ἴσα
ἐργάσθαι πρὸς τὸν εὐνήν. Ἀθινύτη δὲ οἰκέτῃ
μία φροτίς τὸ ἀῤῤώσημα· φαρμάκων δὲ, καὶ
ἰατρῶν, καὶ ἐπῳδῶν ἀλλῷ μελήσει· καὶ ἀπο-
θνίσκετ-

vicinus perſaſus, qui cum ſæpiſſi-
me ſervis nempe ſuis ipſe ſervil-
ſet, ſic dixit : quod unus eſt ſer-
vus domus dominus ; etenim vere
rumbrus eſt curarum cumulus, quum
domeſticus labor, & male operatur. Uni quidem enim ſat eſt in
elus manus intendere, alterum vero
percutere neceſſe eſt. Adeſt autem occaſio culpandi & Iovis
iram, & ſpirituum abſenſion,
& quæcumque fructuum præsta-

tionem cohibeat . Horum exerci-
tio nihil ad ſervum attinet ; quandoquidem illi terra, etſi non
fractus ferat, fert tamen veſtem,
& calceamenta , ſiquidem illa te-
xitur , hæc vero ſuantur, catera
ipſo dormiente . Nubent vero,
nihil ſibi parantes , ſed cura eſt
domini, ipſos dare operam liberis
in cubile . Ægrotanti vero do-
meſtico una cura eſt languor ipſe;
pharmacorum, medicorum, & in-
cuet-

Θνήσκοντι γὰ ὁ φόβος ἀφ'νὶς ταφῆς· αφὲὶ ταφία
γὰρ ἑαυτὸν ἔχει τὸν Δοκέντα (g) μὲν Δεσπότην ὄντα
δὲ δ῀ῦλοι (h). Εἰ δ῀ὴ δ῀ῦλοι μὲν οἱ δ῀ῦλοι, δ῀ῦλοι
δὲ οἱ Δεσπόται, καὶ τίς ἂν εὕροι τὴν ἐλευθε-
ρίαν; Ἐν ἡμῖν φαίη ἂν οἱ τύραννοι οὐχ ὁρᾷς (i)
φησιν (k) ἀκροπόλεις τι ἐφ' ὧν ἱδρύμεθα, νόμως
τε ἂν ἡρημένη (l), ἵν' ἡμεῖς ἀπ' ἐκείνων ἄρχωμεν,
εὔθερον τι ἐν αἰχμαῖς τῶτον περιλάμπωντα (m),
εἶρος τι τουτὶ δορυφόρων· εἰς γῆν κύπλην κα-
ταναγκάζοντας πόλεις, καὶ μὰ Δία φημὶ, καὶ
μᾶλα ὁρῶ τὺς φαίδρυς δορυφόρυς οἱ τυραννοῦσα
τῶν τυραννούντων· καὶ τὸ μὲν ὄνομα αὐτοῖς
φύλακες, ἔργῳ δὲ ἀσι Δεσπόται· ἐν μὲν γὰρ
οἱ δὲ δ῀ῦλωσιν ἁρπάζετό (n) τε καὶ σκευοφόρυς,
καὶ χρήματα, καὶ παρθένυς, ἢ ἐστι (o) τύραννοι.
Βελινυσομένων δὲ ἄλλο τι περὶ τῆς φρηρᾶς
ὑμῖν

esetnicemus alteri cum erit. Me-
sinrui vero culbus est cinpar fe-
pulesi; quoad palinchuroeu enim
ipsom habere in speciem quidem
dominam, re nouera servas. Si
vero fervi sint ipsi fervi, & fervi
sint: culbus domini, ubienam qui-
bweriat libretatem? Inter nos
dixerius tyranni, nuuquam donu
dium & areas, in quibus confi-
demus, & leges fabiluas, ut nos
pro illis dominemus, & facrum

hæc cuspidibus circumfulgens, &
hanc turbam familiam. Iae
terram indicans cogentes Ci-
vicans, cum per terram siu,
& video valde alacres familias,
qui tyronumizant tyrannos. Et no-
nere quidem illis est Cufodes,
reipse anero funt domini; si quidam enim ipsi velint, rapiant
& linea, & opes, & virgines.
In estis tyranni? Postquam aliud
quidquam in tenore custoditum
fue-

ὑμῖν ὁ θάνατος· καὶ μὴ τῦτο ἀλλά τι ὑπ
ὀλίγα διδάσκει καὶ Λυδὸς δορυφόρος. Κτήσας
μὲν τὸν δεσπότην, τὰ δὲ ἱκάνια κτησάμενος
τήν τε γυναῖκα, καὶ τὴν ἀρχὴν· ὑμῖν δὲ ὐδὲ
ὕπνος ἡδὺς, ἀλλ᾽ ἐν τοῖς ὀνείρασιν, ἀνατρί-
χυσί τε οἱ βεβιασμένοι πρὸς τὰ ματίωσα (p), καὶ
προσβάλλουσι τοῖς βασιλήοις, καὶ τρήκουσι τὰς
ἐπικύρας· καὶ ἐπειδὰ ἐγγὺς ἦ τὸ ξίφος ἀνασπη-
δᾷ (q) τι κεκραγότις· χρόνω διόμενοι πρὸς τὸ
μαθεῖν ὅτι ὐχ ὑπὲρ ταῦτα ἔ· μὴ (r) ὖν μάλιστα
ἀνθρώπων ἀναμίξαντις (ſ) δεσποτάδα δυλδέας,
καὶ δὲ δυλδέας ὀκπίτι λαβόντις, καὶ κακπ-
μένοι καθαρεύειν (t) οἴεσθα τὲ χείρονος; Ἀλλ᾽
ὁ δῦλος ἄλλοτι ἄλλω γίνεται· καὶ ἵνα πεφσις
τῇ σώματος· καὶ τί; ταύτη γι ἱκένος ἀθλιώ-
τερος ἀργύριον ὁ μὲν ἔλαβιν, ὁ δὲ ἔδωκιν·
ὐ γὰρ

Patrie, ab excubiis vobis mors
imminet. Et me hoc, tam & non
pauca docet etiam Lydius Satel-
les. Sane cum interfecisset dominum, cum bona confecratus est;
& uxorem, & principatum. Vobis autem neque fomnus fuavis est,
fed dum inter fomnia verfamini
illi vim faciunt confcendentes in
fummas arces, & prorumpunt in
regias, & fubvertunt fpeculatoret.
Et cum prope est cafus, profiliunt

clamantes, tempus orantes, quoniam fciant, quod ultra hæc non
effet. Verumtamen quoad maxima
ex parte homines mifcuerint do-
minationi fervitutem, & hanc per
fervitutem adepti, facti fint domini, parum eile (firmum) deterio-
ris conditionis eile parati? Sed
fervos diverfa etiam ratione alterius fit, & est venditio comparis.
Quid inde? Per hanc (venditionem)
ille fit miferior, fi argentum hic,
qui-

ἢ γὰρ δὴ τὸ σῶμα γε ἀυτῷ τῦτο ἰπηρεφ͞σεν·
ὐδ᾽ αὖ τὴν (u) ψυχὴν διέφθειρεν· ὐδ᾽ εἴ τις ἦν
ἐν ἀυτῇ τύχη τάυτην ἐξέβαλεν πολλάκις τε
ἀυτῷ τύχης ἀμείνονος οἶκον ἐκ (x) πενεστέρε·
Ἔρχεται δὲ καὶ ἐφ᾽ ὅλας τὰς πόλεις τεϕπον τίνα
τὸ τοιῦτον· κεῖται γὰρ ἀυται πολλάκις βα-
σιλεῦσιν ἀ᾽θλα, καὶ ὁ κτήσασθαι βελόμενος
ὠνεῖται τάυτας ὅπλοις, καὶ μάχαις· καὶ μάλλον
γε μετὰ σωμάτων, καὶ χρημάτων· καὶ γεγόνα-
μεν ἐκ ὀλίγων ἤδη δεσπότων ἐν μικρῷ χϱόνῳ
τῶν δὲ γε νῦν ὄντων ὡς ἐπιπλῆϛον ἦμεν
ἀυτοὶ καὶ παῖδες. Ὀυδεὶς ἦν ἐλεύθερος. Εἰ
δ᾽ ὅς τις φιλοσοφῇ, σκεψώμεθα, ὦ ἄνδρες,
ἐν ἑτέρῳ περὶ τῦδε συλλόγῳ.

EDITO-

EDITORIS ADNOTATIONES.

(a) Heic definit Morellia-
us editio; quanquam paullo
aliter haec ibidem se habeant,
scilicet: Οὐδ' ἀντὶς ἱμοὶ δνῶ
Κρονίδῃ δανάας ζυῃὸν ἱρίρυ-
ηυν. Quare ex Codice eadem
regerere placuit. Si editio
inhaereas, Iovem Saturni filium heic indicatum habes;
sed si Codicem sequaris, ad
Herculem ipsum, qui supra
innuitur, haec pertinent.
Verumtamen inter Fabulas
nihil invenias, quod alterntri
conveniat eorum, quae heic
designari videntur. Nota
Herculis servitus Omphali
praestita, quam innuit Libanius ipse in Declamatione LX.
Tol. pag. 348. Nota & eiusdem servitus praestita Eury-
stheo, de qua Libanius quinetiam in Declamatione XVII.
ibid. pag. 478. Quare Martem potius huic indicari
crederem, Homeri versi-
bus suffragantibus Iliad. E.
vers. 385:

Τὸν μὲν "Αρης, ὅτε μιν "Ωτος, κρατερὸς τ' Ἐφιάλτης
Γ᾽αῖδι 'Αλωῆος δῆσαν κρατερῷ ἐνὶ δεσμῷ·
Χαλκέῳ δ' ἐν κεράμῳ δέδετο τρισκαίδεκα μῆνας.

Pertulit quidem Mars, quando eum Otus, fortisque Ephialtes
Filii Aloei ligaverunt duris in vinculis.

Aereo autem in vase vinctus est tredecim menses.

Eustathius quidem, celebris
ille Homeri Commentator,
ἀδιχον κέραμον aereum vas,
sive etiam vectem, αὐτον appellat, quae vox heic nimirum etiam a Libanio usurpatur. Sic enim Homeri locum
exponit Eustathius: "Εδησαν
δὴ (Otus scilicet, & Ephialtes) τὸν "Αρην, ἐν καλκέῳ κεράμῳ ἔχων ἀντρίω ὅλον, εἴδη.
Tum & Hesychius ipse κέραμον
interpretatur νῖλος. Ceterum,
eodem observante Eustathio,
alii in δεσμωτηρίῳ τυφιῷ carcere solido inclusum, ac vin-
ctum dixerunt Martem. Quare Κρονίδῃ Saturnius, sive
Iuppiter, cui haec minime
conveniunt, quemque nobis
Morelliana editio exhibet, in
τὸ "Αρης convertendus videtur, pro quo etiam in Lau-
rentianum Codicem αὐτὸν forte

se irrepferit, vel Ἀρ.ς potius, qui ibidem adnectebatur, confueto Librariorum ofitantia omniffas fuerit: Nôs etiam illud dicere volumus, male hoc adfutum fuiffe hanc periodum, quæ Hercultis fuperiorem commemorationem in editis, ab inferiore, quæ in Codice eft, perperam feimexerit, cum potius fubfequi debuiffet.

(b) Sic habet Codex, fed mendofe; vel enim legendum Τἁχρι venietis, vel ἄχρι frepenes. Nos primam lectionem fequuti alteram, cui lubet, permittimus.

(c) Thefeus, qui cum Pirithoo ad inferos defcenderat rapturus Proferpinam, vivus in Ditis poteftatem pervenit, & in vincula coniectus tamdiu ibi manfit, donec Hercules ipfum liberavit. Liberatio ad Thefeum provocare videtur; fed quomodo Thefeus Herculi confobrina agnatione tangeretur, et Mythologia, qui haud etiam commitur hanc rem narrant, deprehendere non licuit.

(d) Confule Praefationem pag.7.

(e) Hefychius in Lexico:

Ὀρέχτω ... (quod ab ipfo) ἐλέχθτο, ὁ γὰρ τύπτω ἐκτείνω τὴν χεῖρα. Scilicet percutio; verberans enim manum extendit. Plagis feræ obnoxii eramus; fed fi pro porrigere auxiliarias manus huic verbis interpretari, non repugno.

(f) Lege ἰσχύρω.

(g) Apud Demofthenem, etiam οἱ δοκοῦντες εἶναι ἀγαθοί, qui videntur effe boni, vel in fpeciem boni. Verum hoc legendum δοκοῦντα pro δοκοῦντας, quod habet Codex.

(h) Libanius inter Progymnafmata, ubi de vituperatione incipiae To.I. p.115: Θάνατος, φησὶ, πᾶσίν ἐστι φοβερὸς ἢ δυσφόρων εἰς οὕτω τὴν τελευτὴν οἱ ἀποθανόντες, ὡς τὸ μὴ ὠφελῆσαι τὸ σῶμα φροντίζειν ἔχειν. Οὐδὲ γοῦν ὁ Σαρδὼ· ὁ μὲν γὰρ θάνατος ψυχῶν ῥαδίως, τοῖς τοῦ δενδρου φροντίσι τρεφόμενα, ἢ τ' ἄλλα ἔχει ἃς ὄντα τὸ σῶμα. Exceffit e vivis? De fepultura folicitudo eft, & parentes illacrimamur non tam morti, quam quod honefte corpus fepelire non poffint. Servitus nihil quidquam tale eft; at enim fervus dormit in utramvis aurem, heri fui cura nutritus.

rus , & alia adeptus , quibus corpus eger . *Vides Libanium eandem mens sententiam regerere .*

(i) *Forte* ἴεν . *Siquidem apud Homerum saepe habetur* ἦρα εἴρειν , *quod Eustathius ad Iliad.* Δ. *idem censet . ac* χάριν , ἡ ῖσταπφίαν εἰρειν , *gratiam , vel auxilium ferre , aut etiam* χαρίζεσθαι *gratificari . Hinc apud Hesychium* ἦρα καλῶι , *vel . ut Salmasio , ac ceteris libet .* ὑφαγκαι , *vel* ὑφάγκαι , *quo veteres Graeci Herculis opem poscebant .*

(k) *Legi etiam posset* ὑφῆριν , *ut phrasis Homerica , quae Libanio familiaris , servaretur ; tuncque verti posset ; pro donis statuent .*

(l) *Forte legendum* ἀγομένοις .

(m) *Libanius inter Progymnasmata , ubi de Tyrannicida , Tom.I. pag.64. habet :*

bet ἀσφάσματα εἴδηρε collucans ferrum .

(n) *Forte* ἀρηδζεν .

(o) *Forte legendum* ἦν ῥέοντοι ; *forma interrogandi .*

(p) *Libanius inter Progymnasmata , ubi de Tyrannicida , Tom.I. pag.62. habet :* τὰ μέλιστα κατελαβὸν , *qui cum edita loca occupasset .*

(q) *Forte* ἀγαγιδ̓σει .

(r) *Lege , quaeso ,* μὶν .

(s) *Melius legas* ἀναμφέντας , *&* κατᾶντα . , *&* Αἰθιοπίνω , *ut aliqua ratione fiet syntaxis . Sed nihilominus Aethiopem lavamus .*

(t) *Dicitur servus* καθαμ́μ̓νει *purus esse , ut ab eo , qui mixtam servit servitutem , distinguatur . Sic etiam ab Homero* καθαροιι *Θάνατος pura mors dicitur .*

(u) *Lege vel* ἀντι , *vel etiam* ἀντι .

(x) *Forte legendum* ὁιας πι .

INCER-

INCERTI GRAECI POETAE

I A M B I

IN SERMONES SANCTORUM PATRUM

SEU

DE SCRIPTORIBUS ASCETICIS

Ex Cod. Ms. Bibliothecae Nanianae
Venetiis faec. xv

NUNC PRIMUM EDITI.

Tom. II.   B

IOHANNIS CHRISTOPHORI AMADUTII

AD VIRUM CL.

IOHANNEM ALOYSIUM MINGARELLIUM

ABBATEM ET PROCURATOREM GENERALEM

Canonicorum Regularium Congregationis
Rhenanae S. Salvatoris

PRAEFATIO.

G*RAECI Poetae anonymi Iambos per te,
ex Codice Ms. Bibliothecae Nanianae accurate exscriptos, tum e Graeca in Latinam
linguam conversos, ac pluribus insuper insignitos
adnotatiunculis, atque iis quidem doctis, erudi-
tisque, libuit tibi ad me pro tua humanitate nunc
mittere, ut dein & per meipsum inter Anecdota
nostra insererentur, & quae placeret, Praefatio
simul iisdem apponeretur. Accipio munusculum
quam libentissime, ac de eodem multum te amo.
Cur enim Graeca non probet, qui & Graecis litteris tradendis publicam operam navet, & cui
uno tempore Athenis, & Romae quodammodo
commorari videatur? Verumtamen ut aquas videmus a mare profectas ad mare rursus etiam redu-
ces, sic etiam decet, MINGARELLI immantati,
Opusculum hoc, quod a te mihi anecdotum tam
libenti munere traditum est, nunc autem typis
cura mea excusum, quasi ἀντίδωρον, ad te reverti.*

B 2   *Cete-*

Ceterum tute vides, parum mihi reliquum fuisse
quod facerem, ut Iambos istos publica luce dignos
constituerem. Anonymus Auctor nihil de se conii-
ciendum praebet, ut & tempus, quo ipse vixe-
rit, ne divinandum quidem nobis relinquat; nisi
illud dicere velimus, quod a te in adnotatione
monitum est ad Callisti nomen, qui si ille esset
Xanthopulus cognomine, & Patriarcha Constantino-
politanus, qui saeculo xiv. scripsit, parum sane antiquitatis his versibus tribuendum foret. Asceta
tamen Poeta hic fuit, qui praecipos Ascetas Scriptores carminibus recensendos sumpserit. De Ascetis nihil est, quod dicam, cum hanc Spartam egregie ornaverit Vir Cl., & Eminentissimus Nicolaus
Antonellius S. R. E. Card. in Dissertatione
de Ascetis, quae ab eodem inserta est in editione, quam anno cɪɔɪɔccɪvɪ. typis Propagandae Fidei
peregit, Sermonum Armenorum S. Iacobi Episcopi
Nisibeni (a), ut Ascetarum mentionem, quae in
Sermone vɪ. habetur, omni eruditionis genere illu-
straret, & Ascetas ipsos non Diocletiani Augusti
aevo dumtaxat, cuius ultima persecutionis tempora, ac restitutae a M. Constantino Ecclesiae pacis
Armenum Patrem attigisse patet, sed etiam primo
Ecclesiae saeculo exstitisse contendat, ac digitum
idcirco intendat ad Flavium Clementem (b) Domitiani Imp. patruelem, a Svetonio (c) memoratum,
qui

(a) Post Sermon. v.   (c) In Vita Domitian.
pag 107.. & seqq.   cap.15.
   (b) Ibid. §.5. pag.112.

qui ex Confulatu ad Martyrium pro Chrifti fide
proceffit, & cuius tumulum longe praeftantiffimum
hoc ipfo faeculo feliciter detectum, qui Romae iṇ
veteri S. Clementis Papae, & Martyris Ecclefia re-
ligiofe nunc colitur, illuftrarunt Eduardus Vitryus,
& Francifcus Antonius Zaccherius (a). Sinas vero,
MINGARELLI eruditiffime, nonnullas alias a me
quoque adnotatiunculas tuis fane folidioribus copu-
lari, ut & Auctores illi, quos forte tanquam
notiffimos intactos reliquifti, iis, qui eofdem parum noverint, atque ac ceteri, quos tu illuftrafti,
innotefcant. Verum cum hoc raptim, prelo me ur-
gente, peregerim, non aliud ufurpare ad id licuit,
quam Catalogum Mff. Codd. Graecorum Bibliothecae
Mediceae Laurentianae Florentiae a Cl. Bandinio noftro fumma eruditione, ac diligentia elaboratum,
ex quo tamen pro re mea fatis notionum haufiffe
mihi videor. Tu qui tanta Anecdota & Latina,
& Graeca Litterato Orbi communicafti, quique
& tanta per te naviter exfcripta adhuc in forulis
fervas, ne patiare nos diutius iifdem carere, atque
haec noftra Anecdotorum editio tibi ftimulos addat,
quibus & ipfa in eo proficiat, ut iifdem a te col-
lectis Anecdotis in pofterum ditefcat, eaque primum eruditis exhibuiffe glorietur. Illud tibi nunc
perfuadeas velim, MINGARELLI Cl., nemini me
eorum concedere, qui te colunt, & obfervant ;
B 3   Immo

(a) Raccolta d' Opufcoli fcientifici, e filologici
Tom. XXXIII. pag. 251.

Immo & gratum, & memorem quinetiam liberalitatis huius tuæ me perpetuo exstiturum polli-
ceor. Vale.

Datis ex Ædibus meis Kalendis Octobris
anno CIↃIↃCCLXXIIL

ΒΙΣ ΤΟΤΣ ΛΟΓΟΣ

ΤΩΝ ΑΓΙΩΝ ΠΑΤΕΡΩΝ.

Κ Ρηπὶς ἀρέτη τῷ μοναςικῷ βίω
Οἱ πᾶν γερόντων τῶν σοφῶν ἁπλοὶ λόγοι
Δηλῦντις αὐτῶν πρᾶξιν ἐν Θεωρίᾳ·
Οἱ καὶ κατὰ ςοιχεῖον εἰσὶν ἐν βίβλῳ.

5. Τέτες καταρχὰς εἰς ἀνάγνωσιν δέον
Ἅπαντας ἡμᾶς λαμβάνειν καθ' ἡμέραν.
Ὡς δὲ Ἐδὶμ γὰρ δὲ ἱκάνων βλυςάνει
Ἐλλάμψεων πηγή τις εἰς σωτηρίαν

INCERTI GRAECI POETAE
IAMBI
IN SERMONES SANCTORUM PATRUM.

O Ptimum vitae monasticae fundamenta
Sunt sapientum Senum (a) simplices sermones,
Quibus eorum *praxis*, ac *theoria* manifestatur,
Quique iuxta litterarum ordinem sunt in hoc li-
5. Hos in primis legere debemus   (bro.
Cuncti, & quotidie in manus sumere:
Ex ipsis enim, tamquam ex Eden, scaturit
Fons quidam illustrationum mentis saluberrimus,

B 4   Qua-

___
(a) *Libros illos respicit*, num, & Patrum approbatione
qui a Graecis Geronica, & magis continentia.
Paterica *vocantur, eo quod* Se-

Ἀρχῶν μερισμὸν τὸ[ν]δ[ε] δεδηγμέ[νη]
10. Ἐν τῇ μεγίστῃ τῶν ἀριστῶν τετρακτύι,
Ἐξ ἧς καθαίρεταί τε καὶ φωτίζεται
Ἅπας μονασ[τὴ]ς τῇ Θεοῦ συνεργίᾳ.
Μεθ' ἃς μέτελθε συγγραφὴν Παλλαδίου·
Καὶ δὴ μετ' αὐτὴν τὴν Ἰωάννου πάλιν
15. Πρὸς τὸν μαθητὴν Σωφρόνιον γραφεῖσαν (a)·

Quatuor principiorum partitionem ostendens
10. In maximo virtutum quaternario,
Quo & purgatur, & illuminatur
Quilibet monachus Dei auxilio.
Postquam hos legeris, transi ad opus Palladii (b),
Tum rursus ab hoc ad librum (c) Iohannis,
15. Quem is discipulo suo Sophronio scripsit,

Qui-

(a) *Versus claudicat* : neque vero credibile est , Anonymum nostrum tam turpiter peccasse : metricas enim leges probe calluit. Legendum igitur γεγραμμένην pro γεραμένην. Sed indoctus forsitan librarius cum versum videret pluribus , quam ceteros , syllabis constantem , pro γεγραμμένην scripsit γραφεῖσαν.

(b) Forte hic est Palladius Galata , Episcopus Helenopolitanus , discipulus , & familiaris S. Ioh. Chrysostomi , qui scripsit Dialogum de Vita Praeceptoris sui , editum ab Emerico Bigotio Autographi Lutet. Parisi.—anno 1680. Vid. Catalogum , Cod. Mss. Graec. Bibl. Medic. Laurent. Florentiae , auctore Viro Cl. Angelo M. Bandinio , Tom.I. col.411. §.15. Amadutius.

(c) Iohannis Moschi liber notissimus est , quem inscribi solet λειμῶν , aut λ[ε]ι παράδεισος , h. e. Pratum , aut novus Paradisus.

Ἀημῶνα δὲ κληθῆσαι ἵνοσμον νέον·
Καὶ τἄλλα τυγχάνοντα τοιυτότερωπα·
Καὶ σκητιώτη Δανιὴλ τὰ φρακτὰ
Δόξης καταφρόνησιν ἐμποιῶντά σοι.

20. Κάλλιστον ἀντ᾽ ἄκησμα Καλλίστου πατρὸς
Θυμοῦ μαραῖτον τὴν παρακτικὴν ζίσιν·
Καὶ Δωροθέῃ θεῖα τῶν δωρημάτων,

Quique *Pratum novum* bene olens vocatus eſt.
Et alios eiuſdem generis libros lege.
Ac Danielis (a) Scetiotae practica documenta,
Quae te inanis gloriae contemptorem facient.
20. Deinde optima (b) Calliſti patris praecepta lege,
Quae animi tui perturbationes compeſcent:
Et Dorothei (c) divina dona, ac ſcripta,

In

(a) *Daniel hicce Monachus Scetiota videtur eſſe. Danielem illum Abbatem, & eius narrationem de puero Hebraeo per ludum a pueris Chriſtianis baptizato memorat ex Lambecio Fabricius* Bibl. Gr. Tom. X. pag. 501. *Operis vero ab Anonymo noſtro indicati Fabricius ipſe nuſquam meminit.*

(b) *Paronomaſia in Graeco eſt, ſed latine exprimi nequit: nempe Calliſtus graece valet* optimus. *Quis autem ſit iſte Calliſtus, non auſim*

nunc definire. Si eſt Calliſtus Xanthopulus, cuius opus centum capitibus conſtans inſcribitur:* Μέθοδυς, ἢ Κανὼν τῶ ἀγῶνος, ἢ πολιτεία μοναχικὴ, *ut videtur; Anonymus noſter valde antiquus non erit. Xanthopulus enim ille Patriarcha Conſtantinopolitanus ſaeculo* XIV. *floruit.*

(c) *Hic quoque paronomaſia eſt in Graeco: nam Dorothei nomen derivatur ex vocibus* donum, *ac* Deum denotantibus. *Fuit autem Dorotheum*

Ἐν οἷς λογισμῶν τὰς πολυχιδεῖς τρόπους
Τῆς λεπτότητος τῇ διακρίσει γράφει·

25. Μακαρίε τι τῷ φερωνύμῳ λόγες
Ἐξ ὧν προσευχῆς ἐκμαθὼν θεωρίας
Εὐχὴν διώξεις κỳ προσευχὴν ἐργάσῃ·
Καὶ Κασσιανῦ τὸ σύοντος κρασίας.

In quibus cogitationum multos, variofque mo-
dos
Subtiliter difcernens defcribit:

25. Et Macarii, cui recte hoc nomen (a) impofi-
tum eft, fermones,
Ex quibus precandi *theoriam* cum didiceris,
In orationem incumbes, ac preces Deo fun-
des:
Et librum Caffiani (b) caffiam fpirantis.

Quo-

---

horus ifte Archimandrita fe-
ptimo Chrifti faeculo clarus.
Exftat illius liber infcriptus:
Διδασκαλία διάφορος πρὸ ἑαυτῆ
μαθηταῖς, i. e. Inftrutiones
variae ad fuos difcipulos.

(a) *Nempe Macarius* graece valet Beatus. Videtur vero Author nofter ex Afceticis
feptem Sancti Macarii Aegyptii opufculis tertium potiff.
mum refpicere, quod περὶ
προσευχῆς, i. e. de Oratione
infcribitur.

(b) *Forte* Iob. Caffianus,
Eremita, Patria Romanus,
qui anno Chrifti ccccxliv.
obiit, qui me fcripfit Librum
de octo vitiofis cogitationibus, alterum ad Leontium,
de Patribus Scetioris, & alterum demum ad Caftorem
Epifc. de Inftitutione, & Di-
fciplina Coenobiorum Aegypti, & Orientis. Con.iule
Bandinium cit. Tom. I. variis
in locis. Amadutius.

Πᾶς δὲ παρήσω τὸν Ἰσαὰκ τῷ Σύρῳ,

30. Ἡσαΐᾳ τε τὴν θιόπνευςον βίβλον;
Ὧν ἡ μὲν οἶδεν ἡσύχῳ καταςάσει
Τὸν νῶν πτερῶσαι πρὸς προσευχὰς ἰμπύρους.
Ἡσαΐᾳ γραφὴ δὲ πρὸς κοινωνίαν
Μετ' εὐςαθείας ἠθικωτάτης ἄγειν,

35. Ἣν πρακτικῶς δείκνυσιν ἐῤῥυθμισμένην.
Δίελθί μοι καὶ δέλτον Ἐφραὶμ τῷ Σύρῳ
Ἀσκητικῶν ᾇ (a) γνώσεως πλήτη γέμη.
Ἔπητ' ἐκείνην ἥτις ἐκλήθη Κλίμαξ

Quomodo autem praeterire potero Isaaci Syri (b),
30. Et Isaiae Abbatis divinos libros?
Quorum ille quidem novit quieto e flatu
Mentem in altum tollere ad fervidas preces fun-
Isaiae vero scripta ad vitae societatem   (dendas;
Stabilem, ac bene moratam alliciunt.
35. Quam practice ostendunt recte informatam.
Percurre etiam, quaeso, Ephraimi Syri librum (c)
Ascetis documentis refertum, ac locupletam:
Deinde librum, qui vocatus est Scala

Ad

(a) *Poeta noster Dorice-*
nusquam loquitur. Quid ergo
his facit Dorica dictiuncula &
pro: i. e. quae ▸
(b) *S. Isaacus Asceta, &*
Anachoreta Syrus, qui saecu-
lo VI. *Spoletum venit, ubi*
mortem obiit, scripsitque Ser-

nonem de contempto Mundi,
& Monastica Disciplina. *Con-*
sule Fabricium Bibl. Graec.
Tom. X. pag. 171., *& Fan-*
dinium loc. cit. col. 504. §. 13.
Amadutius.

(c) *Vel Testamentum.*

Εἰς ὑρανὸν πέμπετα τὺς βεβηκότας ·
40. Σοφῶ τι Μάρκυ πρατικωτάτες λόγυς ·
Καὶ τὴν Διαδόχη γωϛικὴν ἱϛαϛοράδα ·
Καὶ τὴν διπλὴν μάλιϛα τῦ Καρπαθλη ·
Καὶ τῦ γλυκωῦ τιτραπλὴν Θαλασίυ ·
Νείλυ τι χρυτὰ ῥεθρα τῶν διδαγμάτων ·
45. Καὶ δῆτα ταῦτα πάντα συγκεκλικότα -

Ad caelum ducens eos, qui per ipfam afcendunt:
40. Et fapientis Marci (a) maxime practicos fermo-
nes :
Et Diadochi (b) gnofticam Centuriam :
Et duas potiffimum Carpathii (c) Centurias :
Et quatuor dulciffimi Thalaffii (d) :
Et praeceptorum Nili (e) aurea fluenta :
45. Et ea , quibus haec omnia inclufa funt ,

Scri-

(a) *Hic eft Marcus Mona-*
chus . quem citatum innuit
Bandinius in pluribus Graecis
Operibus . Vid. Indicem lau-
dati Tom. I. Amadutius.

(b) *Diadochus Photices E-*
pifcopus Capita Centum Afce-
tica confcripfit .

(c) *Iohannis Carpathii ca-*
pita CCXVII. memorat Fabri-
cius Vol. IX. Bibl. Gr. pag. 446;
fed auctor nofter ducenta dum-
taxat innuit .

(d) *Thalaffii Abbatis ex-*
ftant quatuor Centuriae Sen-
tentiarum .

(e) *Non alius certe intel-*
ligendus venit , quam S. Ni-
lus difcipulus S. Ioh. Chryfo-
ftomi , & ex Praefecto Urbis
Conftantinopolitanae Mona-
chus , & Abbas , qui circa
ann. Chrifti CCCCXI. obiit .
Notiffima funt eius Opera .
Amadutius .

Τὰ τῦ πυεῖντυ , κỳ μαγίστυ Μαξίμυ .
Τί δ᾽ λέγεις σὺ (a) · τὴν Βασιλῆυ βίβλον
Τῦ πανσόφυ τι , κỳ μόνυ διδασκάλυ
Ἀσκήσεως γραφῦσαι ἀκριβῆς τύπυς ;
50. Οὐ μὴ μετήλθης ; κỳ μάλιςα σὺν πόθῳ
Τύτων πρὸ πάντων, κỳ πάλιν, κỳ πολλάκις.
Πλὴν εἰ μετήλθης ἐκ καλῆς ἀπληςίας
Καὶ τῦ ταπεινῦ τρεῖς βίβλυς Εὐαγρίυ,

Scripta nempe ignem spirantis, & vere maxi-
mi (b) Maximi.
Sed cur omitto librum Basilii (c)
Sapientissimi, & solius magistri,
Asceticae vitae formam accurate describentem ?
50. An non eum leges? imo maxima cum aviditate
Prae aliis omnibus eum leges , & iterum, & sae-
pius.
Verum si prae laudabili insatiabilitate legeris
Tres etiam libros humilis viri Euagrii,

Nul-

(a) Versus hic sine dubio corruptus est a librario : quomodo autem emendandus sit , ignoro. Ideo eam verti, quasi scripsisset Auctor: Τί δ᾽ ὦ σὺ τοι .

(b) Paronomasias superius Latine reddere nos minime potuimus : beis vicissim Poeta graece non potuit : sed nos vocem maximi iterare coegit .

(c) Nota sunt plurima Asceticorum capita a S. Basilio Magno conscripta , qui Caesareae in Cappadocia Archiepiscopus creatus est anno CCCLXIII. , & Kalendis Ianuarii anno CCCLXXVIII. obiit. Amadutius .

Οὐδὲν βλαβήσῃ, μᾶλλον ὠφίληαί σοι
55. Γινήσεται, ϰαὶ γνώσεως ὅτῃ βάθος
Ἐκ πράξεως ὑφῶν σε πρὸς θεωρίαν.
Εἰ δὲ βλέπεις τὸ σῖτον ἐν ζιζανίοις·
Ἀλλ' ὃν ἄρμος ὡς γεωργὸς ἐκτρίπυ
Ἐκῆνα, σῖτον συλλίγων ἐδμμόνως·
60. Ἔνεσι γὰρ ϰαὶ κρῆσον ἐκ τῶν χειρόνων.
Θέλης δὲ βίβλον ἀντὶ πολλῶν μίαν;
Τὴν Ἀντιόχυ πρὸς Εὐςάθιον κτῆσαι πόθω

Nullo afficieris damno, sed utilitatem potius
55. Percipies, & profundam acquirens scientiam vi-
  debis
Te e praxi ad theoriam (a) extolli.
Quod si triticum alicubi lolio mixtum videris,
Tu istud instar optimi agricolae reiice,
Scite frumentum colligens;
60. Nam ex malis quoque libris bona excerpi possunt.
Sed numquid librum vis, qui instar multo-
  rum sit?
Antiochi opus ad Eustathium avide tibi compara,
          Quod

(a) Nempe ex Evagrii li-
bris primus est περὶ πρακτικῆς,
i. e. de vita practica: alter
περὶ τῶν ἐπιγνώσθητα γνό-
σεων, i. e. de iis, qui scientiam consequi meruerunt. Ori-
genismi accusatus fuit his
Scriptor, & damnatus a Quinta Synodo, quod nemo ignorat; ut proinde hoc respiciat
etiam Poetae nostri monitum,
quo Lectori indicitur, ut ex
Evagrii libris bonum a malo
secernat, ea ratione, qua
Agricola triticum a lolio se-
parat.

Κλῆσιν λαχοῦσαν πράγμασιν πεπομένην.
Σοφῶς γὰρ αὕτη τῷ συνοπτικῷ λόγῳ
65. Ἅπασαν ὠφέλειαν ἐκ πάσης βίβλου
   Γραφῆς τι χρήσης συλλαβοῦσα προσφόρως
   Τὰ πάντα πεντήκοντα διπλᾶ, καὶ πάλιν
   Ἁπλοῖς ἀριθμοῖς εἰς τριάκοντα γράφει.
   Λόγοις δὴ τούτοις πᾶσιν ὑψηλὸν βίον
70. Ἀντωνίου μοι προσθεὶς ὡς κορωνίδα.

Quod merito Pandecten vocatur ex his, quae continet:
Nam compendiario sermone egregle
65. Quidquid utile sit, ex quovis libro,
   Et e Scriptura sententias, & dicta utilia depromens,
   Omnia in capitibus (a) bis quinquaginta, & insuper
   Simplicibus numeris in triginta scribit.
   Omnibus vero hisce libris sublimem, quaeso,
70. Antonii Vitam (b), quasi coronidem adiunge.

(a) *Antiochi opus inscriptum* Πανδέκτης τῆς ἁγίας γραφῆς, *i. e. Pandectes Sacrae Scripturae, in capita centum, & triginta divisum est: non vero in Homilias, ut male eas vocat Latinus Interpres. Id patet ex Prooemio ad Eustathium Abbatem, ibi enim Antiochus opus suum se partitum esse ait* εἰς ἑκατὸν τριάκοντα κεφάλαια, *i. e. in capita centum triginta.*

(b) *Celebrior est, quam quae hic referatur S. Antonii Abbatis Vita a S. Athanasio Magno Archiepiscopo Alexandriae conscripta. Occurrit nempe inter Athanasii Opera editionis Parisiensis an.*
ni

ad MDCXCVIII. *Tom. I. p.793. In Codice Ms. Bibliothecae Medicaee Laurentianae Florentiae Plut.IX. n.XVII., ubi* continentur Martyria diversorum Martyrum, *sive* Orationes Encomiasticae diversorum Patrum, & Martyria varia.

Sanctorum, pag.121. n.XVII, *habetur haec ipsa Vita Athanasiana S. Antonii, quae tamen in fine diversa est ab editis, ut nos monet Clariss. Bandinius cit. Tom.I. p.417.* Amadutius.

EPI-

EPISTOLA
SANCTI MEROPII PAULLINI
EPISCOPI NOLANI
AD ALETHIUM

EX CODICE MS. MEMBRANACEO SAECULI XV

BIBLIOTHECAE MEDICEO-LAURENTIANAE

FLORENTIAE   .

Quam maxima ex parte anecdotam

NUNC PRIMUM PROFERT

PHILIPPUS ANGELICUS BECCHETTIUS

BONONIENSIS

ORDINIS PRAEDICATORUM.

Tom.II.   C

f

FR. PHILIPPI ANGELICI BECCHETTII
AD CL. PRAESULEM
STEPHANUM BORGIAM
A SECRETIS
SACRAE CONGREG. DE PROPAGANDA FIDE
PRAEFATIO.

CUM Vir cl. Iohannes Chriſtophorus Amadutius, cuius doctrinam eximiam, ſummam-
que ſcribendi facilitatem mirari ſaepe ſoleo,
eam mihi demandaſſet provinciam, ut Opuſcula
aliquot, quae & nondum edita forent, & publica luce digna viderentur, ei ſuppeditarem, quo
nova ἀναλέκτων collectio, quae ab eo parabatur, di-
tari poſſet; rem ſumma animi alacritate aggreſſus
ſum, non ſolum ut amico, cui plurimum debeo,
morem gererem, verum etiam ut occaſionem nactus
tuae, BORGIA Praeſul doctiſſime, tam inſigni in me
benevolentiae ea tandem, qua poſſem, ratione in-
ciperem reſpondere. Multa equidem de doctrina,
& ſapientia tua, multa de comitate, & benevolentia, multa denique de aliis animi, ingeniique
tui dotibus eximiis praedicari audiveram; ſed cum
& ea ſcripta auro, cedroque digna, quibus vel
aliquam Civilis, Eccleſiaſticaeque Hiſtoriae partem,
vel Romanae Eccleſiae iura illuſtrare, atque tueri
omni eruditionis genere, omnique rationum pondere nitebaris, perlegiſſem, &, quod maximum eſt,

C 2   ſe-

temetipsum summa animi voluptate de iisdem rebus differentem audivissem , etsi multa satis liberaliter de te dicerentur, maiora tamen abs te prae-
stari intellexi. Sed ne incidere videar in eum sermonem , qui in ore omnium est (quotus enim
quisque est , qui vel tua scripta , vel ea antiquitatis monumenta , quae abs te comparata , & illustrata sunt , ignoret ?) mitto ea omnia , quae ad
hanc non minimam sane tuarum laudum partem
spectant ; tuam vero illam humanitatem , qua litteratos praesertim homines excipis , & benevolentia complecteris singulari , tacere nec possum , nec
debeo . Cum omnium doctrinarum genere instructus
cognosceres , planeque sentires indignum liberali homine esse , non id efficere , ut ceteris praesidio esses,
quo plurimae commodorum partes suis studiis in humanam promanare societatem possent , in id maxime incumbendum tibi esse existimasti , ut hominum
studia assiduis conatibus excitares . Quapropter cum
plurimum sive auctoritate , sive dignitate valeres ,
quotquot vel divinis , vel humanioribus litteris
operam dant , te unum velati Maecenatem amplis-
simum merito suspiciunt , & magnopere celebrant ,
quod eximiam diversarum rerum notionem , scien-
tiamque cum admirabili quadam animi suavitate ,
modestiaque ita coniunxeris , ut omnibus te facilem
praebendo , multis prodesse , obesse vero nemini
velles. Hinc iure factum noscunt , ut post varios
Magistratus egregie abs te administratos C L E-
M E N S XIV. , quem ad multorum felicitatem
D. O. M. diu servatum velit , nova dignitatum ac-
cessio.

cessione, cum Sacrae Congregationi de Propaganda
Fide te a Secretis scienter, prudenterque dederit,
te cumulatum voluerit. Sed plura ad virtutes,
laudesque tuas commemorandas congerere opus non
est, cum te summo omnium gaudio, & plausu intelligo tantis animi dotibus, prudentia, scientia,
eruditione, aequitate, ac bonitate, & tot demum
in Rempublicam meritis dignum esse, qui amplissimam
quamque dignitatem consequare. Quae cum ita sint,
inhumanus plane, ac difficilis fuissem, si, cum multis auctus, cumulatusque beneficiis abs te fuerim,
nullam ipse grati adversum te animi significationem
reciperes: cum vero quae a me perscribuntur, non
ea sint, quae tibi pro eximia scientia, atque eruditione, qua abundas, & praestas, offerri possint,
hanc, quam ex Codice xx. Plutei xxiii. Bibliothecae
Mediceo-Laurentianae, largiente cl. Viro Angelo M.
Bandinio eiusdem Bibliothecae Praefecto amplissimo,
atque amico nostro spectatissimo, exscripsi, S. Paullini
Epistolam in grati, obsequentisque animi mei argumentum interim tibi offerre decrevi, quo saltem
tanti Viri nomine, quae mihi desunt, apud te sup-
plerentur. Primae huiusce Epistolae, quae apud
cl. Muratorium est xxviii., ἀντιγραφὴ iam editae fuerunt, sed cum cetera desiderarentur, operae pretium me facturum existimavi, si ea publica luce,
tuoque nomini inscripta donarem. De scriptis huiusce
S. P. multa dicerem, si esset hic disserendi locus,
sed cum multa apud laudatum Auctorem, & alibi
legi possint, tu interim mecum hoc munusculo
fruere; quod si eo animo acceperis, quo tibi est

C 3   obla-

oblatum , & illud , quod vehementer expetebam ,
me confecutum arbitrabor , & tuis aufpiciis , quae
iam incoepi , ad exitum facilius perducam , ut hoc
modo etiam intelligas , me tua beneficia , tua confi-
lia , tuique memoriam , quae fane mihi utpote Pa-
tronorum meorum optimi iucundiffima eft , in oculis , ac finu continuo ferre . Vale interim , Praeful
doctiffime , & me , ut facis , ama : ego enim
hoc tibi , quantum in me eft , continuis ftudiis per-
fuadere conabor , me nihil , quod mei muneris , gra-
tique hominis fit , umquam praetermiffurum , ut te
videar , fi non omnino , aliqua faltem ratione de-
meruiffe .

    Dabam Bononiae 11L Id. Septembris anno
a Chrifto nato MDCCLXXIII.

EPI-

EPISTOLA
SANCTI PAULLINI
EPISCOPI NOLANI.

Beato, & merito Ven., ac dilectissimo fratri
Alethio Meropius Paullinus salutem (a) ..

DEO gratias, qui odorem gratiae in te suae per eloquia litterarum tuarum manifestavit mihi. Per fratrem enim carissimum in Deo Victorem meum hoc munere militantem Deo, ut fraternae serviat caritati, hisque nobis per longinqua terrarum intervalla discretis impigrum annuis discursibus tabellarium se praebeat, & religiosissimis officiis mutuo visitantium corporalem laborem spiritali impendat affectu: per hunc ergo fratrem, & conservum in Domino & communis unanimus; nam & vobis ea, si qua nobis insita est, acceptissimum gratia gloriatur. Per hunc, inquam, mihi, sancte,

C 4   vene-

(a) *In Codice Ms. Bibliothecae Medicaeo-Laurentianae*
haec Epistola censetur numero 28.

venerabilis o frater, tam dulce, quam
infperatum mihi munus accepi epiſtolam
tuam, in qua nobis bonus cordis tui the-
faurus apparuit, ut merito percepti officii
tui benedictione gauderem, cum faciem
interioris tui caſtiſſimo ſpeculatus eloquio,
quantum in te mihi a Domino adiutorium
conferam, agnoſcerem. Sed in his, quae
mihi iniungenda dives inopiae aeſtimator
putaſti, ſanctam quidem puriſſimae caritatis fiduciam demonſtraſti: fama tamen, quantum intelligo, dominici operis perſuadente,
inductus es, ut ſecundum opus Domini,
quo nobis curam redemptionis noſtrae inſpi-
rare dignatus es, ingenii quoque, & oris
opes ſuppetere nobis arbitraris: ſed bonam
concupiſcentiam magna fide vacuis opinionibus ſpes illuſa decepit. Unde enim mihi
tantum aquae, quantum ſitis, aut tale pocu-
lum, quod digne bibas, unde tantos panes,
quantos poſtulas? Sed ipſe tibi auctor iniuriae tuae eris diutius eſurire, qui evangeli-
cos lucis, & vitae cibos in alta huius ſaeculi

li nocte defiderans, fomnolenti, & pauperis
amici egenam penum pulfas, qui flumina
aquae vivae fitiens, arentem venulam fcal-
pes, & humorem de pumice conaris expri-
mere. Aut enim nullus mihi de infpiran-
tiae ficcitate, aut amarus de malitiae felle
fons intus eft, quem utinam orationes, &
litterae tuae faepius impenfae mihi exunda-
rent, dulcefcere faciant fidei tuae ligno,
& eloquii fuavitate, ut & verbo Dei, quod
bonus minifter pio ore deprompferis, quafi
virga Prophetae percuffo corde (a) mortem
operatur, quod licet auctore diverfo, tamen
uno utrumque Sanctorum Dei fpiritu, &
verbo Scriptura concinit: mors enim vera
virtutis operatio eft; nam fi virtus Dei, &
vita noftra Chriftus eft, vere dictum vides
mortem feftinare hoc moerore, quo virtus
operiatur, & homo totus, quafi quadam
inferni voragine, graviore triftitia, ut
Apoftolus ait, abforbeatur. Sed Deo gratias;

(a) *Heic definit in editis Codicibus; quare cetera de-
fiderabantur.*

rias , quod huius vitae laboris , & timoris
mihi compendium facit confcientia virtutis , & prudentiae tuae , cuius largius tibi
lumen eft , quam ut triftitiae tenebris poffit
operiri , quin potius tua virtus triftitiam
regit, mortemque ipfam, & vim noxii moe-
roris abforbet : non id verbis meis tibi lar-
gior , neque coniectura virtutis tuae loquor,
opera tua hoc de te conteftantur , & me
compertum loqui cogunt . Veniam enim
iam ad praedicationem operum tuorum ,
& pios actus de lacrimarum fanctitate tran-
fibo , fua enim cuique parti debita perfol-
vifti , lacrimas corpori fundens , eleemofy-
nam animae infundens , vere confcius veritatis , & filius lucis , ubi mortem fciebas
effe, flevifti, ubi vitam credis , operatus es ,
vacuis inania , vivis viva dependens . Itaque
patronos animarum noftrarum pauperes , qui
tota Roma ftipem meritant, multitudinem
in aula Apoftoli congregafti, pulchrum quidem tanti operis tui fpectaculum paftor (a),

vide-

(a) *Legendum forte* : praebens ,

videre mihi videor tota illa religiosa vene-
randae plebis examina , illos divinae pietatis alumnos tantis influere penitus agmini-
bus in amplissimam gloriosi Petri Basilicam ,
per illam venerabilem regiam, caerulea eminus fronte ridentem , ut tota intra Basilicam , & pro ianuis arrii , & pro gradibus
campi spatia coarctentur ; video congrega-
tos ita distincte per accubitus ordinari , &
profluis (a) omnes saturari cibis,& ante oculos
evangelicae benedictionis ubertas , eorum-
que populorum imago versatur , quos quin-
que panibus , & duobus piscibus panis iste
verus , & aquae vivae piscis Christus explevit , non usitato more creatura cibis hominum , sed novo munere iam paratos hominibus cibos gignens , cum operta manus divino suggestu visibiles epulas ministraret ,
& in alimenta corporea spiritali fecunditate
proflueret , ineffabilibus panis , & carnis fon-
tibus in spem ieiunarum adhuc gentium
esurientes fidem populos carnaliter satians ;
& spi-

(b) *Lege* : profluentibus .

& spiritaliter, irrigans , inde prehensis actibus comesta supplens , edenda suppeditans ,
& ad morsus edentium fragmina subcisiva
depromens , ut inter manus , vel in ore su-
mentium crescentibus cibis sentirent potius
escarum suarum copiam , quam viderent
morsibus redeunte consumpto , & dentibus
subeunte sumendo . Ipsius enim Domini
exemplum in opere eius gerens praecepisti
turbam residere in terra , sic enim iussit , ut
legimus , in terra recumbere , nam in te,
& ipse Dominus erat sicut est , quia nemo
Christi opera sine Christo agit , cuius munere , & benedictione copiosos tibi panes ;
ut accepisti in nomine eius , sicut discipuli
benedictos acceperant dividendos per innumera pauperum ora , demensus es , & man-
ducaverunt , & saturati sunt , & quod abun-
davit de panibus, tulerunt omnes , unusquisque sportas suas plenas . Sed tu omnem re-
dundantiam fragmentorum spiritualium col-
legisti , de duodecim cophinis Apostolicam
fidem , de septem sportis gratiam spiritalem ,

non

non minus mirabiliter operante in tuis panibus Chrifto, in tuo ifto convivio panem
tuum carnalem in caeleftes cibos tranftulit,
& in aeternam tibi faturitatem paravit . Re-
cumbens enim iure cum patribus Abraham,
Ifaac, & Iacob convivio Chrifti, vefte praeditus nuptiali , quia tecum ifta in pauperibus fuis Chriftus recumbit , & habet in te
filius hominis , ubi reclinet caput fuum :
Iuvat etiam nunc in fpectaculo , & praedi-
catione tanti operis immorari : non enim
hominis , fed divina per hominum opera
laudamus ; quam laetum Deo , & Sanctis
Angelis eius, de hac tua, ut dici folet, plena
fpectaculum facer editor exhibebas , quanto
ipfum Apoftolum attollebas gaudio , cum
tam eius Bafilicam denfis inopum caetibus
ftipaviffes , vel qua fub alto fui culminis
mediis ampla laquearibus longum patet ,
& Apoftolico eminus folio corufcans ingre-
dientium lumina ftringit , & corda laetifi-
cat , vel qua fub eadem mole tectorum ge-
minis utrimque porticibus latera diffundit ,
quave

quave praetento nitens atrium fuſo veſtibu-
lo eſt, ubi cantharum miniſtrat manibus,
& oribus noſtris fluenta ructantem faſtigia-
tus ſolido aëre tholus ordinat, & inumbrat,
non ſine myſtica ſpecie quatuor columnis
ſalientes aquas ambiens . Decet enim in-
greſſum Eccleſiae talis ornatus , ut quod
intus myſterio ſalutari geritur , ſpeciali
foris opere ſignetur , nam & noſtri corporis templum quadriiugo ſtabilimento una
evangelii fides ſuſtinet , & cum ex eo gratia, qua renaſcimur, fluat, & in eo, quo vivimus, Chriſtus revelatur, profecto nobis in
quatuor vitae limina illuc aquae ſalientis
in vitam aeternam fons naſcitur , nos quoque ab interno rigat , & fervet in nobis ,
ſi tamen poſſumus dicere , vel ſentire mereamur habere nos cor ardens in via , quod
Chriſto nobiſcum inambulante flammatur.
Quam laetum ergo tunc Deo , & Angelis
pacis , & cunctis Sanctorum Spiritibus pacis ſpectaculum praebuiſti , primo de Apo-
ſtoli veneratione , cuius fidem , ac memoriam

riam tam multiplicata opulentiae devotione
celebrasti , sacras primum hostias , casta
libamina cum ipsius acceptissima commemoratione Deo offerens , deinde munificentia consequenti teipsum in corde mundo ,
& spiritu humiliato acceptissimum sacrificium offerens Christo , in cuius tabernacu-
lis verae iubilationis hostias immolasti , re-
ficiens , & pascens eos , qui benedictione
numerosa laudis hostias sacrificarent Deo .
Quam bono tunc urbs nostra tumultu fre-
mebat , cum tu misericordiae viscera refi-
ciendis , & operiendis pauperibus effundens
pallida esurientium corpora reformares , ari-
das sitientium fauces rigares , tremula al-
gentium membra vestires, omnium consona
in Dei benedictione ora referares , sed ege-
na corpora fovens , redeuntibus in meliorem tui partem operibus tuis, retributione
divina tuum potius spiritum saginasti , &
benedictae coniugis animam refecisti, in illa
transfudente Christi manu , quae tua pauperibus erogabatur , cum in ictu oculi per-

mutata

mutata in caeleftes cibos carnalis efca tranfi-
ret , & quantum pecuniae gravi dextera
geminatis excipientium palmis hilaris dator , & infaticabilis diftributor infuderas ;
tantum illico Angelis intervolantibus gremio Domini gaudentis invectum in triceſi-
mos tibi fructus , ac reditus numerandum
reponebatur . Neque divitiae tantum , ſed
& gratiae benedictionum addebantur prae-
miis veftris , vobis enim ad iuftitiam de-
putabatur conclamatio illa , & comprecatio
pauperum , qua per veftra munera benedi-
cebatur Domino , facili enim via ad aurem
Dei voces inopum diriguntur , quia oratio
pauperis , ficut fcriptum eft , nubes pene-
trat. Poteras, Roma , illas intentatas tibi in
Apocalypfi minas non timere , fi talia femper ederent munera Senatores tui . Vere
tunc nobilis eſſet illa nobilitas , quam facri
Patres Abraham , Ifaac , & Iacob paternis
finibus exciperent , quam Prophetae , Apo-
ſtoli , Martyres , ideft Caeli Senatus agno-
fceret , quam poft togam nullo immundo
                                        fangui-

fanguine funeftam regali promiffae lucis
ftola Chriftus indueret, & in libro albo,
hoc eft libro vitae perennis adfcriberet.
Vere illae divitiae divites forent, quibus
non draconis antiqui cruenta faevitia, fed
Dei Salvatoris immenfa bonitas pafceretur.
Si quid beftiis, aut gladiatoribus comparandis male profligatur, & alendis id
proprie donaretur, & faluti carnis, melius
nobis effet vivere, quam perire, fed & avaritia, & liberalitate perverfa Deo pro nobis
egentes, Diabolo contra nos prodigi fumus,
damnum in lucro, & in damno lucrum
ducimus, vitamque noftram nec egentem
redimere curamus, qui pro vita mortem
emimus fumptuofe. Beata effet noftra conditio, fi aeque Deo, ut hominibus difpli-
cere timeremus, vel curaremus placere,
fi tantum praecepta Chrifti, quantum populi fibila vereremur, & fi tanto laus,
quae ex Deo eft, quantum ifte de vulgo
plaufus emeretur. Beatus, qui non abiit
in tale confilium, nec in cathedra pefti-

Tom. II.   D   len-

lentiae, sed in Apostoli sede , & in Ecclesiae coetu , idest Christi theatro , non se-
ditiosis , sed benedicentibus cuneis, Deo
ipso spectatore , laudaris, Ecclesiae nume-
rarius , non arenae , nec inanis gloriae , sed
aeternae laudis ambitor , non gladiatores ,
nec beluas emis , sed quibus veros gladiatores, hoc est harum tenebrarum principes
perimas, agis, & quibus veras bestias , hoc
est omnem Diaboli virtutem superes , &
presso impune vestigio conculces leonem ,
& draconem . Beatus es, in quo benedice-
tur nomen Domini , & qui habes semen
in Sion , & domesticos in Hierusalem , qui
te vicissim in aeterna tabernacula suscipiant ;
Non enim timebis illius divitis locum , qui
in tartaro, hoc est in inferno inferiore , &
exterioribus tenebris merito igne circumda-
tus , vel extremo contempti in hac vita
pauperis digito rogabat aspergi , cui Pater
Abraham vere respondit : memento , fili ,
quia recepisti bona in vita tua , & Lazarus
mala , nunc vero hic consolatur , tu crucia-
ris .

ris . Ob hoc illi , cenſeo , divites hanc vel
poenarum , vel deliciarum viciſſitudinem
perhorteſcant , qui iſtis ſibi tantum , & vitiis affluentes , aut opibus abſtruſis incu-
bant , nec partem poſuere pauperibus , aut
male prodigis . Egent merito , & aeterna
egeſtate plectendi , qui tam viles ſibi fuerint caritate luxuriae , ut in his pretioſior
fuiſſe arguatur unius diei menſa , quam totius ſui temporis vita . Hi ergo non commu-
nicabunt in aeternum caeleſtia bona pauperum , quoniam iſta pauperes bona terrena
neſcierint . Et horum gravius lingua torre-
bitur , qui debilitates modo pauperum vel
horrent , vel irrident , faſtidioſi lethaliter ,
& faceti , qui praetereunt , & canibus lam-
benda dimittunt ulcera proximorum , quia
omnis natura homini homo proximus .
Nonne , quaeſo te , iſti verius dicendi canes , qui ne canes quidem in curandis ,
atque mulcendis hominibus imitati ſunt ,
& de micis ſaltem a menſa ſua cadentibus
ſatiari cupientes fratres , hoc eſt natura ma-

D 2   tre

tre germanos , non folum obferatis foribus.
excludi , fed etiam faevis verberibus expelli
iubent ; unde credo illum in Evangelio divitem tartari, cum totus , ut clamat mifer,
cruciaretur in illa ignei gurgitis flamma,
folius tamen linguae refrigerium poftulaffe ,
qua fine dubio ideo vehementius cremaba-
tur , quia in Lazarum ante ianuam fuam
ftratum , & canibus relictum faepius fuper-
bo avarus ore peccaverat . Ob hoc & alibi
praemonemur ponere ori noftro cuftodiam ,
docente Sapientia per Salomonem , quia
in manu linguae vita , & mors , & alibi :
verbis tuis , inquit , iuftificaberis , aut verbis
tuis condemnaberis . Tibi igitur , Frater in
Chrifto unanime , cui fub hac poena metus ,
& cum illa fede communitas , cuius os benedictione plenum eft , cuius divitiae ubera
pauperum funt , cuius domus Chrifti eft ,
qui non iacere mendicum ante ianuam
tuam, epulante te ; fuftines , fed contra tectis
tuis laetus inducis , aut tecum epulaturum ,
aut etiam ieiunante , faturandum . Tibi felix

a pec-

a peccatis egeſtas, & beatae virtutes in opibus ſunt. Tu & inter illos pauperes iure
numeraberis, quorum eſt regnum Caelorum, & inter illos divites, quorum poſſeſſio
civitas firma eſt : quia ſpiritu Dei dives es,
& tuo pauper, tales enim divites cum pauperibus ſuis diligit Deus, & ſacris litteris
celebrat, paginarumque perennium auctoritate nobilitat. Hoc enim ipſum conſide-
rare te volo, eorum divitum, quorum vel
crimina, vel ſupplicia in Scripturis ſignata
ſunt, nomina ſignificata non eſſe, quia ſine
dubio indigni erant, ut ſermone divino no-
minarentur, quos aut vitae oblitteravit im-
pietas, aut avaritia delevit, ideo praedi-
xerat Dominus in Propheta de ipſis : nec
memor ero nominum eorum per labia
mea, hoc eſt per immortalium duo teſta-
menta verborum, quae oris divini labia
bene dicuntur, quia & cohaerent ſibi, &
uno Dei verbo aperiuntur, & per ipſa nos
Deus oſculatur ab oſculo oris ſui. Haec ergo
labia pollui noluit nominibus impiorum.

D 3   divi-

divina iuſtitia , & idcirco neque illius divitis nomen exſtat , cujus vanitas , & avaritia
ſignatur , cui , conſumpta iam vita de vitae
apparatibus cogitanre, dictum eſt: ſtulte, hac
nocte expoſtulatur anima tua , quae paraſti,
cuius erunt ? Neque huius e tartaro divitis
nomen inſigne eſt , quod non caſu praeter-
miſſum, edito pauperis nomine, intelligimus .
Illius quoque divitis , qui gloriatus in lege
completa conditionem adipiſcendae perfectionis divitiarum ſuarum amore averſatus
eſt , coecitatem legimus , vocabulum non
habemus . Erat enim, inquit, multas habens
poſſeſſiones , & idcirco ſecuta eſt illa ſententia , quae regnum Caelorum omni diviti
pene clauſerat , niſi Deus , ut ſolus bonus ,
omnipotentia ſua excepiſſet hoc donum , ut
divites pauperum voluntate ditaret . Hi ergo
divites inviſi Deo , & oblitterati memoria ,
qui terrenis caduca praeverterint , quique
maluerint terrae, quam Deo credere , eſcam
tineis, praedam furibus congerentes , ut ſcriptum eſt , cui theſaurizant ignorantes , quia
no-

nolunt intelligere, cui debeant thefauros fuos,
digni,qui nefciant,quo fucceffore dimittant,
quia nefciunt,quo largitore poffideant . Quid
enim habes , o homo , quod non acceperis ,
& quod accepifti quid gloriaris , quafi non
acceperis , & de fuis Deo donis fuperbis ?
Talium, mi Frater, divitum nomina in Evangelio non fcribuntur , quia nec in libro vitae habentur . Denique ut fcias, non divitias,
fed homines pro earum ufibus effe culpabi-
les, vel acceptos Deo , lege , Sanctos Patres
Abraham , & Iob Deo de opibus fuis amicos factos; nam in Evangelio , quo ille tar-
tareus contemptor Lazari dives praetermiffus
eft , illum ab Arimathea Iofeph divitem
nominari videmus ; beatus enim eft , qui
fpecialiter intellexit fuper egenum , & pau-
perem pio Chrifti corporis obfequio mune-
ratus , nec iudicem pro iniuria Dominici
corporis interpellare veritus , & pio fumptu
pretiofi velaminis , & fepulcri novi dives
in Domini fepultura . His te pagina fancta
nominibus adfcribet , & in talium divitum
D 4   for-

forte numeraberis, quorum opes aequabant
animo ; non enim fibi habentes habebant ,
fed nemo quidquam dicebat fuum , & humani nihil a fe alienum putabant , ut illa
quondam princeps fidei multitudo , cui
unum cor , & una anima , & omnia communia erant . Et vide rationem ; facile iudi-
cabis parricidiali crimine contemni pauperes noftro arbitrio , quos nullo videmus
a nobis Dei opere difcretos . Quomodo enim
excludimus a noftris modicis habitationi-
bus , quos Deus una nobifcum iftius mundi
concluſit domo ? Quomodo dedignamur ter-
renae poffeffionis ufu facere participes , quos
& inviti divinae originis unitate confortes
habemus? Hoc tenens Abraham amicus Deo
factus , hoc obfervans Loth evafit a Sodo-
mis , hoc fectatus Iob de Diabolo triumphavit . Aperiamus & nos domicilia noftra
fratribus , vel timentes periculum fupradi-
ctorum exemplo Patrum , ne forte quafi hominem excludentes , & Angelum repella-
mus , vel fperantes mereri & Angelos hofpi-
tes ,

tes, dum omnis advenae tranſitum prompta
humanitate ſuſcipimus. Pater enim Abraham,
dum peregrinos ſuſcipit, excepit Dominum
cum Angelis Chriſtum , & in hoſpitali ta-
bernaculo illum, quem in Evangelio coram
in ſemetipſo ſalvato exhibet , & idem vidit.
Sodomitas hoſpitum damnavit iniuria, &
Loth eo potiſſimum liberari meruit affectu,
quo hoſpites praetulit filiabus. Non ille impius, ſed perfecte pius, non enim filias viles
habebat, qui inde mercedem meruit, quod
pietati domeſticae praetulerit iuſtitiam caritatis, hoc eſt timorem Dei , cuius ubique
praecepto, & ſpiritui recipiendis hoſpitibus
ſerviebat, ac perinde iam tunc perfectum
fidei mens illa complevit, quo dicitur nobis : omnis, qui reliquerit fratres, & ſoro-
res, aut matrem, aut filios, vel filias propter nomen meum; centuplum accipiet,
& vitam aeternam poſſidebit. Huius mentis perfectio, vel iſtius perfectionis mens
iam ab origine ſaeculi iuſtum Loth ab illo
pentapolitano incendio liberavit, meruit-
que

que per hospitalem domum totam in domum urbem munere Dei fortitus accipere,
quia & ille, qui incesta, & impia civitate
solus, & pius fuerat, & pudicus, ipsam su-
perans sanctitate pietatem, non dubitavit,
quantum in ipso fuit, pudicitia filiarum redimere hospitum castitatem. Iob vero ille,
igne exinanitum argentum, se semper ocu-
lum caecorum, & pedem claudorum fuisse
testatur, horumque operum in ipso tenta-
tionis suae certamine mercedem reposcit,
spoliatur opibus patrimonii, non animi, sed
invulnerabilis corde nec labiis peccat, nu-
datus ambitione substantiae, sed armatus
virtute patientiae, orbatus prole, non cordis lumine filios mentis suae, hoc est iustitiae opera complectitur clamans: nudus
exivi de utero matris meae, nudus oportet
in terram revertar, nihil intulimus in hunc
mundum, verum nec auferre possumus.
Sed quia spiritales opes non amiserat,
temporales quoque divitias pro patientiae
triumpho recepit, & ditatus est triplo,
quia

quia probatus , & purgatus erat septuplo ;
Labores enim , ut scriptum est , fructuum
suorum manducaverat in operibus piis ela-
borando . Idcirco fructus laborum suorum
manducavit in hoc etiam saeculo praemia
laborum recipiendo . Cum his divitibus
tibi sors est , qui eumdem Deum divitiarum tuarum caussam esse meministi , liber
avaritiae , quia servus iustitiae iniquo ma-
mona iuste uteris , nec captivus , sed vere
dominus es pecuniae tuae , quia possideris
a Christo , cui captiva est ipsa captivitas .
Gloriare igitur in Domino , quia non caro,
& sanguis tibi , sed ipse , qui lumen est
verum , & sapientia Dei Christus , prudentiam huius providentiae revelavit , quia
intelligis in omni egeno , & paupere Christum cibari , potari , & contegi , visitari secundum illos Patres , quos ob hoc meritum , quod supra dictum est , in die mala
liberabit Dominus . Ipse te Dominus conservet , & vivificet , & beatum faciat , &
ferat opem nunc tibi supra lectum doloris
tui:

tui : Convertat planctum tuum in gaudium
sanctum tibi, confcindat faccum triftitiae
tuae, & reddat tibi laetitiam falutaris tui,
confirmante fpiritu principali, firmet in orationibus, & elcemofynis, ut arcum aereum,
brachia tua, perficiat pedes tuos, tamquam cervi, ut ad fugiendum Diabolum,
& confequendum velox fis, & fixis gemi-
no utriufque teftamenti ungue veftigiis in
via Domini firmiter fiftas, ereptis manu
Domini pedibus tuis a lapfu, & oculis
a fletu, ut cum benedicta coniuge in aeternum tua placeas Domino in regione vivo-
rum. Fiet enim tibi fecundum fidem tuam,
quia fidelis Dominus in verbis fuis, memor
erit in aeternum huius facrificii tui, & ho-
locauftum tuum pingue fiet, teque ipfum
vivam fibi hoftiam in odorem fuavitatis
accipiet remunerator veftri foenoris in illa
die, qua locupletior creditoribus debitum
fuum cuique depofitum multiplicata reddet ufura; nec longe retribuendi dies, al-
bentibus iam propinqua eft regionibus.

Inte-

Interim recipiendas opes festina tibi medi-
tatione, promittens multo uberius animum
tuum venturi fide, quam meo, vel
cuiusquam sermone solaveris ; non enim
modica animis credentium voluptas est pro-
missa fidelibus bona dulci cogitatione prae-
sumere, & in Paradiso iam animis deambulare. Si agricolam iuvat spem messis
in segete mirari, dum a messe fructum laboris exspectat, faciliusque feret moram
temporum, avaritia votorum si pascat oculos, dum sperat eventus, quanto maiorem
nos capere possumus voluptatem, licet pec-
catores, attamen fideles servuli, quibus
sparsi seminis non apud dubiam terrae
fidem, sed apud incommutabilem verita-
tem ratio mandata est, quia hoc speramus, quod veritas ipsa promisit. Non
enim ab humanis opinionibus, nec a fabu-
losis Poetarum somniis, aut Philosophorum
phantasmatibus post hominem futura colli-
gimus, sed ab ipso fonte veritatis hauri-
mus fidem rerum. Quis autem potuit divina

vina magis, quam Deus ipfe operum, & fta-
tutorum fuorum confcius nofcere? Non tra-
duces in corpora aliena animas, ut fint
monftra poft hominem, neque omnino
fine corpore permanfuras, aut in corpore
metiemur occiduas. Blandiantur fibi men-
daciis Poetarum, qui non habent veritatis Prophetas. Cenfeantur opinionibus erra-
ticis Philofophorum, qui non illuminantur
teftimoniis Apoftolorum, & fe defperatione folentur, qui fpem non habent; dicentes umbrae: tranfitus eft tempus noftrum;
& non eft reverfio finis noftri, quoniam
confignatus eft, & nemo revertetur; qui
excaecati nequitia, & infidelitate fua,
non poffunt dicere: credo videre bona Domini in terra viventium. Nos vero tam
egenis remediis non indigemus, quibus
ipfa veritas Dei Verbum Deus refurrectio-
nem carnis in vitam aeternam & fpopon-
dit, & probavit refurgens; ipfe enim Dei
Filius, per quem omnia, & ex quo nihil,
ipfe teftatus eft: Ego fum refurrectio, qui
cre-

credit in me, etfi mortuus fuerit, vivet, &
omnis, qui vivit, & credit in me, non mo-
rietur in aeternum, quod ne verbo folum
affereret, fanxit exemplo, fuumque ipfum,
in quo omnis fufceptio, hominem refufci-
ratum a mortuis oftendit difcipulis, in
femetipfo fidem carnis affignans, cum
dixit Thomae: infer digitum tuum huc,
& vide manus meas, & infer manum tuam
huc, & mitte in latus meum, & noli effe
incredulus, fed fidelis, quia fpiritus carnem, & offa non habet, ficut me haben-
tem videtis. Haec igitur teftimonia, haec
documenta, hanc lucem fidei habentes, qua
occafione poterimus de refurrectione dubitare, quam & de Verbo Dei audivimus,
& Apoftolorum oculis vidimus, manibuf-
que palpavimus, quique ita per Chriftum
Deo iuncti, & infiti fumus, ut Dei arrha-
bonem teneamus in terra noftra Spiritum
Sanctum, quem dedit nobis, & noftri pignus habeamus in Deo carnem Chrifti,
quia intervallum iftud immenfum, quo
a di-

a divinis mortalia disparantur, medio, &
inter utraque communi interventu suo, velut
quodam, ut sic dixerim, ponte continuat,
ut eius tramite terrena caelestibus conferan-
tur, cum hoc corruptibile nostrum incor-
ruptio superna perfuderit, & mortale nostrum, ut scriptum est, immortalitas hause-
rit, mortemque devictam victrix in Christo, & a Christo nobis vita sorbuerit; quod
ut assequamur, non de veritate tanti boni,
sed de nostri captu meriti dubitare possumus: sed agamus, quae Christus iussit, ut
adipiscamur, quae Christus spopondit. Veritas illius nobis adest, illi fides nostra non
desit, omnibus vita, omnibus via, omnibus ianua est, nemini clausit sua regna,
quibus & vim permittit inferri. Perge
quo curris, & apprehendas, in quo ap-
prehensus es: enitere per angustam viam,
ut pervenias in amplam possessionem hereditatis aeternae. Habes iam in Christo
magnum tui pignus, & ambitiosum suffra-
gium coniugem, quae tantum tibi gratiae
in

in caeleſtibus parat , quantum tu illi a terris opulentiae ſuggeris , non illam , ut dixi
luctibus caſſis honorans , ſed vivis muneribus accumulans , quibus illa nunc gaudet , iamque illi huius operis tui uſus in
fructu eſt, cuius adhuc tibi munus in ſemi-
ne eſt . Iam honoratur tuis illa meritis ,
iam paſcitur tuis panibus , & affluit tuis
opibus in veſtitu deaurato , circumamicta
varietate, pretioſo lumine , non eget alie-
nae manus digito refrigerari , própriis ipſa
digitorum ſuorum roribus , ideſt dexterae
tuae operibus infuſa , non aeque ampla
dote nubentem locupletaveras , ut nunc
ditificas quieſcentem . Quantam enim tunc
partem tuorum munerum cepit , cum eo
ſolo , quod poterat induere, frueretur, nunc
quantumcumque cóntuleris , totum ſimul
hominum ſenſu voluptate dives animo poſſidebit . Beata , cui tam numeroſa apud
Chriſtum ſuffragia ſunt , & cuius caput
tam multiplex ambit illuſtrium corona gem-
marum , nec alienis intexta floribus , ſed

Tom.II.   E   dome-

domeſticis coruſca luminibus. Vere illa pretioſa Domino anima, quae de tribus pretium margaritis capit, eſt enim coniux fidei, ſoror virginitatis, filia perfectionis, cui Paulla mater, ſoror Euſtochia, tu maritus. Opto te valere.

HOMI-

HOMILIAE III
VEN. BEDAE PRESBYTERI
EX COD. MS. SAECULI XIII
Bibliothecae Congregationis Casinensis
Florentiae
NUNC PRIMUM ERUTAE
A D. PETRO ALOYSIO GALLETTIO ROMANO
ABBATE FONTIS VIVI
IN AGRO PARMENSI.

E 2

ALEXANDRO. MATTHAEIO

HIERONYMI . DVCIS . IOVII
ET . LAVRAE . CATHARINAE . ALTERIAE . P
CANONICO . BASILICAE . PRINCIPIS . APOSTOLORVM
GRATIARVM . IVSTITIAEQVE . REFERENDARIO
VIRO
AVITAE . PIETATIS . AEMVLATORI
PROBORVM . DOCTORVMQVE . CVLTORI
CVI
NOBILISSIMI . ROMANI . GENERIS . SPLENDOR
COMITAS . CVM . GRAVITATE . CONIVNCTA
MORVM . INNOCENTIA
VTRIVSQVE . IVRIS . PERITIA
SACRARVM . DISCIPLINARVM . STVDIVM
BENEVOLENTIAM . OMNIVM . ORDINVM
MIRIFICE . CONCILIARVNT
D. PETRVS . ALOYSIVS . GALLETTIVS
ROMANVS
ORD. S. BENEDICTI . CONG. CASINENSIS
ABBAS . FONTIS . VIVI
BEDAE . VENERABILIS . PRESBYTERI
PIISSIMAS . LVCVBRATIONES
E . TENEBRIS . PRIMVM . ERVTAS
PRAESVLI . CLARISSIMO
ET . AMICO . SVAVISSIMO
D. D. D

E 3

EDITORIS MONITUM
IN TRES BEDAE HOMILIAS.

EX Codice XLII. Abbatiae Florentinae tres prodeunt Homiliae, quas Venerabilis Bedae Presbyteri, ac Monachi Anglosaxonis, cuius nomen praeferunt, genuinum fetum esse haud iniuria quis suspicabitur. Dictio certe tota huius Sancti Patris est nec omnino inelegans, nec adfectatae eloquentiae curiosa, sed temperata, & media; sententiarum, quas alias ipse tradit, aequabilitas, imo voces eaedem, eaedemque periodi ubique obviae sunt, quod unicuique eius tum Commentaria in Evangelia, tum ceteras in eadem argumenta Homilias vel leviter intuenti nullo negotio adparebit. Ipsum vero in sermonibus componendis saepissime eadem prorsus verba adhibuisse, quibus in Evangeliis exponendis usus fuerat, luculentissime unusquisque agnoverit, qui praedicta eius in Evangelistas Commentaria cum Homiliis contulerit.

Verum enim vero quum de Bedae lucubrationibus agitur, parum profecto haec omnia viros gravissimos movent, quin eas ad spuria facile reiiciant. In Epitome aiunt Historiae Ecclesiasticae Gentis Anglorum indicem ipse Operum suorum exhibuit, ubi Homiliarum Evangelii libros duos se scripsisse fatetur. At in Bibliotheca nunc Colbertina, olim Thuanea, duo, teste Mabillonio in Bedae Elogio, adservantur pervetusti Codices eius com-

L 4 *plecten-*

plectentes Homilias , in quorum primo ante annos DCCC. exarato triginta novem tantum continua
serie reperiuntur , in altero vero , qui aetatem annorum DC. praefert , in duos libros distinguuntur ,
praemissis ad utrumque Capitulationibus. Ea-
libri I. capitulatio vigintiquinque enumerat Homilias , altera vero libri posterioris vigintiquatuor ,
unde clarissimus Mabillonius concludit praeter hasce
quadraginta novem , reliquas , quae iuxta editiones ad CXL usque excreverunt , aut subditicias esse ,
aut dubias , aut certe ex sinceris in Marcum , & Lu-
cam Commentariis expressas fuisse. Hisce unice ad-
ductus Casimirus Oudinius in Sanctorum Patrum editores acerbius , & contumeliosius invehitur , quasi
summa impudentia ab annis circiter ducen-
tis absque fundamento , & ratione , ut suis
omnia darent vel coniecturis , vel adfectibus ,
vel phantasiis , scripta veterum Patrum innumeris extraneis non amplificaverint , sed cor-
ruperint magno Ecclesiae probro Paulloque
post veluti rem prorsus certam statuit omnes Bedae
Homilias , exceptis iis XLIX. , quae in duobus prae-
dictis Colbertinis Codicibus reperiuntur , spurias esse ,
& a recentioribus interpolatoribus confictas , qui
vix CCCC. aetatis annos excedant .

Haec itaque si ita se habent , actum est prorsus de iis , quae quum Bedae adscribantur , eo in
indiculo non memorantur , deque tot , tantisque
sermonibus , qui sub eius nomine in optimis leguntur editionibus , ac e tenebris erui possunt in
dies .

Ego

Ego vero etsi nullus umquam diffitebor plura Bedae Opera subposita in eius Operum editiones irrepsisse, ea tamen, quae ex Mabillonio, & Oudinio adduxi, tanti mihi non videntur, ut inde certa quaedam regula deduci queat, qua earum sive falsitas, sive genuinitas adseratur. Enimvero Indiculus *ille Bedae Operum, qui ad calcem Epitomes Ecclesiasticae Historiae Gentis Anglorum legitur, num ipsum Bedam parentem agnoscat, in dubium a plerisque merito vertitur. Plura etenim Epitomae illi a recentiori manu adiuncta fuisse, ex eo luculentissime adparet, quod etsi a severioribus Criticis existimetur recte Simeonem Dunelmensem, sive Turgotum in libro secundo de Dunelmensi Ecclesia cap.* 14. *adfirmasse Bedam ad annum usque* DCCXXXV. *vitam perduxisse suam, multis tamen tum impressis, tum manuscriptis Codicibus Epitome illa ad annum usque* DCCLXVI. *excurrat. Profecto quum Historiam ipsam Gentis Anglorum ad annum* DCCXXXI. *Beda deduxerit, & Epitomes initio ita exordiatur:* Verum ea, quae temporum distinctione latius digesta sunt, ob memoriam consecrandam breviter recapitulari placuit, *manifestum est Epitomen quoque annum* DCCXXXI. *excedere non debere. Quare haud improbabile videtur omnia, quae exinde leguntur, a recentiori quodam adiuncta fuisse. Hinc in editis plerisque, manuque exaratis Codicibus optimae quidem notae, ut noster est* LXIV., *saeculo* XIII. *conscriptus, ultra annum* DCCXXXI. *non excurrit. Bedae genuina putaverim in ea desinere verba, quae in fine Epitomes leguntur:*

Haec

Haec de Hiſtoria Eccieſiaſtica Brittaniorum,
& maxime Gentis Anglorum, prout vel ex lit-
te.is antiquorum, vel ex traditione maiorum, vel ex mea cognitione ſcire potui, Domino adiuvante, digeſſi. *Reliqua vero, quae
ſequuntur*, Beda famulus Chriſti, & presbyter &c. *cum eius Operum indiculo omnia prorſus
ſubditicia eſſe exiſtimaverim.*

*Nonnulla heic adnotari queunt, quae ab hu-
mili, modeſtiſſimoque viro, qualem Bedam novimus, abhorrere videntur. Certe iactantiam quamdam ſapiunt ea verba :* Cunctumque ex eo tempus vitae in eiuſdem Monaſteiii habitatione
peragens omnem meditandis Scripturis operam dedi, atque inter obſervantiam diſcipli-
nae regularis, & quotidianam cantandi in Eccleſia curam ſemper aut diſcere, aut doce-
re, aut ſcribere dulce habui. *Praeterea in
huius ad Indiculum praefationis fine profitetur Beda
ea ſe adnotaturum, quae in Sacram Scripturam con-
ſcripſerat, & tamen Indiculus omnes enumerat ſive
ſacri, ſive profani argumenti libros, &, ut uno
verbo dicam, aut nihil prorſus praefatio haec ad
Indiculum pertinet, aut incautum impoſtorem habet auctorem. Quare prudenter mihi egiſſe videntur clariſſimi Colonienſes Bedae Operum editores,
qui praefationem hanc characteribus oblongis, ac ſi
dubia eſſet, poſt Epitomen ediderunt, Indiculum in
generalem injeserunt praefationem, ibique non veluti Bedae, ſed cuiuſdam anonymi fetum dederunt. Quod ſi quis obfirmato animo contendere
perge-*

pergeret *Indiculum* illum a *Beda* conscriptum fuisse, adeoque duos tantum *Homiliarum* libros ibidem recensitos edidisse, annon reponere possem, quid vetat *Bedam* ex *Homiliarum* suarum acervo quadraginta novem selegisse, in duosque libros distinxisse, aut post compositum *Indiculum* alios concinnasse sermones, aliaque *Opera* conscripsisse? *Haec* innui non profecto, ut trium *Homiliarum*, quas heic profero, genuinitatem omnino certam adfererem, sed potius, ut probarem haud firmo, tutissimoque *Mabillonium*, & *Oudinum* argumento niti, quum praeter illas XLIX., ceteras, quae *Bedae* nomen praeferunt, *Homilias* illi abiudicant, *Indicemque* illum ita sincerum *Bedae Opus* existimant, ut eo uti possint ad vera a falsis eius scriptis secernenda.

Beda vero natione *Anglus* natus est anno DCLXXII. in agro *Dunelmensi*. *A* puero *Monachus* evasit, annoque DCCI. a *Sergio Papa Romam* evocatus an iter susceperit non constat, quin potius *Monasterii* sui limitibus numquam exiisse videtur. De anno eius emortuali variant auctores. *Rectius* tradunt, qui eum anno DCCXXXV. obiisse dicunt. *Sepultus* est in *Monasterio* suo *Girvicensi*, eiusque ossa *Dunelmum* deinde sunt translata, & in eadem theca reposita, qua *S. Cuthberti*, qui *Bedae* morti interfuit, recondita sunt.

LECTIO

LECTIO SANCTI EVANGELII
SECUNDUM LUCAM.

I N illo tempore dixit Iefus difcipulis fuis parabolam hanc:
Homo quidam habuit duos
filios, & dixit adolefcentior
ex illis patri, da mihi portionem fubftantiae, quae me contingit, & divifit illis
fubftantiam, & cetera.

Homilia I. Beati Bedae Presbyteri.

E Vangelica lectione, Fratres Cariffimi,
audiftis duorum filiorum parabolam;
fed homo ifte, qui duos filios habuiffe dicitur, Deus Pater intelligitur, duorum videlicet genitor populorum, atque creator.
Maior enim filius eos, qui in unius Dei
cultura permanent, fignificat, minor eos,
qui in cultura Idolorum Dominum deferue-
re. Et dixit adolefcentior ex illis patri:
Pater, da mihi portionem fubftantiae, quae

me

me contingit , & divifit illis fubftantiam ,
quam fubftantiam hic Evangelicus Pater dividit filio fpirituali, nifi prudentiam , & in-
tellectum , vel etiam libertatem arbitrii ,
quae verae , & perpetuae funt opes bene
utenti ea ? Dividit enim Deus Pater hanc
filiis fubftantiam , quia in prima nativitate
aequaliter cunctis ratio nafcentibus datur ,
fed in fubfequenti converfatione unufquif-
que plus , aut minus hanc habere fubftantiam invenitur, dum hanc in femetipfis per
malam voluntatem negligentes deferunt, di-
ligentes autem cuftodiunt naturale rationis
bonum . Alius enim memor , & intelligens
Domini Creatoris effe ea , quae ab eo fum-
pferat , ita ut funt, Dei Patris effe credens,
quafi paterna cuftodit . Alius autem a femetipfo haec effe , & fua exiftimans , ficut
propriae poffeffionis licentia difpenfandis abutitur , & cito profligata facultate privatur ,
unde fequitur : *Et non poft multos dies con-*
gregatis omnibus , adolefcentior filius pe-
regre profectus eft in regionem longin-
quam ,

quam, & ibi diſſipavit ſubſtantiam ſuam.
vivendo luxurioſe . Qui addit longe non
locum mutando , ſed adverſionem. mentis
expreſſit, quia quanto plus quiſque in pravo
opere deliquit , tanto a Dei gratia longius
recedit . Et ita , qui obliviſcitur Deum Crea-
torem ſuum, hic vere peregrinari a Deo dicitur, quia mala converſatio in ſaeculari deſiderio non ſolum peregrinum , ſed & alienum Deo hominem facit , ſicut & hi , qui
peregrinos ſe faciunt , non cum concupiſcen-
tiis carnis , & deſideriis huius mundi a caeleſti regno exſulantur . Hac ergo peregrina-
tione per magnam ignorantiam peregrinos
nos fuiſſe ſciens Beatus Apoſtolus dicit :
Vos , qui longe aliquando fuiſtis a Deo per
incredulitatem, & malam converſationem
veſtram , nunc facti eſtis prope in ſanguine
Chriſti ab aeternae mortis erepti interitu.
Nolite vos iterum terrenis inhaerendo deſideriis elongari a Domino, cum adhuc eſtis
prope verae fidei confeſſionem , perſeverare
in bonorum operum exhortatione, in voluntate

tate adhaerentes ei omni tempore, quia
ipse portionem hereditatis suae, idest gaudia vitae aeternae daturus est omnibus invocantibus eum in veritate, idest, qui in
voluntate eius se custodire contendunt. Sequitur: *Et postquam omnia dissipavit, facta*
est fames valida in regione illa, & ipse
coepit egere. Et abiit, & adhaesit uni
civium regionis illius, & misit illum in
villam suam, ut pasceret porcos, & cu-
piebat implere ventrem suum de siliquis,
quas porci manducabant, & nemo illi da-
bat. Postquam ergo quis pro peccatis suis
obliviscitur domini sui praeceptis, &, eius
voluntati non famulatur, spiritualibus desti-
tuitur opibus, idest prudentia, & intellectu
omnes ornatus animae consumit. Porcos
pascere dicitur, hoc est sordidas, & immun-
das in anima sua enutrire cogitationes, escas
inutiles desiderare, quae nihil corpori profi-
ciunt, idest carnales concupiscentias adim-
plere, quod est seductio, & corruptio vitae,
quae virtutem animae nullam praestant, sed

                                        totis

toris penitus animam bonis privant, eam-.
que perimunt, quibus daemonia femper
animas fidelium decipere, atque feducere
feftinant. Talis igitur merito egere dicitur, quia omnium bonorum operum fructu,
& meritis eft deftitutus, de quo fubditur :
*In fe autem reverfus dixit, furgam, &
ibo ad patrem meum, & dicam ei, Pater,
peccavi in caelum, & coram te, iam
non fum dignus vocari filius tuus, fac
me, ficut unum de mercenariis tuis.* Quis
ergo ifte filius, qui in longinquam regionem peccando a Deo elongatus, tandem
poenitentia motus, redit confitendo ad patrem, nifi Chriftianus, qui fe libidine, ac
luxuria perdiderat, & elongavit a Deo, pro-
brofis fe actibus, ac tota foeditate polluerat,
& porcos pavit, ideft daemoniorum fe man-
cipavit fervitio, qui cum fe inftinctu, & mifericordia Dei recognofcit omni bono defti-
tutum, & undique inopia boni operis ob-
feffum, revertitur ad indulgentiam patris,
& fe coram Angelis Dei in caelo, & San-.

Tom. II.   F   &ctis

ctis Dei peccasse, & se reum esse confitetur, imploratur misericordiam, & indulgentiam recipiet peccatorum? Nos ergo, fratres carissimi, convertamur ad Dominum Deum nostrum, & agamus praeteritorum poenitentiam peccatorum. Nulla enim debemus desperatione deterreri, cum specialiter hanc parabolam in persona poenitentis videamus aptari. Ipso Domino manifestius declarante, & dicente: *Dico vobis, sic erit gaudium in caelis coram Angelis Dei super uno peccatore poenitentiam agente.* Dedit ergo Dominus poenitentibus viam egressionis, & eos, qui a malis suis se ad pristina bona convertunt, destinavit in forte iustorum. Igitur, carissimi, si quis inter nos gravium scelerum cogitatione maculatus sit, si quis sordidarum voluntatum sit peste pollutus, expandat misericordi Deo suae iniquitatis arcanum, aperiat internae praevaricationis operculum. Nota quidem sunt Deo cuncta, quae gerimus, quae etsi non dixerit lingua, non potest celare conscientia:

tia : Patet quippe ei, omne, quod clausum,
est, & oculis eius apertum est, quicquid in
cogitationibus nostris obstrusum videtur.
Ergo cum omnia noverit, non quaerit pro
ignorantia confessionem, sed pro misericordia desiderat confiteri, & non invenire.
Haec igitur agnoscentes, dilectissimi, unusquisque serenum per officia confessionis insti-
tuat, caussamque suam semetipso accusante
componat, dictet in se sub brevitate sententiam, ut Christi iudicis possit vitare iracun-
diam; quisquis enim illum cupit habere mi-
sericordem, exerceat in se ipse censuram.
Totum autem, quod timemus, fiat venia-
bile, si in vobis inventa fuerit haec plenitu-
do iustitiae. Ecce Dominus confessionis nostrae munus exspectat, & cum sit nota divinis oculis hominum conscientia, vult poe-
nitenti ea, in qua est, lacrimis sacrificium
confessionis offerre. Poenitentia, inquam,
est, quae sub uno actu officia diversa complectitur. Hinc enim publicat confitentem,
hinc reatum non denegat, unde crimen ex-

F 2   cusat.

cufat . Hinc obiicit propria peccata peccan-
ti , inde indulgentiam exhibet confitenti .
O magnificum bonitatis divinae thefaurum !
O fingulare clementiffimi Iudicis inftitutum !
Cum apud faeculi Iudicem confeffus ftatim
dirigitur ad poenam , apud Dominum con-
fitens mox pergit ad veniam , cui honor ,
& gloria in faecula faeculorum . Amen .

LECTIO SANCTI EVANGELII

SECUNDUM MATTHAEUM .

IN illo tempore : Prope erat Pafcha Iudaeorum , & afcendit Hierofolymam Iefus,
& invenit in templum vendentes oves, & boves, & columbas, & nummularios fedentes,
& cum feciffet quafi flagellum de funiculis,
omnes eiecit de templo , & reliqua .

Homilia II. Beati Bedae Presbyteri .

PRaefentem Sancti Evangelii lectionem ,
Fratres cariffimi, follicita intentione
oportet confiderare ; quia appropinquante
Pafcha

Pascha Iudaeorum , Dominus afcendit Hierofolymam , nobis profecto dat exemplum ,
quanta animi vigilantia Dominicis debeamus fubiici imperiis , cum ipfe Dei Filius
eadem , quae ex divinitatis auctoritate ftatuit,
decreta cuftodivit . Ne enim putarent homines abfque crebris orationum , bonorum-
que actuum facrificiis vel fupplicia evadere , vel ad gaudia aeterna poffe pertingere ,
ipfe ad orandum , ad adorandum in Hieru-
falem , ad imolandumque Dei Filius afcendit , qui veniens Hierofolymam , quid ibi
gefferit , audiamus : *Et invenit in templo*
vendentes boves , & oves , & columbas ,
& nummularios fedentes , & cum feciffet
quafi flagellum de funiculis, omnes ejecit de
templo. Inter omnia figna , quae fecit Iefus,
hoc videtur effe maximum, quod unus homo,
& ipfe in illo tempore contemptibilis , & in
tantum vilis apud Iudaeos , ut poftea cruci-
figerent , principibus eorum cernentibus ,
lucra fua deftrui audiebat , potuitque unius
flagelli verbere tantam eiicere multitudi-

F 3   nem,

nem, & talia facere, quae infinitus non potuiſſet facere exercitus. Igneus enim fulgor
radiabat ex oculis eius, & divinitatis eius
maieſtas lucebat in facie, & ideo manum
ei non audebant iniicere principes. Videbantur enim licite vendi in templo, quæ
ad hoc emebantur, ut in eodem templo of-
ferrerentur Domino; ſed nolens ipſe Dominus aliquid in domo ſua terrenæ negotiationis fieri, eiecit omnia, ipſoſque fa-
ctores repulit. Quid ergo putamus, fratres
mei, facere Dominum, ſi rixantes, ſi otioſis
fabulis vacantes, vel aliquolibet ſcelere re-
periret occupatos, qui hoſtias, quæ ſibi
immolabantur, ementes in templo vidit, &
eliminare feſtinavit? Haec omnia propter
illos dicta, & facta ſunt, qui ingrediuntur
Eccleſiam non ſolum intentione orandi ne-
gligenter, verum etiam ea, pro quibus ora-
re debuerunt, augent, cum vitiis, odiis,
detractionibuſque alios inſecantur, adden-
tes videlicet peccata peccatis, nec timentes ex eo diſtricti iudicis examinatione
damna-

damnari . Unde multum tremenda sunt
haec , dilectissimi , digno expavescenda timore , sedulaque praecavendum industria ,
ne veniens Dominus , quando minime cogitamus , perversum quid in nobis , unde merito flagellari, ac de Ecclesia eiici debeamus,
inveniat ; & maxime in Ecclesia , quae specialiter domus est orationis, timendum satis
est , ne nos aliud in ea , quam ipse diligit ,
agentes inveniat , & ipse se nobis , qualem
non volumus , districtus redditor ostendat ,
ne nos in templo suo nummularios , idest
terrenis rebus , & concupiscentiis huius mundi servientes , & desideriis irretitos inveniat,
ne inter Sanctos positos aliquid ibidem
propter vanam mundi gloriam operari , ne
ficte bona , & mala aperte facientes repe-
riens damnet, ne vendentes boves , idest verbum praedicationis , quod impendimus , non
divino amore , sed aeterni quaestus intuitu
audientibus impertire, ne vendentes oves, ut
supra diximus , humanae laudis appetitu
opera exercere , de quibus alibi Dominus

F 4   dicit,

dicit. *quia receperunt mercedem suam*, ne
nos vendentes columbas inveniens damnet,
idest acceptam Spiritus Sancti gratiam non
propter gratis, ut praeceptum est, sed propter pretium, impositionem quoque manuum, vel ordinationem cuiusquam, qua
Spiritus Sanctus accipitur, etsi non ad quae-
stum pecuniae, ad vulgi tamen favorem tri-
buere. Notandum est autem, quia non soli
venditores sunt columbarum, & domum
Dei domum negotiationis facientes, qui sacros ordines largiendo pretium inquirunt,
verum etiam hi, qui gradum, vel gratiam
in Ecclesia spiritalem, quam Domino largiente percipiunt, non simplici intentione, sed cuiuslibet caussa humanae retribu-
tionis exercent. Quicumque ergo tales sunt,
si nolunt, veniente Domino, de Ecclesia au-
ferri, auferant ista de suis actibus, ne faciant
domum Dei domum negotiationis, unde
iustam in futuro sentient vindictam. Sequitur:
*Recordati sunt vero discipuli eius, quia
scriptum est; Zelus domus tuae comedit me.*

Zelo

Zelo domus Patris Salvator eiecit impios
de templo . Zelemus & nos, Fratres carissimi , domum Dei , & quantum possumus ,
ne quid in ea pravum geratur, resistamus : Si
viderimus fratrem , qui ad domum Dei pertinet , superbia tumidum , si detractionibus
adsuetum , si ebrietati servientem , si luxuria supplantatum , si iracundia turbidum , si
alicuiquam vitio substratum , studeamus, in-
quantum facultas suppetit, castigare polluta ,
ac perversa corrigere , & si quid de talibus
emendare nequimus , non sine acerrimo
mentis sustinere dolore , & maxime in ipsa
domo orationis , ubi Corpus Domini con-
secratur, ubi Angelorum sanctorum praesentia semper adesse non dubitatur , ne quid
ineptum fiat , nequid , quod nostram frater-
namve orationem impediat, totis viribus abi-
gamus. Sequitur: *Responderunt ergo Judaei,
& dixerunt ei : quod signum ostendis nobis , quia hoc facis ? Respondit Jesus , &
dixit eis , solvite templum hoc , & in tribus diebus excitabo illud .* De quo templo
dice-

dicerent Evangelista, post aperuit, videlicet de
templo Corporis sui, quod illi destruebant
in morte, cum eum crucifigebant, sed ipse
die tertio a mortuis excitavit. Quia ergo
signum quaerebant a Domino, quare solita
commercia proiiceret de templo, respondit,
ideo secretissime impios exterminari de templo, quia ipsum templum significaverit templum Corporis sui, in quo nulla fuerit
macula peccati, neque immerito lapideum
purgavit sceleribus templum, qui templum
Corporis sui, quod verum Dei fuerat templum, ab hominibus morte solutum, Divina suae Maiestatis potentia excitare posset
a morte. Quia ergo iam prope est tempus,
quo solutionem eiusdem templi venerabilis,
quae facta est a perfidis Iudaeis, & excita-
tionem, quam ipse tertia die, sicut promisit, mirabiliter exhibuit, annua solemnitate
celebrare desideramus, mundemus templa
corporum, & cordium nostrorum, ut Spiritus Dei habitare dignetur in cordibus nostris. Et iuxta quod Apostolus ammonet,
abie-

abiectis operibus tenebrarum, induamus nos
arma lucis, sicut in die honeste ambulemus,
non in commessationibus, & ebrietatibus,
non in cubilibus, & impudicitiis, non in
contentione, & aemulatione, sed induimini
Dominum nostrum Iesum Christum, qui
cum Patre, & Spiritu Sancto vivit, & regnat Deus ante omnia saecula saeculorum.
Amen.

LECTIO SANCTI EVANGELII

SECUNDUM LUCAM.

IN illo tempore erat Iesus eiiciens daemonium, locutus est mutus, & admi-
ratae sunt turbae, & cetera.

Homilia III. Beati Bedae Presbyteri.

VIrtutes quidem Domini nostri Iesu
Christi factas esse in plebe Iudaeorum
audivimus, & credimus, sed miracula,
quae nunc legebantur, requirimus. *Erat,*
inquit Evangelista, *Iesus eiiciens daemo-*
nium,

nium, & illud erat mutum, & cum eiecif-
fet daemonium, locutus est mutus, & admi-
ratae sunt turbae. Homo iste mutus, & coecus incredulos significat, omnesque malivo-
los ; qui mandata Domini, nec operibus
facta, nolunt ad imitandum videre, nec aure
cordis ad intelligendum audire, qui vinculo infidelitatis, & invidiae in lingua ligati,
ut ipsa audita Dei mandata aliis invident
dicere, & adnuntiare contemnunt, sive qui
idola muta, & surda colunt, coeci, & muti
sunt, dicente Psalmista : *Similes illis fiant,*
qui faciunt ea, & omnes, qui confidunt in
eis . Tria igitur signa simul in uno homine
isto facta sunt, coecus inluminatur, & mutus loquitur, & possessus a daemone libera-
tur, quod & tunc quidem carnaliter factum
est, sed & quotidie in sancta Ecclesia geritur, cum per sanctos praedicatores quis
ab infidelitate convertitur ad fidem, ut
expulso, & abrenuntiato diabolo, cui ante
servivit, ad fidei lumen redit, & ad agnitio-
nem superni Creatoris venit, ac deinde
lau-

laudem Dei iugiter ex feipfo proferre non
definit, & aliis verbum veritatis, quantum
valet, atque aeternae falutis gaudia annun-
tiare contendit . Quidam autem dixerunt,
in Beelzebub principe daemoniorum eiicit
daemones . Pharifaei , & omnes fimul in-
creduli , & perverfi opera Dei calumniaban-
tur . Quibus ipfe Dominus alibi ait : *Vae*
vobis, qui clauditis regnum caelorum, nec
ipfi intratis, nec alios per invidiam introire
permittitis . Sequitur : *Et alii temptantes*
fignum de caelo quaerebant . Ipfe autem , ut
vidit cogitationes eorum , dixit : *Omne re-*
gnum in fe ipfo divifum defolabitur, & do-
mus fupra domum cadit . *Cogitationes ho-*
minum nemo novit , nifi folus Deus . Ideo
ergo , quia Iudaei credere noluerunt in Dominum Iefum , nos ergo eum ex fide dili-
gamus , & timeamus , quia per ipfum facta
funt omnia , & ipfe cogitationes , & corda
omnium novit, & ipfe reddet unicuique fecundum opera fua . Ideoque non ad dicta
Iudaeorum, fed cogitationibus eorum refpondit ,

dit, ut vel fic compellerentur potentia,
eius, quia dixerunt intra fe, cum in Beelzebub, ideft in poteftate principis dæmo-
niorum, non in poteftate Dei eiicere daemonia. Oftendit enim regnum fuum indi-
viduum effe, qui ubique regnat, cuius regni non erit finis. Et ideo fe in hunc mundum veniffe, ut diaboli regnum deftrueret,
& portas regni caeleftis omnibus credenti-
bus, & per opera iuftitiae intrare volenti-
bus aperiret, & his, qui in eo fpem fuam
figerent, aeternae falutis gaudia patefaceret.
Eos autem, qui in diabolo fpem potius,
quam in eius mifericordia ponerent, divi-
fos effe a Beatorum confortio, & ab aeternae vitae gaudio expulfos innotuit. Grave
igitur fcelus eft opera Dei diabolicas credere virtutes. Ideoque, dilectiffimi, nolite,
diabolo acquiefcere feductori, fed potius
Dei inhaerentes voluntati ponite in eo
fpem veftram, & ipfe vos diriget in omni
bono. In omnibus igitur anguftiis, & tri-
bulationibus veftris, in omnibus preffuris,

quae-

quaecumque evenerint in hoc mundo, a Domino Deo omnipotente quaerite misericordiam, & indulgentiam. Quaerite eius misericordiam fide recta, caritate sincera,
eum diligite; credentes, quicquid tribulatio-
nis acciderit, vel angustiae, hoc pro peccatis nostris maxime accidisse. Confitemini
peccata vestra Deo, & Sacerdotibus eius,
& sanctis viris in Ecclesia, & agite poenitentiam de omnibus, quae egistis, illicitis,
eleemosynis abluite a vobis sordes animarum vestrarum, vociferate ad Dominum
puro corde, fide sincera, & caritate perfecta;
ponite spem vestram semper in misericordia eius, credentes, quia, quicquid ab eo
fide recta, & sincera petitis, accipietis. Ipse
statim paratus est sua misericordia in mensa
omnibus se invocantibus, in veritate indulgentiam, & refrigerium praestare sempiter-
num. Nolite vanis daemoniorum seduci er-
roribus, puro corde diaboli machinamenta
despicite. Si enim semel, aut bis, aut forte
ter, quaterve aequitias, quas diabolus in

vos

vos temptando conatur immittere, toto animo, & tota fide contemnitis, & in eadem
cautela semper vigilare contenditis, ita ipfum
diabolum Deus a veftra infeftatione digna-
bitur repellere, ut numquam vos poffit fua
calliditate decipere. Nolite ergo feduci, fratres, nolite alibi auxilium quaerere, nifi
ad Chriftum Dominum noftrum. Nolite
ab eo recedere, & a vanis, & inutilibus
praecantatoribus, & a diabolicis auguriis
quaerere remedia; quia quando aliqua ne-
ceffitate, vel anguftia, aut etiam tribulatione, vel infirmitate corporis a Domino fla-
gellamur, ad requiem, & ad remedium
fempiternum vocamus. Et quomodo ad
illum pervenire volumus, fi ab illo flagella
patienter, atque humiliter non fuftinemus?
Quapropter fufferamus patienter erudicio-
nem Patris caeleftis, ut ad patriam pervenire mereamur regni aeterni. Haec, dilectiffimi, ideo dicimus, ut ne quis ex vobis cum aegrotatur, vel alia quacumque
preffura, vel tribulatione patitur, aliunde,
nifi

nisi a Domino, auxilia quaerat, vel deside-
ret remedia, quia ipse solus, & verus est
medicus animarum nostrarum. Ideo ad
illius toto corde, & tota mente tendamus
misericordiam, de illius semper in quibusli-
bet angustiis adiutorio praesumamus. Quia
percutit, & medetur ipse vulneribus; inficit,
& ipse sanitatem infert sempiternam, cui est
honor, & gloria per immortalia saecula
saeculorum. Amen.

FUNERARIA
DE OBITU
DIVI ALTI DE COMITE
PER BENEDICTUM ANAGNINUM

QUAE

NUNC PRIMUM PRODEUNT

EX COD. MS. CHARTACEO SAEC. XV

G 2

IOHANNIS CHRISTOPHORI AMADUTII
AD SPECTATISSIMOS
ACADEMIAE LITTERARIAE VOLSCORUM
VELITRIS INSTITUTAE
SOCIOS
PRAEFATIO.

EST ingenui hominis gratum se praebere
erga eos, quos sibi benevolos senseris,
quibusque se obstrictum esse iure, ac merito oporteat. Scilicet vobis iam libuit, Socii
Spectatissimi, in Coetum vestrum Litterarium Velitris institutum, cui Volscorum nomen, ad honorifi-
cas conditiones, quibus vetustissima Civitas vestra
excelluerat, veluti redivivo appellationis iure in-
staurandas, indidistis, me inglorium hominem,
Dictatore Clemente Herminio Borgia, cuius virtutes, ac merita nobis iam satis invidverunt, coopta-
re, vobisque in Litterarum, & Societatis ipsius
commodum me adlaborantem adsciscere (2). Quare
ne me ingratum, & inoperosum prorsus haberetis,
statui inter ea, quae otii caussa interdum molior,
aliquid vobiscum conferre, quo me beneficii vestri
memorem, tum & exempli sectatorem quodammodo praeberem. Est nunc ad manus Laudatio anecdota Alti de Comite, quam si ex Codice Chartaceo
saeculi XV. Tuderti apud ingenuum Adolescentem Eu-
G 3   rychium

(2) Diploma datum est postridie Nonas Februarias
ann. CIƆIƆCCLXIX.

tychium Sbarram adfervaio nunc primum in lucem
proferens vobis exbiberem, atque dicarem, nihil
me facturum esse intelligebam, quod non vobis
aliquo nomine conveniret. Altus de Comitibus siquidem Praeses fuit Velitrarum, ac Veliternos foedere
coniunctos secum habuit, cum in Christophorum
Caietanium Regni Siciliae Protonotarium, & Fundi
Dominum arma movit. Patet id ex luculentissima
Civitatis vestrae Historia (a), quam Popularis
vester longe doctissimus, & eximium Sacerdotii
exemplar Alexander Borgia primum Nucerinus Episcopus, mox Archiepiscopus, & Princeps Firmanus
summo studio, & ingenio elaboravit; tum docet
etiam Concordia, quam Archivium vestrum adser-
vat, quaeque peracta est anno cIɔcccxxv. inter Velitrarum Urbem, & Christophorum Caietanium,
aliosque ex eadem familia de praedis, excursibus,
& captivis, quos eiusdem belli tempore fecerant
Veliternenses in Caietaniorum ditionibus, & ob id
D. ducatus, ut aiebant, Caietaniis persolverunt.
Quis autem Altus fuerit, praeter haec, quae nunc
delibavi, docebit ipsa Laudatio, quam vobis exhi-
beo, adnotationesque quinetiam, quas in ima ora
subieci. Addam vero nunc summatim cetera, quae
Vir Cl. Felix Contelorius (b), & Marcus Dionysius (c)
atte-

(a) Istoria della Chiesa, 1650. in 4.
e Città di Velletri Lib IV.   (c) Genealogia di Casa
sec. xv. n.49. pag. 367.   Conti brevemente descrit-
(b) Genealogia Familiae   ta &c. In Parma per gli
Comitum Romanorum &c.   Eredi di Erasmo Viotti
Romae ex Tipogr. R. C. A. 1663. in 4.

attulerunt. Altus noster filius fuit Ildebrandini,
qui & Aldebrandinus dictus est, quique fuit Dominus Castri Vallis Montonis , sive , ut alii ma-
lunt, Vallis Montanae, quam vetus Labicum Scriptores nonnulli , & Contelorius ipse (a) censuerunt;
quamquam Franciscus Ficoronius Vir apud Antiquarios satis celebris in Castro Lugaani, quod Patriam
habuit, quodque a Valle Montana M. passibus distat,
olim exstitisse contendat (b). Ildebrandinus quapropter Altum natum suum emancipavit a. d. IX. Kal.
Decembris ann. CIƆCCCCVII., eique Iure proprio , &
in perpetuum Castrum Vallis Montonis , Lugaani,
Sacci cum Molendino , & territorio citra flumen
versus eamdem Vallem Montonis concessit (c). Fratres habuit Altus Lucidum S. Mariae in Cosmedin
Diaconum Card. , Gratum , & Sagacem olim Abbatem Sublacensem , & dein Episcopum Carpentora-
ctensem (d). Duas insuper Sorores habuit, quarum
una Angela Francisca matrimonio coniuncta fuit Francisco de Comite Montisfortini Domino , altera Lucre-
tia Ursi Ursinii coniux fuit (e). Fuit Altus Sacri
Hospitii Apostolici Magister , aliaque munia , & bo-
nores obtinuit , de quibus adnotationes , quas Lau-
dationi eius apposuimus , ne actum agamus , con-
fuli poterunt . Cetera penes Contelorium , & Diony-
                                                       sium
G 4

(a) Loc. cit. pag. 20.

(b) Le Memorie ritro-
vate nel Territorio della
prima , e seconda Città di
Labico , ed i loro giusti
Siti &c. in Roma 1745. in 4.

(c) Contelor. pag. 21.

(d) Contelor. pag. ead.
& Dionys. pag 142.

(e) Dionysius pag. 142.
& 143.

fium habentur , quibus addam , quae ex *Ascanio Landio Borgia* vester supra Laudatus (a) exhibuit , anno scilicet CIƆCCCCXXI. Altum nostrum una cum *Laurentio de Comitibus Cardinale Eugenii IV.* partibus contra Veliternos adhaesisse , dum tumultus , & bella vigerent , quae Columnenses , Sabellii , Caietani , aliique excitaverant . Infaustas illas temporum vices nemo certe invideat . Volupe tandem vobis erit , Socii Spectatissimi , exhiberi a me nunc vobis in ima ora potiores nonnullarum chartarum partes , quibus caret Contelorii Genealogia , quasque ipse , dum Caesis essem Octobre mense anni CIƆIƆCCLXIX. una cum altero Populari , & Socio vestro longe Cl. Stephano Borgia a Secretis Congreg. de Propaganda Fide , *Alexandri* fratris filio , & *Clementis Herminii* fratre , ex schedis ipsius Contelorii , quae cum pulvere , & blattis colluctantur , exscribendas curavi , & in quibus duorum nobilium Veliternensium Civium , & Oppidorum , quae vel in Agro vestro sunt , vel contermina habentur , mentio occurrit . Earum vero autographum membranaceum exstabat penes Finiam Gentem Montisfortini , ex quo exceptum exemplar , quod servabat *Stephanus Serangelus* eiusdem Oppidi Civis , a quo & alterum Contelorius obtinuit (b) . Sed praestat
modo

(a) Istoria di Velletri lib. IV. sec. XV. n. 30. p. 355.
(b) Die 12. Septembris 1366. Indictione IV. Pontificatus Urbani Papae V. anno quarto Magnificus Ciccus de Comite filius q. Magnifici Viri D. Nicolai de Comite , sua bona , libera , & placabili volun-

modo ſd Laudationis Auctorem gradum facere : Poſt is Beneditus Anagninus , qui eamdem paullo ante ipſius

voluntate , ſponte &c. ſecit, conſtituit &e. ſuum verum,& legitimum Procuratorem &c. Nobilem Virum Luccium Pylei de Velletro , licet abſentem &c. ad eumdem , & ſe repraeſentandum coram Magnifico, & Potenti Viro Cicco de Ceccano filio q. Magnifici Viri Guillelmi de Ceccano &c., & generaliter , & generaliſſime compromittendum omnes, & ſingulas controverſias &c. , quas dictus Conſtituens habet &c. aliqua occaſione &c. cum Magnifico Viro Nicolao de Comite fratre germano dicti Conſtituentis , & ſpecialiter praetextu , & occaſione ſucceſſionis bonorum , & haereditatis q. communis eorum Parentis , nec non ſucceſſionis , & hereditatis q. Magnificorum Virorum D. Innocentii , & D. Riccardi de Comite

filiorum q. Magnifici Viri D. Nicolai de Comite, ac fratrum germanorum reſpective ipſius Conſtituentis . Aſſerens dictus Conſtituens vidiſſe , & ſcire omnem diſpoſitionem ultimae , & inter vivos , quae facta apparent per dictos eidem Conſtituenti communes Parentes , & per praedictos fratres eidem germanos &c., & praetextu, & occaſione Terrarum , & Caſtrorum Montiſfortini, Collisdeferro, Roccemaximi , Turriculae , & partis Caſtri Aſturae, videlicet medietatem dicti Caſtri , & bonorum , & rerum aliorum Territoriorum , & Vaſſallorum dictorum Caſtrorum , & occaſione Caſtri Prunl, Caſalis Sexani , & Territoriorum eorumdem , ac bonorum q. dictorum eidem Parentum poſitorum in Civitate Romana
in

ipsius Alsi obitum concinnavit, & amico suo Evangelistae de Valle Montonis Iurisconsulto dicavit.

De

in Contrada de Cavallu, & bonorum positorum in Territorio Core, & in Cora, quae bona remanserunt in bonis, & hereditate praedicti D. Nicolai de Comite Patris ipsius Constituentis, & generaliter quacumque alia occasione faciente haberet dictus Constituens cum Nicolao fratre suo praedicto &c. Actum in Castro Montisfortini, videlicet in Roccatum dicti Castri praesentibus Nobilibus, & discretis Viris &c.

Nicolaus Burellus de Castro S. Laurentii Notarius.

Die 20. Septembris 1366. Indictione, & Pontificatu, *ut in retroscri pto &c.* Magnificus Vir Nicolaus de Comite filius q. Magnifici Viri Nicolai de Comite, fecit &c. Procuratorem &c. Nobilem Virum Petrum Cotum de Velletro ad se repraesentandum coram Magnifico, & Potente Viro Cicco de Ceccano filio q. Magnifici Viri Guillelmi de Ceccano &c. compromittendum &c. *ut in alia antecedenti &c.* Actum in Castro Collisferri Communitatis, videlicet in Domibus Roccae dicti Castri, praesentibus his Testibus Nobilibus Viris Boetio Pilei de Velletro, Iohanne Riccardi de Montefortino, Notario Antonio Iohannis Rubei, Nicolao Boniannis de Colleserro, & Noso de Acuto Testibus &c.

Tutius Magistri Petri de Ceccano Notarius.

Die 20. Decembris 1460. Indictione 8. Pontificatus .... II. idest secundi. Magnifici DD. Stephanus, & Alexander de Comite Domini Montisfortini per sese, & eorum propriis nominibus,

De eo nihil habet Alexander Magiſtrius in Hiſtoria Anagnina (a) , *etſi nonnullos armis , litteris , & dignitatibus inſignes Cives recenſendos ſibi ſumpſerit* (b) . *Neque etiam quidquam in Archivo Cathedralis Anagniae , quod exacto nuper menſe una cum laudato Cl. Praeſule Stephano Borgia ſcrutatus ſum ,*

quid-

nibus , quam per ſuos heredes , & ſucceſſores, quam vice , & nomine Magnifici Proſperi de Comite. . . . , & filii Magnifici D. Antonii de Comite germani fratris dictorum DD. Stephani , & Alexandri, pro quo . . . cum conſenſu , & voluntate Magnificarum Dominarum Pernae Gaytanae Matris dictorum DD. . . . , & Dominae Antonellae de Sangro Matris eiuſdem D. Proſperi, & Curatricum , ſeu Tutricum eius, ſponte &c. donarunt &c. Nobilibus Viris Benigno, Honorato , & Pellegrino filiis q. Nobilis Viri Petri Fini de Cora , & ad praeſens ſubditis dictorum DD., & habitatoribus Caſtri Montisfortini , & Iuliano Vici etiam fratri ex

latere materno dictorum Benigni, Honorati , & Pellegrini, eorumque&c. infraſcriptam domum , vineas , praedia , poſſeſſiones, & ſtabilia exiſtentia in Territorio , & Diſtrictu Montisfortini &c. Actum in Caſtro Montisfortini , in Domibus Dominorum, praeſentibus &c. providis Viris Iohanne Scattotio, Tutio Petri Ciarelli , Luca Andreae , & Petro Valanello , omnibus de dicto Caſtro .

Antonius q. Lucae Notarius rogatus, de d. Caſtro &c.

(a) *Iſtoria della Città , e S. Baſilica Cattedrale d'. Anagni &c. deſcritta da Aleſſandro de Magiſtris . In Roma* 1749. *in* 4.

(b) *Cap. VIII. pag. 36.*

quidquam de eo offendere mihi contigit . Ceterum
exſtat ad eum Leonardi Brunii Arretini Epiſtola (a) ,
qua eum monet inter cetera , ſe eius commendatio-
nem in litteras , quas dederat ad Hiſpaniarum Regem Alphonſum V. , inieciſſe , & in quibus (b) ſic
de Benedicto noſtro , quem aliquando in Hiſpaniis
ex hoc degiſſe conſtat , verba fecit : Vale , & Benedictum Ananienſem doctum hominem , &
bene litteratum , qui in obſequio tuae Prae-
cellentiae degit , rogo ſuſcipias recommiſſum .
Eiuſdem meminit Leonardus ipſe in Epiſtola altera
ad Cardinalem de Columna (c) , qui Proſper fuiſſe
videtur , atque in ea ſic habet : Reſcribo ad virum doctum , & ſuavem Benedictum de Ana-
nia , quae quidem reſcriptio erit etiam reſponſum ad litteras Reverendiſſimae P. V. Si igitur
non aderit Benedictus , poterit R. P. V. litteras
aperire , & perlegere . Haec ſunt , quae vobiſcum
agere nunc mihi libuit , Socii Spectatiſſimi ; Vos
vero hoc , quidquid eſt , officii bonas in partes ac-
cipite , & Collegam veſtrum , qui de vobis bene
mereri conatur , gratia veſtra fovere pergite .

    Datis Velitris in Aedibus Borgianis a. d. III. Non.
Novembris otio Autumnali anni CIↃIↃCCLXXIII.

FUNE-

(a) Leonardi Bruni Ar-
retini Epiſtolarum lib. VIII.
&c. . recenſente Lauren-
tio Mehus , qui lib. IX. ,
ac X. in lucem protu-
lit &c. Florentiae 1741.

in 8. Part. II. lib. VII.
epiſt. X. pag. 99.
  (b) Loc. cit. epiſt. II.
pag. 77. , & ſeqq.
  (c) Loc. citat. lib. X.
epiſt. XV. pag. 185. .

FUNERARIA
DE OBITU
DIVI ALTI DE COMITE
PER BENEDICTUM ANAGNINUM.

OMINE Evangelista, dixi. Si dignum lectione putabis, aliis quoque copiam facies, videtur, quousque conditio obveniat, ne copiam facias. Sed dixeris, quare huiusmodi conditionem fecisti? Ut si forte Virum praestantissimum, & de me optime meritum in morte anteirem, meis monumentis exornetur, & debitus honos suarum virtutum a me tribuatur. Vale iterum felix.

Benedictus de Anagnia S. P. D. Clarissimo Iurisconsulto Domino Evangelistae de Vallifmontone suo amantissimo.

Quoniam pro tua humanitate mea scripta semper multifecisti : propterea
cum

cum his Natalitiis Domini noftri Iefu Chrifti
nil agerem , aliquid facere volui , & tibi
Viro praeftantiffimo dicare , ut cenfor, &
iudex rerum mearum , fi dignam lectione
putabis , aliis quoque copiam facies : fi minus , aliquo abde modo , & vale.

FUNERARIA DE OBITU DIVI ALTI DE COMITE
PER BENEDICTUM DE ANAGNIA .

ETSI vereor , Evangelifta amantiffime ,
tam praeftantiffimum funerarium munus Divi Alti de Comite pridie vita defun-
cti ab optimis , & egregiis amicis ad me
delatum graviter , ornateque , ut par eft ,
minime poffe abfolvere , tamen quia illius
viri vitam , mores , & rerum geftarum praeftantiam ab ineunte aetate mea , velut ex
longa confuetudine novi ; non alienum a meo
inftituto effe putavi litteris mandare , ut ceteri de his rebus fcribentibus facilior notio
habeatur , & ipfe vehementer cupio pro dignitate tanti Viri ab omnibus fuperari .
Dabo igitur operam ab initio pauca ex multis

tis exordiens , & ad extremum perducens ,
noviſſimaque conferens primis , quam bre-
vius potero , rem ipſam obire , moremus
calculatorum , qui aere breviori ingentes
ſummas exprimunt , imitatus , & ea tantum , quae digniora nota veriſſime vide-
buntur , quoniam ſingula illius Viri prae-
clariſſima facinora recenſere longum eſſet ,
& multorum dierum opus . Itaque Altus
noſter in lucem editus , qnum primum per
aetatem verba formare potuit , ad ludum
litterarium ſe contulit ; Quo exacto , ad ſtu-
dia humanitatis , & hiſtoriarum ſe addidit ,
quae Principibus , & rerum Dominis vel
maxime conveniunt ; in quibus quantum
excelluerit , nemo ignorat . Aetate etenim
provectiori his non contentus ad cognitionem ſacrarum litterarum ire perrexit , exi-
ſtimans non vere Chriſticolam poſſe cenſe-
ri ; qui ſit harum cognitione , & notitia
exſpers . Profecto cum libero iudicio poſte-
ritas ipſa loqui conceſſerit , quae nec bonos
laudare , nec malos deteſtari vetuit ; dicam ,
quod

quod fentio , & quod more meo , largiter .
Non arroganter dixerim , plerofque Principes , dum aliquando iuvenis orbem magna
ex parte vifere contenderem , fumma virtute , & litteris praeftantes noffe , fed profecto
hoc praeftantiorem , de Dominis , & Principibus loquor , vidi neminem . Verum
cum pridie Signiae Virum integerrimum
offendiffem , interrogaffemque , fi litteris
facris aliquando vacaret , & Bibliae , Epi-
ftolifque Hieronymi maxime , fubridens ait :
Item Bibliam , & Epiftolas Hieronymi memoriter ad verbum iamdiu novi. Quodquod
mirabilius dictu eft , cum iam octogefi-
mum , & ultra annum agentem senium
omnem memoriam penitus excutere debuiffet . Rurfus tabellas hinc inde allatas
fine cunctatione , reiectis ocularibus , &
quofcumque libros contrectatione manuum
oblitteratos , vel aliter interlitos lectitat ,
ut non legere , fed reminifci omnia videatur . O incredibilem , & admirabilem hominis memoriam fempiternam , quae nec
varie-

varietate rerum confundi , quae nec multi-
tudine obrui poterat , ut nemo in rebus magnis sublimius , vel perfectius reminisci potuerit ! Fuit profecto Altus noster in terris ,
veluti quoddam caeleste oraculum , & insigne vitae mortalium exemplar , traditus nobis . Multae sane , eximiaeque fuerunt Viri
praestantissimi animi dotes , sed inter alia
summa ingenii celebritas , & memoria ma-
ximarum rerum pene divina , ut nec Lucius
Lucullus , aut Hortensius in hoc genere
eum excelluerint . Accedit , quod Vir sapientissimus quoscumque ad ipsum diverten-
tes sua hospitalitate , & liberalitate condona-
bat , ut nec Alexander ille Macedonum , vel
quivis alius in hoc liberalitatis genere antei-
ret . Magna insuper consuetudine , & omni
officio humanitatis undique commigran-
tes Vir optimus observabat , ut non minus
quam Lysander Antilochum , aut Athenodo-
rum Cato , aut Lucullus Antiochum fuerit
prosequutus . Florente etenim aetate , cum
primum illa studia evasisset , ut aliquem

Tom. II.   H   fru-

fructum ex suo ocio quaereret, in militiam profectus est. Alexandrum, Caesarem, Octaviumque secutus, qui in utroque laudis genere praestiterunt. Perseverassetque diutius in armis, ni cum gubernacula suae dominationis, revocassent; maxime cum magnanimi filii Iohannes (a), & Stephanus (b) apud Venetiam feliciter militarem, ut his foris, illo domi laborantibus, omnis salus tuta foret. Enimvero cum Provincia Campaniae aliquando, in summa difficultate, & angustia laboraret, quantus fuit ipsius Alti

(a) *Felix Contelorius in Genealogia Familiae Comitum Romanorum p. 41, lequuit, ex Summario Processus in causia Romana Caesorum, de Comitibus erui. Altum habuisse filium legitimum, & naturalem nomine Iohannem, ex quo alii filii plures. Hunc Marcus Dionysius in altera eiusdem Familiae Genealogia apud Venetos castris meruisse prodit pag. 142., tum a Iohanne XXII., ac.*

Tio II. Vicarium Signinae Civitatis una cum Brunone eius fratre, cum onere persolvendi libram, argenti singulis annis, constitutum asserit pag. 146., & seqq. Uxorem duxit Catharinam Farnesiam, ex qua, ut diximus, plures filios suscepit, quos recenset Dionysius pag. 151.

(b) De Stephano vide apud Contelorium, & Dionysium.

Alri in negociis labor, quae fortitudo in periculis, quae induſtria in agendo, quae celeritas in perficiendo, quod confilium in providendo, quae eloquentia in dicendo, nemo ignorat. Sic enim in illis fluctibus Provinciae verſatus eſt, ut cum ſaepe alias hoſtes ad ipſum opprimendum coniuraſſent, non vi, & armis magis, quam ſapientia, comitate, & affabilitate facillime repulerit; ut iam vere ſibi uſurpaverit, Principum Romanorum decus, & ornamentum eſſe. Quatki inſuper Pontifex Maximus Martinus (a), Eugenius (b), & ceteri ſui poſteri

H 2   ipſum

<hr/>

(a) *Martinus V. Altum de Comite ad ſtipendia Romanae Eccleſiae recepit anno 1421. Vid. Contelorium pag. 21., & Dionyſium pag. 143.*

(b) *Eugenius .IV. poſt Sagacis Epiſcopi Carpentoractenſis obitum donat Alto fratri portionem, quam Eccleſia Carpentoractenſis habere contendebat ex bonis ipſius Sagacis, perſolutis*

ſcutis mille, anno 1434. Vid. Contelorium pag. 23. Tum Altus iure litterarum Eugenii IV. anno 1441. immiſſus fuit in poſſeſſionem bonorum hereditariorum Ildebrandini patris poſt litem, quae inter ipſum, & Sagacem, ac Gratium ipſius fratres exſtiterat, quamque etiam pro Alto definiverat Iohannes SS. Neri, & Achillei Card. Tarenſi-

ipſum fecerint , tota Romana Curia teſtis
eſt . Talis enim fuit , dum in humanis
agebat Vir praeſtantiſſimus , ut certe ex uno
u'ero ipſe , & Cato natus eſſe videretur ,
ut cuiuſdam magni Viri verbis utar ; hu-
iuſmodique ex eo liberos exſtare , qui in
omni paterna gloria , velut in peculiari
quadam hereditate parentare videantur .
In primis magnanimum , quem nuncupavi ,
Iohannem in litteris eruditiſſimum , & in
armis diu , lateque cognitum , qui , ſicut
innumeris rebus feliciter geſtis , ſemper cla-
riſſimus fuit , ſic ſane permultis probe , &
ſapienter dictis inſignis eſt ab omnibus habitus . Teſtis eſt ipſa Venetia diuturnitate
libertatis , & opportunitate ſitus quadam
mirabili , & copia omnium rerum in hominum uſum abundans , quae ipſum in bellis
geren-

rentinus Legatus in Regno
Siciliae . Vid. Contelorium
pag.21. , & Dionyſium
pag.143. Praeceperat ta-
men idem Pontifex Alto ,
& Grato anno 1438. , ut

reſtituerent Caſtrum Acuti
pertinens ad Ecclefiam
Anagninam Iobanni tit.
S.Laurentii Cardinali. Vid.
Contelorium pag. 23. , &
Dionyſium pag.145.

gerendis plures annos tenuit , ubi fic fe
geffit , fic eft habitus , ut palmarium , pro
fua fingulari in illam Rempublicam virtute, iudicio omnium fit confecutus . Et Ferdinandus Siciliae Rex nullo modo ipfum
regnum fibi vendicare poffe arbitrabatur ,
nifi & ipfum habuiffet , & collocaffet in primis , cuius laudes cum notae fint , malo
filentio praeterire , quam nimius in dicendo cenferi . Stephanus enim eo tempore
admodum iuvenis ab ipfo Iohanne proximus fpecimen fummae laudis praefeferebat ,
& multa laude digna perfecit ; fed ipfum
immatura mors e medio in ipfa militia eri-
puit , cui Veneti ipfi tantum tribuerunt ,
ut vix illius aetatis cuiquam . Accedit &
Francifcus Epifcopus Capaccii (a), Iurifconfultus , qui & litteris , & optimis moribus
egregie praeditus omnem paternam , & avi-
tam gloriam magnifice imitatur , quem ,

H 3   Deo

<hr />

(a) *De Francifco Epifco-*
po Caputaquenfi , five Ca-
paccii in Lucania nihil
apud Contelorium , & Die-
nyfium . Confule Ugbellium
in Italia Sacra num. 23.
Tom.VII. pag.474.

Deo duce, & fortuna comite, ad fummum
faftigium evafurum non ambigo. Illuftris
Bruno Iurifconfultus (a) hos, quos dixi,
fummo ftudio aemulatur, qui, ut a plerifque accepi, in rebus magni confilii, ut
eft videre, plurimum valet, & laudatur
eximie. Sequuntur & hos pleraeque nobiles Sorores primariis Romanae Provinciae
Principibus in matrimonium collocatae, ut
fane Altus ipfe Metelli gloriam vendicare
poffit. Quare, Dive Alte, ut vere arbitror, in Concilium Deorum relatus mirum
in modum gloriari potes tot egregios liberos huic noftrae pofteritati reliquiffe. Strue-
tur enim tibi ara praeclariffimarum virtutum
tuarum in memoriam fempiternam. Numquam

(a) *Ex laudato fuperius Summario Proceffus in caufa Romana Caftrorum de Corallibus, quod recenfetur a Contelorio pag. 41., deprehenditur, Altum noftrum filium quoque habuiffe, cui nomen Bruno. Vid. fuperius adnot. (a) ad pag. 114., ex qua patet Bru-* *nonem fuiffe Vicarium Signinae Civitatis una cum Iobanne eius fratre, largiente id Iobanne XXII. & Pio II. Uxorem habuit feminam ex Urfinia gente, ex qua plures filios progenuit, quos memorat Dionyfius pag. 153.*

quam enim filebitur tua admirabilis, & pene
divina cunctis in rebus fapientia, qui in tam
ampliffimae dignitatis gradum per omnes
honores in fublime fine aliqua offenfione
vitae es evectus. Ite igitur, pueri, puellae-
que, linguis, animifque faventes, ferta ipfis
delubris imponite. Iam fequar, rhuraque
Iovi ipfe dabo, & omnes violae iactabo co-
lores, Deos, Deafque precatus, quo Divum Altum veftrum in Concilium benigne
admittatis.

H 4   THO-

THOMAE PHAEDRI INGHIRAMI
VOLATERRANI
IN LAUDEM
FERDINANDI
HISPANIARUM REGIS CATHOLICI
OB BUGIAE REGNUM IN AFRICA CAPTUM
ORATIO
DICTA IULIO II. PONT. MAX

Et ex Cod. Ms. faeculi xvi. Bibliothecae
Cl. Praefulis Marii Guarnaccii

NUNC PRIMUM PROLATA
A D. PETRO ALOYSIO GALLETTIO ROMANO
ABBATE FONTIS VIVI
CONGREGATIONIS CASINENSIS.

.

· EMINENTISSIMO · PRINCIPI

FRANCISCO · XAVERIO · DE · ZELADA

AVITA · PATRICIAQ. ORIGINE

MVRCIENSI

· ROMAE · EGREGIIS · PARENTIBVS · ORTO

· VIRO

A · PVERITIA · ADMIRABILIS · INGENII

IN · ARDVIS · SOLERTISSIMO ·

AD · MAGNA · ET · DIFFICILLIMA · NEGOTIA

A · SVMMIS · PONTIFICIBVS

ADHIBITO

CVIVS · VIRTVS · ET · OMNIS · VITA

PRO · SANCTA · ROMANA · ECCLESIA

SEMPER · IN · ACTIONE · FVIT

QVIQVE

VETERVM · CVIVSQ. GENERIS · MONVMENTORVM.

AESTIMATOR · ERVDITISSIMVS

EXQVISITA · BIBLIOTHECA · INSTRVCTA

INSIGNI · CIMELIARCHIO · ANTIQVIS · OPERIBVS

NVMMIS · GEMMISQ. RARISSIMIS

ORNATO · AVCTO

STVDIOSORVM

QVOS

SIBI · VOLVIT · SEMPER · HABERE · FAMILIARES

PVBLICO · BONO · PATERE · DECREVIT

A · SSMO · D · N · CLEMENTE · XIIII · P · O · M

OB · SPECTATAM · SACRAR. LITTERAR. COGNITIONEM

VTRIVSQ. IVRIS · PERITIAM

TOT · TANTAQ. MVNERA

INCOR-

INCORRVPTE . ADMINISTRATA
SACRO . PLAVDENTE . SENATV
AVLA . LAETANTE . ROMANA
HISPANIARVM . GESTIENTIBVS . REGNIS
IN . AMPLISS. CARDINALIVM . ORDINEM
ADSCITVS
IN . DIES . ET . FORIS . ET . DOMI
INLVSTREM . PRO . SEDE . APOSTOLICA
NAVANDO . OPERAM
HVMANITATE . FIDE . INTEGRITATE
ANIMIQVE . MAGNITVDINE
TANTI . PONTIFICIS . IVDICIVM
COMPROBAT
MAIORQVE . ASSVRGIT
PETRVS . ALOYSIVS . GALLETTI . ROM
ORD. S. BENEDICTI . CONG. CASIN
ABBAS . S. MARIAE . DE . FONTE . VIVO
THOMAE . PHAEDRI . INGHIRAMII
VOLATERRANI
LATERANENSIS
AC . DEIN . VATICANAE . BASILICAE . CANONICI
OPVSCVLVM
EX . COD. MS. MARII GVARNACCII
PRAESVLIS. CLARISS
IN . LVCEM . NVNC . PRIMVM . PROLATVM
CARDINALI
MVSARVM . PATRONO
D. D. D

EDITO-

EDITORIS PRAEFATIO.

SI ullum umquam Principem de Chrifti Fide propagata optime meritum Ecclefia Romana habuit, is certe fuit Ferdinandus Iobannis Aragonum Regis filius, poftea Hifpaniarum, Africae, totiufque Siciliae, ac novi Orbis Rex, cognomento Catholicus, qui omni conatu, ftudio, & diligentia, nullis laboribus, nullis impenfis, nullifque parcendo periculis, etiam proprium fanguinem effundendo Granatenfe regnum expugnavit, Americae, Africaeque populos ad Chriftum adduxit, barbaros contudit, Bugiae regnum, atque Oranum fubegit, facrae cenfurae conftituit ubique tribunalia, tantoque religionis adferendae ftudio aeftuavit, ut ingentibus adeo cumulis auri annui, quod a Iudaeis exigebat, privari maluerit, quam perfidam nationem in fuis regnis, quae impietate foedabant, retinere. Bis in hac Romana Urbe folemnes gratiae a Pontifice, & Cardinalibus omnipotenti Deo actae funt pro partis a Ferdinando de infidelibus victoriis. Innocentius fiquidem VIII. Dominica prima Ianuarii anni MCCCCXC. in Ecclefia S. Mariae de Populo grates de Mauris inclinante fuperiore anno perdomitis perfolvit, habitaque etiam eft coram eodem, ac Patribus facri Senatus Oratio panegyrica, quae typis cufa eft, ex qua Raynaldius nonnulla ad rem fuam excerpfit, & in annalibus iterum protulit. Perlato ad Urbem poft annos fere decem nuncio de expugnata a Ferdinando

Bu-

Bugia , olim Thabraca in Numidiæ littore sita , non procul a Mauritaniæ Cæsariensis finibus , Barbarorum regia sede olim pugnaci , ac feroci , Iulius II. ob toìtam a Ferdinando ipso non sine immortali laude relatam victoriam , qua mirum in modum Christianum Imperium amplificatum est , gratias Divino Numini agendas decrevit eo solemni ritu , quem Paris de Grassis Cæremoniarum Præfectus ita describit : In die S. Petri in Cathedra , de mandato Papæ fuit habita solemnis actio gratiarum ad Deum pro victoria habita per Catholicum Regem Hispaniarum contra infideles , & Regem Bugiæ , sive , ut Latini volunt, Buxeæ in Africa : & quidem solemnitas fuit in omnibus, sicut in die Omnium Sanctorum anno mdv., ut supra scripsi illa die ; sed in hoc plus fecimus , quia sermonem habuit Reverendus Pater Dominus Thomas de Vulterris cognomento Fedra , luculentissimum , & elegantissimum post Missam : Missam autem cantavit in Basilica apud Altare S. Petri Cardinalis Arborensis (a) de festo Cathedræ cum tribus orationibus , videlicet de S. Petro , & secunda de S. Paullo , & tertia contra Paganos , cum Praefatione de Apostolis. In fine Missæ data e st.

(a) Iacobus Serra Catalanus Archiepiscopus Arborensis ab Alexandro VI. renuntiatus Cardinalis die XXVIII. Septembris MD., Pontificis in Urbe Vicarius. Obiit Episcopus Praenestinus anno MDXVII. , sepultusque est in Ecclessa S. Iacobi Hispanorum in Sacello , quod vivens erexerat.

eſt Benedictio per Papam. Tum oraturus, qui ſupra venit, & abſque petitione Benedictionis petūt Indulgentias, & Papa prima facie voluit dare annorum ſeptem, ut in ordinario, ſed a me intelligens de more in talibus eſſe, quod eſſet Plenaria, dedit Plenariam. *Et infra:* Papa cantavit *Te Deum laudamus. De Ingbiramio vero conſule, quae ſuperiori Volumine, ubi alteram ipſius Orationem habes, tradidimus.*

THO-

THOMAE PHAEDRI INGHIRAMI
VOLATERRANI
IN LAUDEM
FERDINANDI
HISPANIARUM REGIS CATHOLICI
OB BUGIAE REGNUM IN AFRICA CAPTUM
IULIO II. PONT. MAX. DICTA
ORATIO:

TSI certum habeo, Orbem Chriſtianum, quacumque rei geſtae fama percrebuit, magna in laetitia, gratulatione, ſupplicationibuſque eſſe, patere delubra, aras ſacrificiis fumare, honore, donis, precibus cumulari, quibuſque aliis multitudo ſolet laetitiam immodicam ſignificare, prope ad immortalitatem, & religionem, & memoriam conſecrari (quid enim Chriſtiano nomini contingere potuit aut nobilius ad gloriam, aut certius ad ſalutem, quam Ferdinandi Regis Aragonum virtute, ma-

Tom. II.　　　　I　　　　gnitu-

gnitudine animi , felicitate , nunc primum
longo intervallo in poffeffione Africae pedem nos ponere , firmiffimis eam praefidiis,
ac maximis claffibus munire , gentemque
efferam , & multum noftro nomini infe-
ftam , fub noftrum ius , dicionem , impe-
riumque fubigere ?) fed tamen te potiffimum , Pater Beatiffime , oportet omnes
Chriftianos tantum exfultatione fuperare ,
quantum dignitate , auctoritateque inter
illos antecedis . Atque hoc facit multiplex
gaudium, cumulatioremque gratiam , quod
ceteris de Mahumetano hofte victoriis abo-
litum magis dedecus , quam quicquam laudis partum eft , propterea quod in repulfan-
do magis bello , quam propagando imperio
antea occupati eramus. At hic mare tranfiit,
tranfmarinos hoftes quaefivit , ad eorum urbes , fedefque penetravit , magnam fpem ,
ingens decus , immortale facinus oftendit ,
ut · nihil adiici · ad gloriae magnitudinem
poffe videatur . Facis itaque , ut te aequum
eft facere , praeclare ; ac fapienter , qui ob

exun-

exundantis laetitiae magnitudinem diem fe-
ftum inftituis , fupplicationes Ferdinandi Regis nomine decernis , convocatifque Patribus Ampliffimis. Deo immortali gratias agis
cumulatiffimas , qui cum bonorum omnium,
victoriarum , felicitatum dator , largitorque
femper fuerit , hac tamen in victoria ita
larga manu Ferdinando Regi , quique illius
aufpiciis militant , praefens adfuit , ut non
faviffe , opemve tuliffe , fed ipfe rem geffiffe , & quafi in aciem defcendiffe iudicetur .
Quod ipfum dum tuo iuffu paucis oftendo,
quaefo , obteftorque te , ut me benigne ,
attenteque audias .

Africam , Pater Beatiffime , qui Orbem
terrarum diligenti indagatione funt perfcru-
tati , tertiam eius partem effe voluerunt ,
non viribus quidem , neque magnitudine
ceteris parem , quippe quae magna etiam
ex parte deferta credatur , quantum autem
incolitur eximiae fertilitatis homines proge-
nerat , laboribus haud cedentes , mirae per-
nicitatis , & quos ni ius ferri adimat , ple-
I 2   rofque

rofque omnes fene &tus diffolvat , ita morbos
nec patiuntur , nec fentiunt . Quae gentes
eam initio tenuerint, incertum eft admodum;
quorum prima mentio apud vetuftarum rerum Scriptores fit , Getuli funt , Lybiefque ,
Perfae , Armeni , Medi , qui de Herculis
exercitu fuperfuerunt, in eam conceffere , ac
per connubia incolis mixti , cum omnem
fere regionem longe , lateque ferpendo in
dicionem fuam redegiffent, Numidae , Mau-
rique funt appellati . Phoenices, deductis co-
loniis, Carthagineque excitata, eam partem,
quae ad orientem Solem fpectat , occupave-
runt , aufique cum Romanis congredi ,
cum diu ancipiti Marte pugnaverint , pro-
piufque periculo fuerint, qui vicerunt mari,
terraque, tandem victi fubcubuerunt . Chriftianam Fidem fero adceperunt , & licet Ter-
tullianum, Cyprianum, Arnobium , Victo-
rinum , Auguftinum , bone Deus , quales
viros ! habuerit , ducentorum, & quatuorde-
cim Pontificum contra Pelagianos Concilium celebraverint, femper tamen falfis opi-
nioni-

nionibus iactati sunt , neque umquam uni-
versi in Catholica fide consenserunt . Irrum-
pentibus deinde Vandalis , qui ex Hispania
traiecerant, ita omnis vastata , eversaque est,
ut Africa in Africa quaereretur . Sed & his
per Belisarium adtritis , rursusque sub Romana dicione redacta Provincia, Sarraceni
(Arabes hi sunt Scenithae) qui ad delen-
dum nostrum imperium , affligendam fidem,
extinguenda omnia iura , atque instituta
maiorum , nimia fortunae indulgentia dis-
persis velis ferebantur, in universam inun-
darunt ; neque solum nulla inde vi expelli
potuerunt , sed ab illo tempore supra octin-
gentesimum annum Provinciae dominantur
tanta immanitate, saevitiaque , ut illos ipsos
vetustos Afros crudelitate vicisse credantur,
tanto in Christianos odio , ut Romanorum,
Carthaginensiumque inimicitiae nullae prae
his fuisse videantur. In quo cum multa essent indigna , tum nihil minus erat ferendum , quam quod mare , quasi obices indi-
gnati transmiserunt , atque ita cessaverunt ,

I 3   ut

ut arcem in Europa Granatae regnum, Bethi-
cae partem validiſſimam, in ore, oculiſque
noſtris, munitam tot annos ad haec uſque
tempora tenuerint.

Non commemorabo hoc loco, quemadmodum Ferdinandus rex incredibili, ac divina quadam mente, atque virtute, tunc
cum maxime bello civili Orbis Chriſtianus
arderet, nec ullis poſſet ſubſidiis irrigari,
non ſperantibus, nec opinantibus, nec co-
gitantibus quidem nobis, quia fieri poſſe
non videbatur, regnum illud validum, mu-
nitum, invicto veteranorum genere: incli-
tum, firmatum ceperit, vicerit, expugna-
verit; poſſunt enim multis ſaepe occaſioni-
bus diverſorum temporum praedicari. Ad
Africam, quae me iamdudum vocat, & quodammodo obſervat orationem meam, contento ſtudio, curſuque veniamus; quam
Ferdinandus ipſe inexplebilis virtutis, ve-
raeque laudis ſpe, ac magnitudine animi
concipere, hoc volutare animo; hoc palam
fremere, inde decus ſibi, inde nomen,

ꝫ i   inde

inde confummatam gloriam fperare. Verum
dum, quo id fibi facilius facere liceret, in
praemoliendis rebus, reconciliandifque Regum, gentiumque animis occupatur, in-
credibile dictu eſt, quamdiu materia gloriae
fuae fit erepta, quoties expeditionem dif-
ferre, quoties decretam iam, & pene fu-
fceptam relinquere fit coactus. Excitato
praeſertim bello illo Parthenopeo duro,
atroci, difficili, miferaque illi, & gravi
neceſſitate impoſita, ut armis, & caede
craſſari cogeretur contra eos, quos cum
communi iure, tum affinitatis vinculo coniunctos haberet, quibus tamen, cum victor
eſſet, pacem non abnuit, ut ſcirent omnes,
ſe & invitum cum eiuſmodi hoſte bella
fuſcipere, & percupidum finire. Amiſſa
mox coniuge (a) fortiſſima, feliciſſima, ſan-
ctiſſima, atque omnium conſiliorum, laborum, expeditionum non modo conſcia,

I 4 ſed

<hr>

(a) *Elifabeth Caſtellae* *anno* MDIHI. *Mulier in*
Regina, quae e vita deceſ- *tuenda, augendaque re-*
fit ad VI. *Kal. Decembris* *Chriſtiana nulli fecunda.*

sed & participe , comite , adiutrice , quo
casu, veluti solet terra ventis , aut aquis sub-
teriinmissis intervulsa sui soliditate nutare ,
ita cuncta Hispania , subducta repente , qua
sustentabatur, dextera illius, tota contremuit,
ac pene confedit . Sed & hac quoque stabili-
lita , ut pacis , libertatisque bonis perfrue-
retur , ac egregie statu suo gauderet , satis
confisus consensu Hispaniae , fide sociorum
Regum , suo praesidio omnibus iam instru-
ctis , adportatisque , & re iam ultra cuncta-
tionem non patiente , Deo bene iuvante ,
classis in Africam transmittitur.

Longum esset , nec huius proprium diei
recensere , ut Melilla (a) capta, caementaque

ex

(a) *Melillae mentio ,*
Oppiduli nempe muniti in
Africa in Gareta Provin-
cia sub dominio Hispano-
rum ab an. MCCCCXCVII.
cicatricem , si iam for-
te obduci coeperat , refri-
cat . Melillae enim , in
eiusque arcis Parochiali
Ecclesia conditi sunt cine-

res Lucae Gallettii fratris
mei unanimis,obii in mili-
taribus rebus egregiae vir-
tutis . Natus est Romae
anno MDCCXXVI. *die IX.*
Iulii , & a puero Mathe-
maticis disciplinis studiose
sedulitate operam navavit .
Anno MDCCXLIV. *profe-*
ctus in Hispaniam die XV.
Iulii

ex Hifpania, quo oppidum muniretur ; in-
vecta, ut magnus portus, magnum momen-
tum affectanti res Africae, occupatus, ut
Oran urbs opulentiffima Sarraceni nominis
non operibus , fed vi expugnata , ut Go-
mera intercepta ; quae omnia in Tingitana
Provincia fita valido funt Chriftianorum
praefidio communita . Eft in ipfa Mauri-
tania inter Tretum promontorium , & Caefa-
ream haud longe a finu Numidico , ubi
Poffidonius vetuftiffimus Graecorum Scriptor

Iulii inter nobiles Italos
a cuftodia corporis Philippi V. Regis Catholici coopta-
tus ; anno MDCCLXI. die
III Septembris ob merita
Dux peditum in Neapoli-
tana Legione creatus eft.
Multis deinde longorum
itinerum exantlatis laboribus , dum tandem alae du-
centorum millium ad Me-
lillae praefidium praeeffet ,
& in maximam fpem af-
furgeret ; immatura morte
heu nimium! raptus eft
die XIVI. Septembris anno
MDCCLXXI. omnibus aeque
properum eius obitum que-
rentibus . Homo fuit Lucas
ftatura iufta , forma lauda-
ta , membris craffioribus ,
colore rubicundo , nafo ad
aquilinum vergente , fronte
lata , oculo vivido , capillo
nigro , honeftis , plifque moribus , animo conftanti ,
candido , modefto , & qui
erga omnes fe reverenter
haberet : Fratri cariffimo
quietem , & beati luminis
claritatem precamini, amici , quotquot eftis.

ptor ingentem fimiarum multitudinem fe
vidiffe teſtatur, Bugia oppidum, quondam
dum illic res Chriſtiana incolumis erat, Sedes
Pontificia, nunc Sarracenorum omnium,
qui Mauritaniam Caeſarienſem incolunt, em-
porium, caputque longe ditiſſimum, atque
opulentiſſimum armis, viriſque. Reges eadem profapia funt, quae omni fere Africae,
Tuncti, Hipponae, Leptique magnae domi-
natur. Urbs ipfa maritimis, terreſtribuſque
fructibus, multitudinis incremento ampla,
ingens, amoena, arduo in colle fita, cui
tamen ad meridiem plurimus mons immineat, portum habet ad Orientem, qua parte
planities aequa extenditur. Oppidani, for-
tiſſimi, bellicoſiſſimique Sarracenorum
omnium pedibus in bellum eunt, equorum
apud eos medicus ufus. Hanc Urbem, quia
regia effet, magnamque fecum capta dicionem allatura foret, ac propter egregium
portum, & aliam opportunitatem mariti-
mam, terreſtremque contra cetera regna
percommodam expeditionem praeberet,

Hilpa

Hispani id unum dignum tanto apparatu
confiliorum, & certaminum, quod ingens,
exfudandumque. effet praemium: fore rati,
primo quoque tempore improvifam, incau-
tamque univerfo fimul effufo terrore opprime-
re decernunt. Solvitur e Pitufa (a) claf-
fis, fecundaque navigatione ufi, de indu-
ftria morati curfum navium, ut ante lucem
accederent Bufiam, luce prima ante ipfam
urbem inconfpecti confiftant. Ibi haudquaquam fpei eventus refpondit. Ventis,
qui a terra flabant, quominus rectus in portum curfus teneri potuerit impedientibus,
noftri, quia rem fore haud cum imparatis
cernunt, quod unum erat in re infperata
confilium, anchoras iaciunt, armamenta demum, inftruunt fe, ut ubi venti potant,
fignumque detur, in terram evadant, ac
contra fauces portus, inftructa in fronte navium acie, confiftunt. Magnus apud Oppi-
danos

(a) Iohannes Mariana narrat, Kalendis Ianuarii principio anni MDX. Hifpanos ex Ebufo folventes quin-que diebus litus Africae tenuiffe, copias, eo die in terram exponere adverfos flatus vetuiffe.

danos pavor , & tumultus in re improvisâ
fuit , consultius tamen , quam quis facturos
crederet , in tam subito periculo ad arma
conclamant, per tumultum , ac trepidatio-
nem raptim tormenta expediunt , portas
claudunt , armatos in muris , vigiliasque ,
& stationes disponunt . Et quia obsidionem
rebantur fore , dum licet , dum tempus est ,
inermem omnem multitudinem Oppido
emittunt . Ipsi vero rationem pugnae sic
instituunt ., ut pars omni genere telorum
instructa tuendae urbi relinquatur . Rex
ipse cum maiori parte copiarum (erant autem supra x. millia peditum, & aliquot equites) collem Urbi imminentem occupet ,
eo consilio , ut si nostri expugnationem ado-
rirentur , in ipso certamine impressionem faceret , oppugnationique nostros intentos
a tergo invaderet . Interim vero tormentis
per muros dispositis , non terra modo adeun-
tes aditu arcerent , sed & navium quoque
stationem infestam hosti facerent . Nec
mora ; ingens vis omnis generis telorum
                                    e mu-

e muris volabat : fagittis, glandibus, iacu-
lis, faxis, veluti nimbum creberrimae gran-
dinis ingerebant , unoque tempore tormenta bellica in confertiffimos milites ducenta
excutiunt . O rem miram , & nullam apud
pofteros fidem habituram , nifi felix fucceſ-
ſus faviſſet! nemo e tanto militum , claſſia-
riorumque numero non modo caeſus , fed
ne laefus quidem , ut fi quis totidem tritici
grana plena manu coniiciat , fieri non poſſit ,
quin pleraque omnia fuos ictus fortiantur .
Iam venti pofuerant , iam perculfa ex alto
vela in portum claſſem inferebant , iam
terram capi poſſe gubernatores exclama-
bant , cum noftri , adactis de repente navi-
giis , fummotis vi tormentorum ingenti hoſtibus , qui toto praetenti littore fic de colle
defcenderant , ut facilem receptum habe-
rent , qua cuique proximum eft , in terram
evadunt , cognitoque hoftium confilio qua-
drifariam divifis copiis (erant autem ele-
ctiſſimorum militum quatuor millia) urbis oppugnatione omiſſa , inter fe cohortati

in

in adverfum montem , iniquo fane loco ;
omnium immemores difficultatum , contra
ipfum Regem , inftructumque eius exercitum erigunt agmen , vix dum fortiſſimo ,
praefentiſſimoque animo fub iactum vene-
rant telorum , cum hoftes obftupefacti tanta audacia , ne telo quidem ullo emiſſo , ingenti clamore , ac terrore terga extemplo
dant , praecipitique fuga in oppidum fefe
omnes effundunt . Infequuntur iifdem itineribus noftri , tantaque celeritas fuit , ut cum
intentis omnibus ad fugam nulla armatorum ftatio , nulla cuftodia oppoſita eſſet ,
uno tempore , & per patentem portam fe-
roces victores cum victis irruperint , &
muri , turres, propugnacula fuperata , capta,
expugnataque , & arx loco alto , & praeci-
piti fita occupata fit (a), fimulque coepta res,
& patrata , ut fermo hic prolixior multo fit ,
quam

(a) *Gomefius in libro
de rebus geftis Ximenii Cardinalis lib.IV. fcribit , ipfis
nonis Ianuarii anni* MDX.,
*die ob Magorum adoratio-
nem religiofiſſimo , Bugiam
urbem celeberrimam a Pe-
tro Navarro Crucefignato-
rum Duce bellica virtute
clariſſimo captam fuiſſe .*

quam res illa fuerit . Rex veritus , ne porta maritima navales copiae occurrerent , in
medioque ipse caperetur , porta , quam primum viderat , usus, cum conglobato praesidio effuse fugiens in mediterranea , mon-
tesque proximos se recepit . Praedae plus
pene , quam ex reliquis antea captis locis
egestum , ea omnis militi concessa . C. Ma-
rium septies Consulem , in quo spes , atque
opes Populi Romani ea tempestate sitae
erant , gloriari solitum accepimus , quod
oppidum Capsam in Numidia uno die , uno
impetu , uno cursu cepisset . Praeclara sane
laus , & quae vel sola illum poterat immor-
talitati consecrare . Sed tamen si rem velimus curiosius inspicere, Capsenses consterna-
ti animo de improviso sunt oppressi . At Bu-
gienses sese confirmandi , arma sumendi, in
munitionibus consistendi , aciemque contra
instruendi spacium habuerunt. Illorum pars
potissima in agris reperta , qua Oppidani
maxime sunt perterriti, in dicione hostium
erat . Hi imbellem omnem multitudinem
                                        able-

ablegaverant . Illorum portas equitatus
omnis Romanus , velociſſimique pedites ,
ne quis exire, introireve poſſet , obſederat .
Hi decem armatorum millia pro portis ſtan-
tia habebant . Illi denique , nec quid facerent, nec ubi conſiſterent , nec quid fidi re-
ſpicerent habentes, deditionem fecerunt . Hi
fuſi , fugatique internecione ſua aditum hoſti
patefecerunt , urbemque omnem ſcelerato
ſanguine ſparſo expiarunt . Nec mirum , ſi
Marii decora Hiſpanorum virtutibus ſunt
inferiora . Non enim humano conſilio res
illa perfecta eſt . Non illic tunc ſolae vires
agebant Heſperiae . Non Hiſpana robora
pugnabant, non inſtructa tantum acies Ibera
certabat . Ipſe ille Ieſus Deus Omnipotens,
cui bellum contra impias , nefariaſque nationes geritur, ipſe, inquam, Ieſus pugnabat,
ipſe impellebat , ipſe fugabat . Quis enim
fecit , ne tormenta in tam conſertam multitudinem excuſſa nocerent ? Ieſus . Quis illis
tantam iniecit amentiam , ut trepidi , & poſt
terga reſpicientes , & in modum amentium
aцo-

attoniti , nondum vulnere ullo adverso corpore excepto , properarent ad Urbem, quam
consulto exceperant, non explicarent aciem ,
non copias inſtruerent ? Iesus . Denique
quis muros illos praealtos , turres , propugnacula pervia fecit , facilemque per illa
tranſitum dedit , & ut noſtrorum opera ex-
cederent humanarum virium modum, prae-
ſtitit ? Iesus . An aliter ſperandum erat ,
quin divina illa vis valeret , quam illi omni
ſcelerum genere polluerant , ac meritas tandem aliquando poenas exigeret ? Dura mihi,
medius fidius, videbatur, Pontifex Maxime,
vis illa caeleſtis, Numenque divinum , quod
ſaepe incredibiles Chriſtianae Reipublicae
felicitates , atque opes adtulit, magnas per-
nicies extinxit , ingentes clades avertit, hos
pati tot annos ſuae fidei inludere , inſurge-
re , inſultare . Etenim dici non poteſt, quantum omni Europae , sed miſerae praeſertim
Italiae damni intulerint hae efferae nationes , quot funerum , quantarum cladium
cauſſa fuerint . Recurſat animo incredibilis

Tom.II.   K   illa,

illa , & immanis audacia , & indigna felicitas , cum immanes illi homines , atque.
efferati , incerti , quo furor , velut tem-
peftas , eos populantes inferret , correptis
navibus a Gaditano ufque in Siculum fre-
tum, Hifpanias, Gallias populati, in Italiam
demum incuperunt , ipfam navalibus victoriis nobilem Genuam ceperunt , omnia
luctu , fanguine , ac terrore compleverunt ;
fed tamen ex omnibus terris potiffima haec
Urbs , Sedes Imperii noftri , Ara populorum , Lumen gentium , Senatus Orbis terrarum , haec , inquam, Urbs praefidium , &
fpes ultima Chriftiani nominis furentium
excepit impetum belluarum . Haec faevi-
tiam illorum innocentium fanguine fatia-
vit : Haec facram auri famem facrilega
praeda explevit . Itaque quod omnis ora
Etrufca , quae ad mare vergit , cultoribus
deferta eft , quod everfas Centumcellas (a)
fpecta-

(a) Centumcellae urbs non muris vallata , neque
ad mare pofita XXXII. mil- ulla parte munita,frequen-
lia paffuum a Roma diftans tibus Sarracenorum aggref-
fione.

spectamus , quod Pyrgos (a) veteres desideramus, quod Inul Castrum (b) non agno-
scimus , quod totus squalet Romanus ager ,
haec sunt immanium monumenta Sarracenorum.

K 2   Sed

fionibus , & direptionibus obnoxia per quadraginta annos iacebat diruta, & incolis deserta. S. Leo IV., qui obdormivit in Domino XVII. Iulii an. DCCCLV., et incolis per valles , & montes misere vagantibus consuleret , novam urbem III. a Centumcellis milliario aedificavit, quam Leopolim vocari iussit. Superiori saeculo Urbanus VIII. Centumcellas egregie communivit , & portum , additis operibus, ad tutiorem triremium Pontificiarum stationem restituit.

(a) Castrum S. Severae Provinciae Patrimonii in ora maris Tyrrheni quibusdam Pyrgi Oppidum est, at directa illud ne vestigium quidem portus inest. Aliis

Castrum est S. Marinellae in eadem Provincia cum portu XXXIII. ab Urbe milliaribus in occasum distans, & in eius excelsa turri legitur NEOPYRGON iuris gentis Barberiniae, forsan extructum ex Pyrgi ruderibus. At Castrum novum Purganum verosimilius fuisse videtur , ubi etiamnum visuntur antiqui Pyrgi radera , & in vicino colle Ecclesia S. Mariae de streteria Purgata habetur.

(b) Castrum Inui Oppidulum fuit Rutulorum in Latio , in ora litorali maris Tyrrheni. Situm erat inter Antium ad ortum , & Aphrodisium ad occasum , esse Cluverio , & eius mentibus Virgilius.

Sed quid vagor longius ? Cur haec
Urbs Leonina (a) muris cincta est ? Cur
hoc Templum vetusto, novicioque opere,
ut non una aedificatio adpareat, constru-
ctum ? Illi, inquam, illi h's parietibus,
his tectis, his columnis, ac postibus hor-
rificum quoddam, & nefarium omni imbu-
tum odio bellum intulerunt, coementis,
ac testis horum tectorum se famem suam
expleturos putaverunt, aram praesentissimae
religionis violarunt, foedarunt, demoliti
sunt, sacraria inflammarunt, exciderunt,
profanarunt, antiquum, sanctum, religio-
sum Templum omni nefario stupro, & sce-
lere macularunt. Et quae nulla unquam
in barbaria fecissent, illi in Sanctorum Reliquias, in defunctorum Pontificum sepul-
cra, in illas ipsas imagines, quibus omne

Tem-

(a) *Civitas Leonina
a Leone III. incoepta, a
Leone IV. absolvitur. Se-
cundo Praesulatus sui an-
no, nempe DCCCXLVIII.
sumpsit exordium, & in VI.*
*consecrationis suae anno
undique consummata est die
XXVII. Iunii, pridie ante
Beatissimorum Apostolorum
Petri, & Paulli vigilias.*

Templum condecoratum erat , quafi illos
viventes peterent , exercuerunt . Gaudete
vos , o Sanctorum tumuli , & tot paffim
Beatorum iacentes Reliquiae . Exfultate,Pon-
tificum offa veneranda , vofque ex hoc'veftro
edito monte , Petre, Paulleque, lares, pena-
tefque noftri , qui huic Urbi , atque huic
imperio praefidetis , hanc animis laetitiam
capite , hoc vero gaudio perfruimini , hac
folida , novaque gloria memoriam veteris
flagitii abolete , quod tandem exortus eft
vindex Ferdinandus, qui hanc imperii noftri
maculam delevit, fceleratiffimorum impuni-
tatem non eft paffus diutius propagari, feras,
ac iuftas poenas, tantoque dignas fcelere pen-
dere coegit . Gravioraque illos pati perdo-
cuit, quam intulerant, non praedonum, non
latrocinantium more , ut illi faciebant, nec
ut rapinam , fpoliumque infperatae felicitatis dividat , atque difcerpat ; fed ut incen-
fionem urbibus , internecionem civibus ,
vaftitatem provinciae, interitum imperio per-
niciofiffimo afferat . Neque enim rem ma-

K 3   gnam

gnam esse duco instructa classe invadere littora, militem exponere, agros vastare, oppida diripere ; latronum est iste mos, & piratarum, qui rei plus afferat, quam honoris. Verum in hostilem terram descendere, hostes contrastantes pro patria, penatibus, ac liberis percellere, paratos invadere, urbes vi, operibusque expugnare, praesidiis communire, fines imperii, dicionisque propagare ; Haec ego, qui faciat, non modo omni laude dignum, sed divinis honoribus prosequendum existimo. An vero, qui cum paullo ante urgeremur quotidie in ore, oculisque nostris, praeter antiquas iniurias, praedae averterentur, triremes etiam praetoriae interciperentur, insulae, portus, littora, terrae, maria illorum amentiam non caperent, nunc in suas Attegias, tamquam in ergastula compulerit, pedem porta efferre prohibuerit, septem iam portus in Africa importuosissima ceperit, supra septingenta passuum millia in litore occupaverit : provinciam illam iam octingente-

gentefimum annum noſtris hominibus inac-
ceſſam, inhoſpitalem, implacabilem aperue-
rit, Chriſtianam religionem profugam illinc
diu, & eiectam, fruſtraque a nobis tot annos opem, auxiliumque implorantem non
ſolum reduxerit, ſed regnum illi, ſuumque
in Afros imperium reſtituerit; Hunc ego
non modo Regum omnium maximum, ſed
& totius memoriae Principem, Deíque
noſtri benevolentia, & beneficio noſtra tem-
peſtate, tamquam unicum ſeſſis rebus prae-
ſidium datum non exiſtimem? Nimis, fateor,
aut duri ſumus huius ſaeculi homines, aut
faſtidioſi, aut maligni. Priſca aetas, ſi quis,
aut quomodo arandus eſſet ager, aut putan-
da vinea, aut ſtringendae oleae docuiſſet,
nihil laudibus, nihil titulis, nihil honori
parcebat. Nos pro tot ſumptis de infeſtiſſi-
mo hoſte poenis, pro hac gloria noſtri nominis amplificata, pro noſtro hoc mare
perpetuis his piratis, praedonibuſque libe-
rato, pro tam ampla Provincia noſtro imperio adiuncta, & vindicata, non quae poſ-

ſumus,

fumus , quaeque fcimus , ornamenta , decora , trophaeaque congeremus ? Navis um
propter aurei velleris futtum , & virginis
raptum in caelum ufque fublata fideribus
eft confecrata , certatimque tam Graecis ,
quam Latinis Poetis decantata . Haec claf-
fis , qua non funt convinctae Hellefponti an-
guftiae , ut temporarius fieret tranfitus mul-
titudini , fed ipfa Africa Europae quodam
quafi ponte copulata eft , ut eamus illuc
iam intrepidi , navigemus fecuri , negocie-
mur tuti , non laudatur , non celebratur ,
non decantatur . Memini , quondam me
puero , cum clariffima , ac munitiffima infula Rhodos ex omni impetu barbarico , &
totius belli ore a faucibus erepta , atque
fervata noftrorum hominum virtute , affi-
duitate , confilio fummis obfidionis periculi-
lis liberata effet , nullum modum laetitiae ;
nullum gaudii terminum , nullum gratula-
tionum finem effe habitum , multos dies per
omnia Oppida fupplicationibus , ludis , epulis
publicis triumphi fpeciem quamdam exhi-
bitam ,

bitam, neque immerito; eſt enim illa inſula ocellus Chriſtianae reipublicae, propa-
gnaculum noſtri imperii, ſpecula, atque arx
in mediis hoſtibus erecta. Sed tamen
quid habet illa hoſtium propulſatio ſimile
huic victoriae? aut cur ſi tantum fieri
tunc meminimus, non longe nunc maiora
prae laetitia exhibemus? Quid hoc eſſe
dicam cauſſae? nam omnia malo alia inve-
ſtigare, quam noſtram aetatem in tanta
praeſertim cauſſa ingrati animi accuſare.
An ita eſt natura comparatum, ut altius
iniuriae, quam merita deſcendant, & ibi
maior laetitia ſit, ubi gravior metus prae-
ceſſerit, ac propterea ſegnius irritent animos, quae in hoſtem inferantur, quam
quae a nobis pericula propulſent? An verum
eſt illud, ut magis turpe eſt, cuique ſua
amittere, quam glorioſum aliena acquirere,
ſic maiori laetitia geſtimus in victoria, quae
noſtra defenderit, quam quae externa ever-
terit? vel potius cum in ſolo Ferdinando
omnis ſpes, fiduciaque noſtra repoſita ſit, ut

aut

aut ab hoc uno, aut a nemine praeterea
speremus posse nobis antiquum decus, atque
imperium restitui? Haec tua victoria, Fer-
dinande Rex feliciffime, quemadmodum in
quovis altero admirationis, & gloriae haberet plurimum, fic in te tantum abeft a per-
fectione summae laudis, ut fundamentum,
iniciumque maximorum operum, non res
ipfa maxima iudicetur. Quid enim eft, per
Deum immortalem, quod de te iam non
animo conceperimus, cum ea, quae hactenus per te gefta funt, non modo fpem, fed
& cogitationem noftram fuperaverint? Tu
enim Hifpanias priorum temporum iniuriis
efferatas, in fexcentas partes divifas, in
omne libidinum genus prolapfas ad obfe-
quium reddidifti, ad bene fentiendi voluntatem induxifti, ad rectam vivendi normam
exegifti. Tu exfultantes, relegatafque virtutes quodam quafi poftliminio reduxifti.
Tu religionem paullo ante fufpectam, accu-
fatam, & ream purgafti, liberafti, omni
crimine abfolvifti. Tu Regum primus noftra

ftra memoria Mahumetanos , cum antea
omnium ore in caelo effent , qui illis refi-
ftere potuiffent , influentefque repreffiffent,
virtute tua contrivifti , domuifti , imperio
Chriftianorum parere affuefecifti . Tu ultra
terminos rerum , metafque naturae Occi-
dentis regna extendifti , & poft columnas
Herculeas , quibus ille terminos Orbis terrarum ftatuiffe fe crediderat , tantum procef-
fifti , quantum ille fibi poft terga reliquerat,
& ad quas regiones , quafque gentes Chrifti
nomen non penetraverat , tu Chriftianum imperium protulifti . Caius Iulius Caefar maximum fibi partum decus exiftimabat , atque
hoc in primis fuis laudibus reponebat, quod
primus Romanorum ducum in Britanniam
duobus commeatibus transfretaffet , ac propterea alium fe terrarum Orbem Romanis
peperiffe gloriari folebat . Ille tamen infulam
haud procul ab Hifpaniae , Galliaeque litto-
ribus fitam , & non modo cognitam , fed
qualis , quantaque effet , litteris celebratam ,
& crebro mercatorum commeatu exploratam,

ram , Ferdinandus vero noſter ſexcentas Inſulas, partemque continentis, ad quam non modo adiit nemo umquam aditurus , ſed ne eſſe quidem ob nimium rigorem putabatur . Invenit ille uno , alteroque praelio laceſſitos reliquit ; hic multos populos tributarios fecit , multas gentes in dicionem redegit , multas nationes , quo nos utimur vivendi iure , coniunxit . Ille denique illinc Romana ſigna in patriam convertit , Urbemque Romam perculſam , ac proſtratam ſervitute obpreſſit ; hic Chriſtianas Provincias , atque hanc praeſertim pulcherrimam Urbem, domicilium Chriſtiani Imperii, communem omnium gentium , nationumque noſtrarum patriam , non modo hac miſeria , turpitudineque liberavit , ſed etiam magnam , ac multo maximam partem utilitatis , dignitatis , imperii reſtituit. Et dubitamus , quin hoc duce in Aſiam , Syriam , Aegyptum , inque omnes ad Orientem verſas nationes , impetus belli ſit navigaturus ? ut hic Africanus triumphus , non quies laborum ,

borum, finifque certaminum, fed inicium, omenque futurarum victoriarum fit exifti- mandus. Nos vero, Pontificum maxime, haec quieti audimus, haec ociofi fpectamus, haec aliud agentes intuemur, neque nos tanti Re- gis imitatio excitat, hortatio impellit, invi- tatio permovet? Quin tandem aliquando per Deum immortalem expergifcimur? Quin Chriftianum animum, virtutemque capi- mus? Cur non aut fortitudinem Chriftiano nomini propriam recuperamus, aut mortem huic dedecori, in quo tot iam annos verfa- mur, anteponimus? Ceterarum nationum multa funt propria, aliarum divitiae, aliarum potentia, vis, dominatus; Chriftiani generis proprium eft fortitudo. Hac maiores noftri Iudaeis, Graecis, Romanis, cum in eos tor- mentis, Igne, ferro faeviretur, reftiterunt. Hac veterum Deorum templa everterunt. Hac facrilegum cultum extinxerunt, Hac potentiffimos Imperatores, remotiffimas gen- tes, barbaras etiam nationes in fuam di- tionem traxerunt, Hanc nobis propriam

genti-

gentilitiam hereditatem , quaſi per manus
tradiderunt : Nos vero ſomnum illi , deſi-
diam , inertiamque praeponemus ? . Romani pro Heduis , qui ſe conſanguineos dicebant , cum paullum tributorum exactione
a Germanis premerentur , in Gallias pene-
trarunt , terras , mariaque miſcuerunt , ne
illi ulla iniuria afficerentur . Nos , qui
principes omnium hominum eſſe gloria-
mur , qui Caelo imperium noſtrum ter-
minamus , qui hanc tantam poteſtatem
Dei , Dominique noſtri Ieſu Chriſti numine
natam , auctam , retentam referimus , patriam noſtram , fontem ſalutis noſtrae , matrem noſtrae libertatis Ieroſolymas ſervire
patimur nationibus natis ſervituti . O imperii noſtri calamitatem non ferendam ,
o dedecus Chriſtiani nominis ſingulare !
Quod minus ferendum eſt , quia tanto-
rum hoſtium opprimendorum , Deus im-
mortalis incredibilem nobis poteſtatem ,
& fortunam oſtendit , ſexcenta ſigna dat ,
dum noſtra voluntas non deſit , ſuum nu-
                                        men

men non defuturom . Si enim prodigiis ,
atque portentis futura nobis praediceret
consuevit , num potuit apertius denun-
ciare , quam fulminibus , ac motibus
terrae muros diruendo , aditus patefacien-
do , templa profana evertendo ? Quid exspectamus ? Cur non duce Deo immortali
Invitati accedimus ? Cur vocati non audimus , cur occasionem oblatam non arripi-
mus ? Nimium diu distulimus , nimis iam
procrastinari sumus ; nulla iam est exspectatio,
nulla vel minima temporis dilatio , nisi forte
exspectamus , ut aliquis inter illos exsurgat ,
qui face , ferroque nos exsuscitet . An obliti
sumus , cum immanis illa bellua vivebat ,
quae ni periisset , nos interieramus , quid ti-
muerimus , quid cogitaverimus cum foe-
dissimam mortem omnes , aut miserabilem
fugam meditaremur ? Exsurget , credo , si
cunctamur , & spero , quoniam per oc-
casiones adduci ad decus , gloriamque non
possumus , necessitate ingratis pertrahe-
mur . Tibi quidem , IULI Pont. Max. ,
gra-

gratia referri tanta non poteſt , quanta de-
betur , habetur autem , quantam maximam
animi noſtri capere poſſunt : quod totus in
hoc negocium incumbis , nihil aliud in ore
habes , nunciis , litteris, precibus Chriſtianos
Reges excitare , vigilare , adeſſe , providere
Reipublicae non deſiſtis : Sed ſi illi aut
male ſentiunt , aut aliud agunt , vel parum
in ſuſcepta cauſſa permanent , ne paveas , ne
terreare , ne deſiſtas . Nihil agit , qui omnia
in iniciis parata exſpectat , & compoſita . Ubi
res coepta eſt, ſequitur, ut aiunt, fortuna ; multos pudor , multos aemulatio , multos gloria ; multos felicitas , cum coeptam rem vident, permovet . Alexander Macedo , cum
Graecia omnis nutaret , Macedonia ſuſpicione haud vacaret, Scythae finitimi ad res novas ſpectarent , Peloponneſus Perſico auro
corrupta diverſa ſentiret , paterque Philippus
non modo theſauros nullos , ſed ducenta
etiam talenta aeris alieni reliquiſſet , adoleſcens , qui paullo ante ex ephebis exceſ-
ſiſſet , cum peditum xxx, equitum quatuor
milli-

millibus viaticum in triginta tantum dies
habens, Orbis terrarum imperium animo
concepit, & fuccefferant illi cogitata, nifi
victoriarum curfum immatura mors prae-
vettiffet. Urbanus II. Pont. Max. cum mu-
tuis bellis Chriftiani fere omnes arderent,
& Henricus Romanorum Rex, qui expedi-
tionis auctor effe debuerat, nunc Robertum
Flandriae Comitem praelio laceffendo, nunc
ceteros deterrendo expeditionem folvere
non defifteret, tantum tamen hortando,
monendo, agendoque valuit, ut exercitum
in Afiam miferit, fpectatiffimumque ob receptas Ierofolymas triumphum duxerit.
Tibi vero, ne dubita, aderit idem Deus inci-
pienti. An, obfecro, qui vota tua, quod
iufta, quod bona, quod plena religionis
effent, hactenus omnia audiverit, huic operi tam fancto, tam pio, tam neceffario
defuturum fufpicaberis? Quapropter ego te,
Chrifte Iefu Deus optime maxime, noftri
auctor, fundatorque imperii, fupplex quaefo, obteftorque, da IULIO Vicario ipfi

tuo Reges in fuam fententiam trahere, optimo animo, fingulari concordia, fummo
amore coniungere ; da illis ducibus, atque
auctoribus, te bene iuvante, barbaras nationes tuo nomini multum infeftas collas
fubmittere ; da illum diem videre, quo
tibi, quemadmodum hodie Ferdinandi Regis virtute, confilio, felicitate ob captam
Africae partem fupplicationes celebramus,
fic de omni Afia recepta, liberatifque Ierofolymis ingentes tibi, & nullo umquam
tempore perituras gratias habeamus. Dixi.

BLO-

BLOSII PALLADII ROMANI
O R A T I O
DE PRAESTATIONE OBEDIENTIAE RHODIORUM
LEONI X. PONTIFICI MAXIMO
ET SENATUI APOSTOLICO DICTA
QUAM
EX COD. MS. OTTOBONIANO VATICANO
SAEC. XVI
NUNC PRIMUM IN LUCEM PROFERT
STEPHANUS BORGIA
A SECRETIS
SACRAE CONGR. DE PROPAGANDA FIDE.

L 2

IOHANNI . BAPTISTAE . REZZONICO

CLEMENTIS . XIII . ALMIFICI . PONTIFICIS

EX . FRATRE . NEPOTI

S. MARIAE . IN . AVENTINO

MAGNO . ORDINIS . IEROSOLYMARI

PRIORI

ET . OB . SVMMOS . MAGISTRATVS

PRAESERTIM . PALATII . APOSTOLICI . PRAEFECTVRAM

IMPIGRE . ADMINISTRATAM

A . SSMO . D. N. CLEMENTE . XIII . P. O. M

AD . AMPLISSIMVM . CARDINALIVM . ORDINEM

TITVLO . S. NICOLAI . IN . CARCERE . EVECTO

VIRO

INGENII . ACVMINE . VBERTATE . CONSILII

ADMIRABILI

QVI

ECCLESIASTICAE . LIBERTATIS . EGREGIVS . ADSERTOR

MAIORA . STVDET . MERERI . QVAM . ADIPISCI

STEPHANVS . BORGIA

SACRAE . CONGREGATIONIS . PROPAGANDAE . FIDEI

A . SECRETIS

BLOSI . PALLADI

SERMONEM . NVNC . PRIMVM . EDITVM

PRINCIPI . MVSARVM . CVLTORI

D. D. D

L 3

ERUDITO LECTORI

STEPHANUS BORGIA.

ORATIO, *quam nunc publici iuris facimus,
e Codice prodit Octoboniano MMCCCCXIII. ce-
leberrimae Bibliothecae Vaticanae. Eam tri-
plici nomine putamus neque lectu iniucundam, neque minimo in pretio apud aequos rerum aestima-
tores futuram. Primo namque ea splendet argumenti dignitate, quam ipsi conciliat, atque affatim
praebet inclitus Ordo Militaris Ierosolymitanus,
cuius decora, ac laudes complectitur; deinde auctorem
habet Blossium, sive Blosium Palladium, qui Filii elegantia, ac nitore inter praecipuos claruit saeculi XVI.
Scriptores; postremo lucem, atque ornamentum
ex eo sumit, quod in publico Consistorio dicta fuerit
coram Leone X. P. M., cuius amor summus, ac
prope singularis erga litteras, virosque litteris cul-
tioribus instructos nemini plane est ignotus. Pauca
sunt, quae de Palladii vita, eiusque moribus ad
nostram pervenerunt memoriam, cum eruditi homines, qui suis in scriptis aliquam ipsius mentionem fecerunt, parce nimis, ac stricte eiusdem
tum studia, tum ingenii dotes, & qualitates at-
tigerint. Quaedam tamen ex pluribus venis variis
distractis, ac sparsis in unum quasi rivum collegi-
mus benevolo Lectori offerenda, quem speramus
ita facilem, atque humanum fore, ut nostrae se-
dulitati faveat, & lucubratiunculam hanc subfeci-*

vis horis partam, seu potius effusam aequi, boni-
que accipiat.

Blasius igitur Pallaius (hoc enim initio nomen habuit, ast paullo concinnius, ut moris tunc erat
Romanae Academiae, de qua infra, postea muta-
tum) Romae natalia adeptus est. Eum tamen
conflat e Sabina originem duxisse. Primis adole-
scentiae temporibus adeo fervidam litteris operam
dedit, tantoque successu oratoriam, & in primis
Poeticen excoluit, ut illum extemplo viri omnes
eloquentia, vel scientia insignes in suum cupide
sinum, atque amicitiam receperint. In his chorum
ducit Iacobus Sadoletus Episcopus Carpentoractensis,
qui quantum Blosii doctrinae, atque ingenio tri-
bueret, in Epistola ad Angelum Coloccium data
an. MDXXIX. satis superque ostendit, ac declaravit (a).
Ibi Praesul ille studiorum fama, & scribendi facultate percelebris suos commemorans antiquos Romae sodales, & vitam lepide cum illis, ac sua-
viter actam, sic inquit: Ac mihi recordanti spatium praeteriti temporis, & vetera animo re-
petenti, cum & plures convenire soliti eramus
una, & erat aetas nostra ad omnem alacrita-
tem, animique hilaritatem longe aptior: quoties venire in mentem putas eorum coetuum,
conviviorumque, quae inter nos crebro habere solebamus: cum aut in hortis tuis suburba-
nis, aut in meis Quirinalibus, aut in Circo
Maximo, aut in Tiberis ripa ad Herculis,
alias

(a) Par.I.Epist.Famil. Sadoleti ep.CVI. p.311. edit.Rom.
MDCCLX. curante erud.viro Vincentio Alexand.Constantia.

alias autem allis in urbis locis conventus ha-
bebantur doctissimorum hominum : quorum
unumquemque, & propria ipsius virtus , &
communis cunctorum praedicatio commenda-
bat. Ubi post familiares epulas , non tam cu-
pedia multa conditas, quam multis salibus,
aut Poemata recitabantur , aut Orationes pro-
nunciabantur, cum maxima omnium nostrum,
qui audiebamus, voluptate : quod & summo-
rum ingeniorum in illis laus apparebat , &
erant illa tamen, quae proferebantur , plena
festivitatis, ac venustatis. Quo in genere re-
cordor pressum, & acutum Casanovam, Ca-
pellum latum, & sonantem , magniloquum
Vidam, & cuius proxime ad antiquam laudem
carmen accederet : castigatum, & prudentem
Beroaldum : uberes, & suaveis Pierium, Gra-
nam, Mathalenum, Blosium, quosque complures nostra perspexit aetas, partim carmine, partim soluta oratione eximios: cuiusmo-
di Nigrum Tulliana in dicendo gravitate &c.
*Ex hac Epistola quid tum egerit Blosius , quibusve
adhuc uteretur amicis, liquido apparet ; unus enim fuit
e sociis Romanae Academiae, quam Angelus Coloc-
cius in suis hortis miro amore, atque humanitate
tunc temporis fovebat (a) . Quod illam Blosius ingenii*

(a) *Haec Academia or-* *to an.*MCCCCXCVII., *apud*
tum habuit tempore Paul- *Angelum Coloccium mansit,*
li II.P.M., curante Pompo- *nomenque obtinuit* Roma-
nio Laeto, quo e vivis subla- nae Academiae . *Illius*
.. *..* *ima-*

genii sui fructibus , & maxime poeticis illustrare
contenderit , indicio sunt versus , quibus Augustinus
Chisii

imaginem expressisse videtur, quae Neapoli per An-
tonium Beccadellium Pa-
normitanum , Antonium
Panormitam nuncupatum,
instituta , mox penes Iovia-
num Pontanum magno cum
litterarum plausu , atque
incremento celebrari con-
suevit . Nominis mutatio
inventum Pomponii fuit ,
isque mos viguit inter so-
cios utriusque Academiae
Romanae , ac Neapolita-
nae. At primo quidem Aca-
demici Pomponiani banc
unam ob caussam Paullo II.
valde suspecti fuere . Clare
id colligitur e Sabellici Epistola ad M. Antonium Mo-
rosinum Venetum Senato-
rem , ac virum doctrina il-
lustrem , in qua Sabellicus
praeceptoris sui Pomponii
vitam, ac mores describens
ita inquit : Incidit inde
(Pomponius) in maximum
discrimen, quod cum Cal-
limacho, Platina, & aliis
quibusdam non vulgari

eruditione viris, in Paullum Pont. Max. coniu-
rasse putabatur ; eiique
iam peregre profectus ea
de caussa sub custodia Romam deportatus : sed in
quaestione datum est illi
noxae , quod sibi, & per-
multis adolescentibus ,
qui nostratium littera-
rum studia affectarentur,
nomen immutasset . Pla-
tina vero in vita Paulli II.
sic scribit : Trahitur ad
urbem Pomponius Vene-
tiis captus , per totam
Italiam tamquam alter
Iugurtha , ducitur in iu-
dicium Pomponius vir
simplicis ingenii , neque
coniurationis, neque ali-
cuius sceleris conscius .
Rogatus, cur nomina
adolescentibus immuta-
ret , ut homo liber erat,
quid ad vos , inquit , &
Paullum , si mihi For-
niculi nomen indo? Amo-
re namque vetustatis an-
tiquorum praeclara no-
mina

Chisii suburbanum tunc domum magnifice extructam, & nobilibus ornatam picturis celebravit. Ea domus

mina repetebat, quasi quaedam calcaria, quae nostram iuventutem, aemulatiorem ad virtutem incitarent. *Paullus etiam Iovius in elogio eiusdem Pomponii (inter Elogia doctorum Virorum XL.) hac de re sermonem habet:* Eum mox Paulli II. Iniuria percelebrem fecit, quòm litteratos quosdam, & in his Platinam, atque Callimachum, tamquam impios, atque maleficos tormentis excruciasset. Nam e Venetiis Romam pertractus ad dicendam caussam, perpetua vitae Innocentia tutus nihil terreri potuit, ut integro, constantique animo indigna fateretur. Veterum enim ingeniorum illustria nomina sibi ipsis Indiderant, quùm in coetu sodalium laureati Musas colerent. Ea nominum novitate Pontifex elegantiae littera-

rum imperitus, suspiciosusque vehementer offendebatur, quasi id esset coniurationis tessera ad obeundum insigne facinus. *Et Fredericus Ubaldinus in Angeli Coloccii vita Romae edita an. 1672. pag. 47. de Pomponio haec narrat:* Primus omnium, qui Academiae nomen pridem sepultum excitaverit, fuit Pomponius Laetus: Is cum in monte Quirinali praeclaros hortos possideret, una cum idoneis aedibus (in quarum fronte insculpta erat Inscriptio POMPONI. LAETI. ET. SODALITATIS. ESQVILINAE.) quas viri docti frequentabant, eidem loco tribuit illud nominis, quo celebris fuit secessus Platonis &c. Porro huiusmodi litterati coetus exhilarabantur conviviis, & recitationibus scriptionum, quae in dies ab unomus poſtquam in gentem Farneſiam tranſcuit Villae Farneſianae nomen accepit , & conſpicua etiam nunc eſt ob illud praeſertim egregium opus Raphaelis Vrbinatis , quo Deorum convivium elegantiſſime pinxit . Bloſii liber titulum hunc praetulit : Suburbanum Auguſtini Chiſii per Bloſium Palladium , fuitque Romae impreſſus per Iacobum Mazochinm Romanae Academiae Bibliopolam anno MDXII. die XXVII. Ianuarii . Huic libro , quem primum novimus Palladii operum , complures tum viri docti , quo-

unoquoque conficiebantur : cum nihil opportunius litteris accidat , quam mutuum commercium . Vtile igitur eſt habere , quos imitari primum , mox vincere velis , ait Quintilianus . Sic ingenia magis , magiſque excolebantur , & aemulatione interpoſita quiſque tum ſcribendo , tum recitando reliquis excellere ſtudebat . Nec , extincto Pomponio Laeto , Academia locum alium certum habuit , quo ſe reciperet , quam domicilium Colotii . Nonnulla hic liceat exempla ad ſcribere doctorum hominum e Romana , vel Neapolita-

na Academia , quae novum ſibi nomen adſciviſſe comperimus . Philippus igitur e S. Geminiano Callimachus vocatus fuit ; Iohannes e Ponte Umbriae oppido Iovianus Pontanus ; Sannazarius Actius Sincerus ; Lucas Graſſo Lucius Craſſus ; Iohannes Eliſeo Eliſius Calentius ; Iulius Sanſeverino Calaber Iulius Pomponius Laetus ; Iohannes Franciſcus Betti Codrus , Iohannes Petrus Bolzano Io. Pierius Valerianus ; Petrus Zanchi Lucius Petreius Zanchius ; Iohannes Pariſio Ianus Parrhaſius ; Antonius della Paglia Aonius Palearius

quorum *Carmina in fronte leguntur*, & *praesertim Ioh.
Baptista Casalius*, *Philippus Beroaldus iunior*, *Faustus
Capiferreus*, *Marcus Antonius Casanova*, &c. *laudes
eximias*, *plaususque dederunt*.

Praeclarum aliud hic iungimus de *Palladio*,
eiusque doctrinae praestantia documentum desumptum
ex *Archivo secreto Capitolino* (a). Scriptum hoc fuit
anno MDXVI., nostrasque in manus devenit beneficio eruditissimi, & amici viri *Abbatis Petri Aloysii
Gallettii Monachi Cassinensis*, cuius praecellens industria

rius &c. Hanc nominis in-
vertendi, & ad indolem
latinitatis reformandi su-

perstitiosam levitatem merito irridet *Areostus* in Satyra VI. sic inquiens:

Il nome, che d'Apostolo ti denno,
  O d'alcun minor Santo i padri, quando
  Cristian d'acqua, non d'altro ti fenno;
In Cosmico, in Pomponio vai mutando;
  Altri Pietro in Pierio, altri Giovanni
  In Iano, e in Iovian và riconciando,
Quasi, che 'l nome i buon giudici inganni;
  E che quel meglio t'abbia a far Poeta,
  Che non farà lo studio di molt'anni.

*Gretserus quin etiam I.
Rer. Var. pag. 97. gravi-
ter declamat in illos*, qui
*Christianum Iohannis no-
men in ethnicum Iani mu-
tant. Hac de re scripsit
quoque M. Fridericus Bal-
duinus Hoffmannus in Com-
mentatiuncula Epistolica*,

*edita Vittenbergae Saxonum
an. MDCCXXVII, cui titu-
lus de mutatione nomi-
nis Baptismalis Christia-
no non libera, quamvis
nonnulla hac occasione
adiecerit Ecclesiae Catholicae calumniosa*,

(a) *Tom.* XLIX. *pag.* 84.

Siria in veteribus monumentis eruendis, & summæ
Historiæ cognitio, praesertim aevi sequioris, magno apud omnes in pretio est, atque honore. Tantos quidem in hoc studio progressus fecit, tantumque congessit rerum antiquarum subsumum, ut hercu-
leus hic labor munifico litterarum, artiumque
omnium patrono CLEMENTI XIV. P. M. obla-
tus & meritas ab eo laudes retulerit, & dignum
locum in Palatio Vaticano obtinuerit. Sed hæc fatis; en ipsum, de quo sermo est, documentum:

MARIUS DE PERUSCHIS
FRANCISCUS DE NOVELLIS
HIERONYMUS DE RUFINIS
CAMERÆ ALMÆ URBIS CONSERVATORES

Nobili Viro Blosio Palladio Scutifero Apostolico, & Archivii Romanae Curiae Scriptori
Concivi nostro salutem.

Accepimus, quod licet tu ex origine, &
domicilio Romanus Civis verus, & non
fictus sis, talisque reputeris, ac aliquando in
Reformatorem Gymnasii Romani publice electus fueris, quod officium nemini, nisi Romano Civi, conceditur, & ab hinc annis ferme xl.
tu, tuusque Genitor Romae habitaveritis; tamen eo forte praetextu, quod maiores tui ex
Sabinis oriundi fuere, nonnulli ex nostris parum animadvertentes, Sabini nominis ignomi-
niam

niam ad nos quoque recidere, tamquam ipfi
ex optimatibus fint, aut Sabinum effe puden-
dum fit, te Sabinum per contumeliam interdum appellant, ridentibus noftratibus viris,
qui & illos, & te probe norunt. Nòs, inquam,
provide confiderantes maiorum tuorum ex Sabinis originem tibi non modo non obeffe, fed
& prodeffe debere, quum ex nulla magis gente
Civitas noftra olim aucta fuerit, & a Romulo
uno nomine Romani, & Sabini Quirites appellati fuerint, Reges quoque, & Principes Sabi-
nos Romae habuerimus, infinitamque ex eo
genere nobilitatem, tum vero tuis innumeris
virtutibus permoti, cum & Orator, & Poeta
infignis habearis, gratia polleas, rerum expe-
rientia cenfearis, publice, privatimque utilis
fis, aeque Urbi, & Civibus, aeque Curiae,
& aulicis carus, omnes officio, fide, benevolentia complectaris, unde Romanum nomen
non origine modo, & domicilio, quaeque natura, & lege funt, fed virtute, atque animi
dotibus, quae ex cultu quoque funt, impleve-
ris. Nobis nos de tali Cive merito gratulan-
tes ad calumniantium ora obftruenda, motu,
& fcientia noftris, ac de confilii noftri publici
fententia te verum, & non fictum Romanum
Civem fuiffe, & effe, ac futurum effe, ita
quod tu, tuique pofteri omnibus privilegiis,
immunitatibus, & honoribus verorum Romanorum Civium gaudere poffe, & debere cen-
feamini, ac gaudeatis, tenore praefentium

atte-

atteſtamur, & declaramus, & quatenus opus
ſit concedimus, & indulgemus.

In quorum &c. Datum &c. die xiu. Decembris MDXVL

Hieronymus de Vallatis Secretarius.

*Hinc diſtinĉte magis, & clare unuſquiſque
intelligit tum Bloſii origo quæ fuerit, tum quæ
ad annum MDXVI. geſſerit munera, quantique eum
fecerint ſui temporis homines ob eam, quam ſibi
peperit, poëſeos famam, atque eloquentiæ. Diſerte
igitur e Sabina oriundus dicitur; ſed iure, ac merito inter Cives Romanos cenſetur, eo quod reve-a
ipſius pater, agro Sabinorum* (a) *reliĉto, ab annis
qua-*

(a) *Quod Palladius ori-
gine Sabinus fuerit, nullus
eſt dubitandi locus, cum di-
ferte id aſſerat Romani Senatus Diploma. Quod au-
tem fuerit ex eo ſignanter
Oppido, quod Collis Vetus
in Sabina dicitur, nulla
ſunt vetera documenta,
quæ liquido id probent.
Tantum Ferdinandus Ugbel-
lius Tom. I. Ital. Sacræ
edit. Venet.* MDCCXVII.
col 712. *refert, Paullum III.
Fulginatis Eccleſiæ Inſulas
tribuiſſe* BLASIO *dein-
de* PALLADIO *Sabino*

*e Colle Veteri: Quibus ver-
bis, ut Ugbellius non ſatis
reĉte nomen expoſuit, ita
fieri poteſt, ut veram igno-
raverit loci originem. Ab
Ugbellio Cl. Bonamicius de
claris Pontific. Epiſtol.
Scriptor. pag.* 223. *In hac
tantum diſſentit, ut Palladium e Caſtro Veteri, quod
Oppidum nuſquam eſt in
Sabinis, oriundum dicat.
Sed neque ipſe, neque eruditus Iob. Franciſcus Lan-
cellottius, qui Collem
Veterem deſignat in no-
tis ad Carmina Latina,
& Ita-*

quadraginta in urbem migraffet . *Quoad munera,
quae geffit , in propatulo iam eft , eum non modo
Scutiferum Apoftolicum , & Scriptorem fuiffe in Archivo Romanae Curiae , fed locum etiam tenuiffe aliquando inter ceteros Gymnafii Romani Reformato-
res , quod munus , ut communem de fua doctrina
opinionem oftendit , fic idipfum confirmant ea verba honorifica , quibus illum Senatus Romanus hoc
in Diplomate Oratorem , ac Poetam infignem appellat . Ac talis quidem Palladius fuit , etfi Vir Clariffimus , & eruditiffimus Philippus Bonamicius ab
Epiftolis Latinis CLEMENTIS XIV. in eo Syn-
tagmate , quod typis vulgavit* de claris Pontificiarum Epiftolarum Scriptoribus (a) , *eum cenfeat
haud aeque facultate oratoria , quam poetica ingenii ubertate floruiffe :* Habemus etiam (*en ipfius
verba*) Fabium Vigilem Spoletinum , & Blo-
fium Palladium Sabinum , elegantes auctores
ita duntaxat , quum carmina fcriberent , quae
pauca legimus , verum fuaviffima , atque optima . Nam foluta eorum oratio carminum gloriae , atque elegantiae non refpondet . *Nobis
certe Blofius in utroque ftilo excellens videtur ,*

Tom.II.   M   idque

& Italica Angeli Coloc-
cii per eum edita Aefi
an. MDCCLXXII. pag.123.
aliquid proferunt, quo haec
affertio conftabilirt poffit .
Blofius certe quamvis o-
riundum fe fciret e Sabinis,
tamen fe Romanum appel-

lavit in Corycianis , de
quibus infra agemus , idque
ob eas cauffas , quae in Diplomate habentur Senatus
Romani .

(a) Pag.86. edit. Rom.
MDCCLXX.

*idque arbitramur evinci posse hac ipsa Oratione,
quam edimus, quaeque in tenebris tamdiu delituit
nulli hactenus cognita, qui de illo sermonem fecerunt. Hanc Orationem, ut supra innuimus, coram
Leone X. recitavit anno MDXXI. auctoritate, ac precibus motus Iuliani Rodulphi Equitis Ierosolymita-
ni, & Capuae Prioris, qui Romam tunc venerat
tamquam Legatus Philippi Villerii Lileadanii in
Magnum Ordinis Hospitalarium, ac supremum Militiae Magistrum recens assumpti. Orationis autem
thema praecipuum, & scopus hic fuit, ut idem
Legatus sui Principis nomine debitum fidei, ac re-
verentiae honorem Pontifici redderet, utque illum
ad sacros Milites iam summo in discrimine positos
omni ope tuandos accenderet. Erat namque Turcarum Tyrannus Insulae Rhodo, ubi ab an. MCCCX. Ordo
degebat, ac dominabatur, longe quam antea formi-
dabilior, clareque apparebat, eum sibi nihil aptius,
aut gloriosius ducere, quam ut ipsam armis, bel-
loque subigeret. Ac Selimus quidem, qui superioribus annis post Caliphas eversos Aegypti regnum
cum tota Syria, ac Palaestina occuparat, animum
quoque ad Rhodum quam cito expugnandam adie-
cerat (1), sed barbarus Princeps morte praeventus
voti sui compos esse non potuit, & atrox procella,
quae populo Christiano impendebat, paullisper eva-
nuit. Verum quae Selimus praestare non potuit,*

eius

(a) VII. Litteras Leo-   Epistolas a Petro Bembo
nis X. an. MDXVIII. directas   compositas nomine dicti Pon-
Guidoni Magno Magistro,   tificis lib. I. epist. XII. edit.
& Conventui Rhodio inter   Venet. MDLII.

eius filius , atque *succeffor* Solimanus *paterna* ferocis
plenus confecit ; *fiquidem* *post* Albam Graecam ,
quæ regni Hungarici propugnaculum erat , anno MDXXI. devictus , innumeras in Rhodum copias
transfvexit , atque urbem terra , marique validiffi-
ma obfidione conclufit . Periclitantem Rhodi fortunam , *fummafque* emergendi difficultates , fi Turcica
vis eo tenderet , atque Infulam *hoftiliter* invaderet , Palladius facunde multum , ac ornate defcripfit .
Sed tanta eo tempore flagrabat inter Chriftianos
Principes animorum divifio , ut nec Pontificis
curæ , nec Equitum virtus imperterrita quidquam
proficere , aut excidium potuerint *iam* paratum
avertere . Solimanus igitur anno infequenti MDXXII.
cruentiffima victoria potitus Infulam cepit , &
Equites Ierofolymitanos extorres abire coegit , donec,
curante eodem Magistro Philippo Villerio Lileadu-
nio , Infulae Melitae per Carolum V. Caefarem poffeffione anno MDXXX. donati , Ordinis fedem in ea
collocarunt , & munitiffimis arcibus excitatis , eam
prope inexpugnabilem Chriftiani nominis *hoftibus*
reddiderunt . De celebri hac Rhodi expugnatione
multa quidem illius ævi Scriptores retulerunt ;
fed nemo melius , atque accuratius , quam doctiffi-
mus Sebaftianus Paulius Presbyter Congregationis
Clericorum Regularium Matris Dei in fuo Codice
Diplomatico facri Militaris Ordinis Ierofolymitani (a) .

   Redeamus nunc ad Palladium , eiufque in poeticis ftudiis praeftantiam , ac laudem . Aliud huius

M 2

gene-

(a) Tom. II. num. XLIV., in Lucca MDCCXXXVII.

generis monumentum habemus in Libro CORYCIANA
inscripto non aliam ob caussam, quam quod in eo
pia liberalitas celebretur Iani Corycii Lucumburgensis, ut recte adnotat Petrus Antonius Seraffius (a) multiplici eruditione, atque editis Operibus clarus. Extruxerat Romae hic Ianus circa annum MDXIV. in Templo S. Augustini aram cum
Sacello in honorem Christi Servatoris, Beatae Virginis, & S. Annae Matris dicato, in eoque picturas longe inclitas addiderat, & imagines e Lunensi marmore poni curaverat, plurima industria,
atque artificio elaboratas. Hanc Germani hominis
pietatem omnes tunc temporis urbani Poetae certatim carminibus extulerunt Ea carmina collegit
Bloſſius Palladius Romanus, & suis additis Hendecasyllabis, atque Epigrammatibus opus in tres libros tributum elegantiſſima epistola IANO CORYCIO
LVCVMBVRGEN. A LIBELLIS IVST. V. C. addixit, illudque impreſſit Romae apud Ludovicum Vicentinum, & Lautitium Perusinum mense Iulio
MDXXIIII. . Neque hos tantum fuiſſe putandum eſt
oratoriae, ac poeticae virtutis proventus, quibus
notum se Blosius Orbi litterario fecit; plura enim
alia ipsius carmina legi poſſunt in Collectione,
quam sub titulo Deliciae Poetarum Italorum (b)
typis mandavit Ranuccius Gherius Florentinus, cui
debemus praeclaram veterum Inscriptionum Syllogen,
quae sub Iani Gruteri nomine in lucem prodiit.

Nun-

(a) Tom II. delle Lettere   va MDCCLXXI.
del Conte Baldeſſar Caſtiglione pag. 344, in Pado-   (b) Part. II.

Nonnulli etiam Palladii versus adhuc in Codicibus
latent (a), & in eo, unde Orationem hanc extra-
ximus, aliqui habentur optimae notae versus Paulli
Iovii in Palladium nostrum, quorum argumenta
hic tantum proferre libet:

Argumentum Criminis.

Deprehensus est a Iovio Blossius Phasianam ingentem solus vorans. Nunc Blossium
timore adductum non sponte, aut dapsili animo exhibere convivium; verum trepidantem,
conterritum, ac voti reum, instante quadra-
ta acie Phalaeciorum.

Ad Convivas.
Convivae, eximii, caterva Vatum,
 Mensas commeriti aureas Deorum &c.

Iniuriarum libellus.
Iovius Blossio diem dicit, & diras, quod
avem Phasianam solus comederit:
 Quaenam te mala mens, miselle Blossi,
  Immane ad scelus impulit? &c.

Facile ex dictis patet, quare illum M. Antonius
Flaminius in suis Carminibus Poetam doctum, cul-

M 3   tum,

(a) Eruditus Lancellot-
tius in libro Carminum Angeli Coloccii p. 122. affirmat,
apud Card. Passioneum ex-
stitisse Codicem chartaceum
in 4. Ita inscriptum: Paulli Nomentani Sylvicolae
Felici Ruerae litteratissi-
mae, in quo nonnulla Car-
mina Palladii nostri conti-
nebantur, quibus credere
par est, eum Felicis Robo-
reae, quae Hieronymo Ur-
sino familiae suae Principi
nupsit, non minus corporis
formam insignem, quam
singulares animi, atque
ingenii dotes celebrasse.

rum , amabiliſſimum *appellaverit* (a) ; *Francif-*
cus Floridus Sabinus inter praecipuos Latinae linguae
cultores adnumeraverit (b) ; *& Ludovicus Areoſtus*
inter

(a) *Lib.I. Carmine* LXV.
pag. 61. *edit. Patavinae*
MDCCXLIII. *In aliis Car-*
minibus in eodem libro
contentis num. LVI. LVII.
LVIII. LIX. LX. LXI. LXII.
LXIII, *&* LXIV. Flaminius
multa eleganter ſcribit de
Turunda , deque lepore
verſuum in eam ipſius Bloſii. Apud antiquos Turun-
da erat maſſa, ſeu bucella,
qua farciuntur, frot ſagi-
nantur altilia. Varro lib.3.
de Re ruſt. cap.89. ait:
Gallinas farciunt, turun-
dis hordeaceis. *Verum*
quidnam fuerit Bloſii Tu-
runda , *nihil certi elici po-*
teſt ex Carminibus Flami-
nii : ſuspicor tamen pultis
genus fuiſſe ex Indico fru-
mento confectae, quod nunc
vulgo Polenta appella-
tur De Polenta videatur
elegantiſſimum Bernardini
Baldii Urbinatis Italicum
Carmen , cui titulus Celeo,
e Orto, in quo modus con-

ficiendi Polentam vivis
coloribus deſcribitur. Ceterum alia habentur Car-
mina Flaminii ad noſtrum
Bloſium lib.V. n. XXXVI.,
& XLII., *ex quibus diſci-*
mus , Bloſium Carmina Ca-
tulliano ſtilo per locum,
atque luſum ſcripſiſſe ad Io-
vium , forſan , ut vicem
rependeret eius Carminibus
de ave Phaſiana a ſe vora-
ta. Diſcimus quin etiam
Bloſium tanta voluptate
captum fuiſſe elegantia ver-
ſuum Flaminii , ut de iis in
lucem edendis Flaminium
ipſum enixe rogaverit.

(b) In Apologia adver-
ſus Latinae linguae ca-
lumniatores , in qua de
Bloſio ita ſcribit: Sed nimis patentem campum
ingredior , ſi ſingulos ornate recenſere poſſe con-
fidam. Franciſcum ta-
men Molſam . M. Ant.
Flaminium, BLOSIUM
PALLADIUM , Romu-
lum

inter viros eximios , ac venustiora sui temporis
ingenia recensuerit (a) , ita canens :

Dimmi, che al Bembo , al Sadoleto , al dotto
Iovio, al Cavallo, a Blosio, al Molza, al Vida
Potrò ogni giorno, e al Tebaldeo far motto.

*Amoeniora haec studia , quibus Palladius prae-
cipuam sibi laudem , & nominis celebritatem com-
paravit , haud sine praemio , atque ornamento diutius fuere ; etenim Clemens VII. eum , quoad vixit,
non modo plurimi fecit , sed suos inter familiares
allectum munere scribendi Pontificias Epistolas de-
coravit . Huius rei testem habemus Iacobum Sado-
letum in Epistola Carpentoracti data v. Idus Mart.
MDXXXIII. (b) , in qua Palladium Pontificis Secre-
tarium appellans , ab eo petit , ut omni studio ,
atque ope contendat , ne Iohannes Franciscus Ripa,
qui Ius Civile magna cum fama doctrinae , atque
integritatis Avenione docebat, Mediolanum transferre
se debeat . Quanto Sadoletus amore erga Palladium
foret , haec ipsa Epistola docet in ea praesertim parte , ubi se fratrem amicissimum subscribit . Ex
alia Sadoleti epistola (c) hoc eodem anno VIII. Kal.
Decembris ad Blosium scripta , intelligimus eum tunc*

M 4   *Massi-*

lum Amasaeum, Alexan-
drum Manzolum , Seba-
stianum Delium , Achil-
lem Bocchium , P. Cur-
sium, Hieronymum Fun-
dulum , Bassianum Lan-
dum , Laurentium Palli-
cium , Gallos autem Va-
tablum , Germanumque
Brixium non praeterierit.

(a) Satyr VII.
(b) Thom L Miscell. Coll.
Rom. pag. 579. edit. Rom.
MDCCLIV.
(c) Part. II. epist. CXCV.
p. 191. edit. Rom. MDCCLX.

Maffiliae in Galliis fuiſſe. Imo ex Blaſio Martinello, & Ioh.Franciſco Firmano (a) illud etiam conſtat, ipſum paullo ante Bononiam acceſſiſſe occaſione colloquii, quod inter Pontificem, & Carolum V. Imp. ea in urbe habitum fuit ; narrant enim Clementem Bononiae iv. Kal. Februarii an. MDXXXIII. Conſiſtorium habuiſſe, & in eo a Franciſco Alvarez Presbytero Luſitano Oratore Davidis Aethiopum Regis litteras excepiſſe, quibus ipſe Rex, ſeu Presbyter Iohannes, uti vulgo putabatur, ſeipſum, & Chriſtianos omnes Imperio ſuo ſubditos Romanae Sedi conciliari petebat ; adduntque Bloſium illas coram omnibus legiſſe (b), atque reſponſum

(a) *Part.II. Diar. Caeremonial de Itineribus Romanor. Pontif. a Sixto IV. ad Bened. XIV pag.166.*

(b) *Hae litterae ſcriptae fuerunt an* MDXXIV. *Praeſtat earum titulum recitare ex libro Damiani a Goes Equitis Luſitani de Fide, Religione, moribuſque Aethiopum ad Paullum III. P M. edit. Pariſ.* MDXLI *pag 45.* Ego Rex, cuius nomen leones venerantur, & Dei gratia Atani Tinghil, id eſt, Thus virginis vocor, quod nomen eſt a baptiſmate, nunc vero in ipſo ſuſcepti regni initio aſſumpſi nomen David, dilectus a Deo, columna fidei, cognatus ſtirpis Iuda, filius David, filius Salomonis, filius columnae Syon, filius ſeminis Iacob, filius de manu Mariae, filius Nau per carnem, Imperator magnae, & altae Aethiopiae, magnorum regnorum, & ditionum, & terrarum, Rex de Xoa, de Caffate, de Fatigar, de Angote, de Baru, de Baaliganze, de Adea, de Vangue, de Goiame, ubi Nilus oritur, de Damaraa, de Vagemedri, de

ſum Pontificio nomine recitaſſe . Poſt haec reverſus
Pontifex Romam , neque multum ibi moratus Maſſi-
liam verſus iter arripuit menſe Septembri MDXXXIII. *,*
ut cum Franciſco I. Galliarum Rege negotia quaedam
magni momenti explicaret . Huc etiam vſce Pontifex,
ut habet Sadoletus in mox citata epiſtola , & Mari-
nellus (a) *, Bloſium in comitatu ſuo habuit , eiuſque*
opera uſus eſt in Conſiſtorio Maſſiliae celebrato die XII.
Octobris , ut Epiſcopo Pariſienſi honorifice reſponderet ,
qui eum , adſtante ipſo Rege Franciſco , regiis verbis
convenerat , gratiaſque egerat tum pro mirifica vo-
luntatis oſtenſione erga Regem , tum pro laboribus ,
& viae incommodis adeo prompte, ac benevole ſuſce-
ptis . Redeamus nunc ad Sadoleti amorem erga Palla-
dium : Uberiora ſigna huiuſce amoris , & mutuae
caritatis collucent alia in Epiſtola (b) *, quam*
Sadoletus idem ad Paullum nepotem , qui Romæ
tunc erat , direxit v. Kal. Ianuar. MDXXXV. ; *Ibi*
namque ſic ſcribit : Tu ſemper de Bloſii Palladii noſtri humanitate , comitate , benevolentia erga nos aliquid ad me ſcribis ; tibi autem quid ego reſcribam ? niſi illud , quod ſo-
lenne , & fixum eſt , eum a me ſcilicet Incre-
dibiliter amari. Quod cum ſumme faciam ,
                                              non

de Ambeaa , de Vagne ,
de Tigri Mahon , de Sa-
bayon , unde ſuit Regina
Saba , de Bernagaea ,
& Dominus uſque ad
Nobiam , finem Aegy-
pti . Hae Provinclae

omnes in mea poteſtate
ſunt &c.

(a) *Part.* II. *Diar. Cæ-*
remonial. pag. 172.

(b) *Part.* II. *Epiſt. Fa-*
mil. epiſt. CCXXIX. *pag.* 336.
edit. Rom. MDCCLX.

non tamen tantum mihi videor posse facere, quantum illius erga nos officia postulant. Vellem scripsisses ad me, ecquid habeat gratum, quod ego illum in meo Hortensio intexui (a) : & certe habere debet &c.

Clementi VII. Paulus III. in Pontificatu ann. MDXXIV. successit, qui Palladii virtutem iamdiu perspectam, atque exploratam habens, & illam benevole in eodem scribendi latinas Epistolas ministerio retinuit, & mox die XIV. mensis Novembris an MDXL. ad Fulginatem Episcopatum promovit, ut videre est apud Ughellium (b). Idem tradit, Palladium sancte, integreque Ecclesiam illam administrasse, pluraque de sua doctrina, prudentia, ac largitate monumenta reliquisse, praesertim erga Fratres Minores Capuccinos, quos e Conventu S. Valentini humili nimis, atque angusto in alterum S. Iosephi de Vignola,

a se

(a) *Intelligit hic Sadoletus librum alterum de laudibus Philosophiae, in quo laudatio ipsius Philosophiae habetur, sicut in priori libro, qui Phaedrus inscribitur, vituperatio continetur eiusdem Philosophiae. In fine igitur huius libri secundi sic de Blosio scribit:* At ego, inquit Citratius, habeo statim, queis cum communicem, familiareis hos nostros, quorum quotidianis coetibus domus tua, Galle, celebrabatur, Camillum Porcium, & Blosium Palladium : quorum ingeniis, spectabilique morum, & sermonis elegantia soliti sumus omnes apprime delectari : & quamquam uterque utramque, tamen alter eorum oratoriam magis laudem, alter poeticam est profecutus.

(b) *Tom. I. Ital. Sacr. col.* 712.

a se commode magis, atque honeste praeparatum
transtulit. Paullo ante haec tempora, seu verius
post initia Pontificatus Paulli III. scriptam fuisse
puto Epistolam Hieronymi Nigri Canonici Patavi-
ni (a), qua Matthaeum Pizamanum iuvenem Vene-
ta nobilitate, & litterarum studio conspicuum Palladio commendat. Epistola hunc titulum praefefert:
Blosio Palladio Pontificis Maximi ab Epistolis
Romam ; sed anno caret, & diem tantum, ac
mensem exhibet, quo illam Hieronymus obsignarat
Patavii pridie Kal. Novembris. Ex iis autem,
quae Niger idem subiungis, nempe quod iam Pi-
zamanus iussu Pontificis in domum, & contuber-
nium Cardinalis Farnesii receptus fuisset, argui videtur posse, hunc Cardinalem non alium fuisse, quam
Alexandrum Paulli III. nepotem, qui primo ado-
lescentiae flore ad sacram purpuram an. MDXXXIV.
evectus fuit. Sub Epistolae finem haec verba leguntur, quae nobis indicant Palladium Romae non solum hortum, seu villulam habuisse, de qua eleganter scripsit M. Ant. Flaminius (b) ; verum etiam
multum voluptatis ex agriculturae studio capere
solitum fuisse: Dedi Pizamano munusculum ad
te, Avellanas Vincentinas, quas in Blosiano
isto tuo inseri curabis. Hae si pervenerint
ad frugem, non ingratae erunt roforibus Sa-
voinis (c). Serendi tempus, modumque minime

(a) *Append. Epist. Iac.
Sadolet. edit Romanae
MDCCLXVII. pag. 45.*

(b) *Lib. I. Carmine LV.*
(c) *Savoia, unus ex
sociis Academiae Roma-
nae,*

nime opus eſt, ut te doceam, qui in agricolatione, cultuque hortorum iam cum Catone ipſo certare potes. ·

Anno rurſus MDXLII., *cum Romae Palladius eſſet, Sadoletus ad eum ſcripſit amice poſtulans, ut Bullae expeditionem acceleraret pro Eccleſia Carpentoraſtenſi, qua ſe abdicaverat in gratiam nepotis ſui Paulli. Aperte id evincunt litterae eiuſdem Sadoleti ad Carolum Gualterutium datae* XIII. Kal. *Aprilis* MDXLII., *in quibus ſic ait* (a): Per la Lettera, che io ſcrivo al Rmo Signor noſtro Polo, ed a Monſignor Bloſio, vedrete, come io ſono riſoluto di ſpogliarmi del tutto dell'amminiſtrazione, e cura di queſto Veſcovato &c. *Simili curarum pondere, quas Paſtorale officium expoſcit, affectus Palladius paucos poſt annos ipſe etiam Fulginatem Eccleſiam reſignavit, ut primo ſuo muneri ſcribendarum Epiſtolarum animo magis tranquillo, ac ſoluto vacaret. Ughellius eum refert hanc feciſſe dimiſſionem Eccleſiae in manibus*

Paul-

nae, *de quo Sadoletus in epiſt. ad Hieronymum Nigrum Part.* II. *ep.* CCXLVIII. *p.* 407. Nec quicquam eſt omnium rerum, quod libentius faciam, quem uſurpare crebro memoriam eorum, quos cariſſime ſemper, conſtantiſſimeque dilexi, Aeſini Colotii, Petraſanctae, Thaebaldei, Bloſii no-

ſtri, etiam SAVOIAE mirifici hominis, quem audio magnis de Republica occupationibus impeditum quotidie ſe minus vobis fruendum praebere poſſe.

(a) *Part.* III. *Epiſt. Familiar. epiſtol.* CCCXCI. *pag.* 304. *edit. Romanae* MDCCLXIV.

Paulli III. Pontif. VI. Kal. Februarii an. MDXLVII.,
eique statim suffectum fuisse Isidorum Clarium (a).
At nisi Ughellius in hac anni designatione erravit,
arbitrari oportet, vel Palladium Episcopi Fulginatis titulum aliquamdiu retinuisse, vel potius Isidorum Clarium tunc habuisse cum futura successione
Coadiutorem. In Actis enim Consistorialibus a Sfor-
tia Pallavicino adductis (b) sub die X. Kal. Februarii
anni MDXLVIII. Palladius tamquam Papae Secretarius, & Episcopus Fulginas Didaco Mendozzae Cae-
saris Oratori indicit, ut in proximo futuro Consistorio se sistat responsum habiturus protestationi per
eum factae Caesareo nomine, ac verbis, quod accidit Kalendis Februarii eiusdem anni MDXLVIII., in
quibus idem Blosius dictae protestationi uberrime
satisfecit. Post haec nihil ultra invenimus de Blosio
Palladio, nisi quod vitae multa cum gloria, sum-
misque honoribus actae finem habuit Idibus Augusti
anni MDL., sedente Iulio III. (alii perperam scribunt
anni MDLVIII.) ut aperte significat Hannibal Carus
in aliquot litteris nomine Cardinalis Alexandri Farnesii datis Idibus mensis, & anni praedicti (c).

Condi-

(a) Loc. cit.
(b) Istor. del Concilio di
Trento lib X. cap XIII.
pag. 149. ediz. Romana
MDCLXIV.
(c) Tres litteras in Vol. I.
delle Lettere del Com-
mendat. Annibal Caro
scritte a nome del Card.

Alessandro Farnese; in
Padova MDCCLXV. haben-
tur, in quibus Farnesius
loquitur de gravi infirmitate, & de sequuta Blosii
morte, quaeque omnes da-
tae sunt di Gradoli alli
XV. di Agosto MDL., ubi
tunc Cardinalis degebat,
m

Condito teſtamento heredes ſcripſit in rebus ſuis
Orphanotrophium Urbis , & Noſocomium Incurabi-
lium , ut Inſcriptionem legentibus patet , quae cum
ipſius protome viſitur in pariete Eccleſiae S. Mariae
in Aquiro :   D. O. M

BLOSIO . PALLADIO . SABINO
PRAESVLI . FVLGINAT. CLEMENTIS . VII
PAVLI . III. IVLII . III. PONT. A
SECRETIS . VIRO . IN . OMNI . VITA
PROBATISSIMO . INCVRABILIVM
ORPHANORVMQ. SOCII . HEREDES
POSVERE . M. D. L.

Haec ſunt , erudite Lector , quae tecum de rebus a Palladio praeclare geſtis conferre volui ,
& noſtris ſtudiis favere perge .

BLO-

in Oppido ſcilicet Caſtri
Ducatus . In priori p.261.
bis verbis ſcribit Pontifici:
Pater Sancte . Intenden-
do, che Monſignor Bloſio
ſtà gravemente malato,
deſidero prima la vita
ſua, come di perſona de-
gniſſima di vivere, be-
nemerita della Sede Ap-
poſtolica, e mio cariſſi-
mo amico . Di poi, quan-
do a Dio piaceſſe di ti-
rarlo a ſe , propongo alla
Santità Voſtra in ſuo luo-
co Meſſer Romolo Ama-
ſeo &c. In altera Cardina-

li Maffeo directa pag.262.
ait : Ritornando Anniba-
le m' ha detto aver la-
ſciato Monſignor Bloſio
in pericolo di morire ; il
che piaccia a Dio, che
non ſia . Ma &c. In po-
ſtrema tandem a Meſſer
Curzio Frangipane , ita
pag. 270. loquitur de morte
iam ſequuta: Per la mor-
te di Monſignor Bloſio è
vacato a Monteruoſolo
l' emolumento delle Po-
ſte, e certo terreno, ch'io
li conceſſi . Vorrei &c.

BLOSII PALLADII ROMANI
ORATIO
IN PRAESTATIONE OBEDIENTIAE RHODIORUM
LEONI X. PONT. MAX
ET SENATUI APOSTOLICO
DICTA.

UM hoc in vetuſto ſit more
poſitum, Pater Beatiſſime, ut
novi ſemper Principes, qui
Chriſtiani ſunt nominis, Apo-
ſtolicam Sedem, quique ei praeſident, Sum-
mos Pontifices per Legatos, & Nuncios
venerentur, eique obedientiam praeſtent,
nunc devotiſſimus S. V., ac S. R. E. filius
Fr. Philippus de Villers Lyleadan Rhodiorum novus Princeps, totiuſque Hieroſoly-
mitanae Militiae Magnus Magiſter, eum
morem cum S. V. eo exſequitur libentius,
quo veriſſime, ac ſine iactantia fateri poteſt, nullum in Orbe Chriſtiano populum,
aut militiam (abſit verbo invidia) acrius,

aut

aut crebrius, quam Rhodios, pro Chrifti fide
contra Turcas , & Mahumetanos decerta-
re . Itaque eius Principis proprium eft Sedem Apoftolicam per Nuncios venerari ,
qui per Milites , & fuum fanguinem noctu ,
dieque Sedi Apoftolicae, ac Religioni Chri-
ftianae operam impendit ; quare ille
a Rhodo abfens , atque in Gallia degens
creatus , Princepfque , ac Magifter electus
omni huic curae re pofthabita , hunc genere , moribus , religione nobilem , Iulianum
Rodulphum Equitem Hierofolymitanum ,
Capuaeque Priorem Sanctitati Tuae fidum ,
& carum , fuum Oratorem , & Nuncium
delegit , ut quod ille maluiffet praefens , ac
coram facere , pedes S. V. beatiffimos per
hunc ofculetur , venereturque , ac benedictione V.S. accepta in Afiam , atque Orientem naviget Chrifto militaturus . Atque
utinam illi non tam propere agere licuiffet ,
& in fuum Magiftratum non tam feftine
evocaretur , feciffet libens , atque ex animi
fui fententia , ut per Italiam ipfam Romam
prius

prius pertenderet , ubi ossa Martyrum , se-
pulcra Sanctorum , sacrosanctas Basilicas ;
ipsam Sanctitatem Tuam , atque hoc Au-
gustissimum toto Orbe Collegium inviseret,
adoraretque , putaretque se ad Deum ipsum
proxime accedere , quum Dei Vicarium ,
Sanctitatem Tuam in terris coram cerne-
ret , ac veneraretur . Nunc quoniam suorum Equitum Rhodi agentium litteris , &
quoque Sanctitati Tuae in custodiam Chri-
stiani gregis invigilantis monitis , & adhor-
tationibus propere Rhodum , accitur , quod
Turcarum Tyranno classem , qua in Syriam naviget , solito maiorem parantem ,
Rhodumque , & Rhodiae ditionis insulas
transituro , haudquaquam tutum arbitrantur sine suo Principe Rhodios esse , paret
monitis , cedit necessitati , atque uno tempore hinc Sanctitatem Tuam per Nuncium
veneratur , inde eidem Tuae Sanctitati , ut
debet , obtemperat ; se , classem , navales so-
cios , ad iter expedit , ac Rhodum mari
pertendit , ut eam religionem , quam diu

Tom.II.   N   iuve-

juvenis, validufque annis defendit, non de-
ferat fenex, atque eidem Chrifto, cui vixit,
moriatur : De cuius fane noftri Principis
plurimis, maximifque virtutibus, fumma-
que in Gallia nobilitate multa poffem dicere, nifi Tuae Sanctitati ea nota effent, cui
nihil eft ignotum, nive adeo hoc Rhodiorum iudicium facile comprobaret, fortiffi-
mum, fapientiffimum, & pietatis ftudio-
fiffimum effe, quem abfentem, & in Gallia
fepofitum Principem legerint, qui, ut vix
per aetatem licebat, Ordinem Ierofolymitanum ingreffus quadraginta iam annos
Rhodianam militiam, & in ea infinitos labores, ac pericula, fummofque magiftratus, & munia fuftinuit, Galliarum Prior,
priufquam per leges liceret, factus eft, diu
Infulam Rhodum Senefcalchus (qui fommus
a Principe magiftratus eft) cuftodiit, neque
fub illo, quamquam multa interea, & gra-
via a Turcis proximis pericula ingruerint,
detrimentum, aut damnum ullum acce-
ptum, quod huius prudentiae, ac fortitu-
dini

dini maxima ex parte tribuendum est. Acer
enim est in acie, gravis in Senatu, manu
strenuus, consilio prudens, suis carus,
hostibus formidolosus, nec solum fortis,
ac sagax, sed felix etiam Imperator. Sulta-
ni classem semel in Cilicia, Turcarum saepe
in Aegeo, atque Ionio, validam sane, ac
multo numerosiorem parva semper manu,
& paucissimis navibus devicit, propulit,
dissipavit. Sed haec, & praeterea, quae dici
possent plurima, is de se commemorari minime cupit, humanam gloriam, ut est pius,
ac vere Christianus, contemnit. Itaque,
quod solum nos agere voluit, eius nomine
Sanctitatem Tuam, ut verum Christi Vicarium, Petri successorem, Summum in terris Pontificem, & Principem, omni cordis
affectu, humilitateque veneramur, eique
solitam, ac debitam obedientiam, cum
omnimoda subiectione praestamus, Rhodum,
Rhodiorumque omnia, quamquam iam pridem Tuae Sanctitatis sunt, dedimus, offeri-
mus, ac pro fide Christi devovemus. Tum

N 2   vero

vero Ordinem Ierofolymitanum de Religione Chriftiana optime femper meritum , In-
fulamque illam hoftibus Turcis circumfe-
ptam Sanctitati Tuae , ut Chriftianorum Ca-
piti , atque huic Sacratiſſimo Collegio commendamus . Quod fane facimus multo maiore animorum , quam verborum affectu .
Pulcherrima enim Rhodos , clara , & fortis
Rhodos , femper libera Rhodos , Europae
colonia , fedes militiae , Chrifti columna ,
floſculus Urbium , lilium Infularum , hinc
ab Afia quam proxime , inde ab Africa non
longe , hinc etiam ab Europa , hinc mari ,
hinc terra ab hoftibus potentiſſimis , nume-
rofiſſimifque tot iam faecula premitur , ut
quotquot Rhodii funt , fueruntque , tot fibi
Sampſones , tot Davidas effe oportuerit ; pu-
gnarunt enim finguli , fi numerus hoftium
perpendatur, contra decem millia . Quid decem millia dico ? non mentiar , fi dixero
centum millia . Cogitate univerfam Afiam ,
& in ea tot validas Provincias Pontum , Col-
chidem , Propontidem , Phrygiam , Bythi-
niam ,

niam, Galatiam, Cappadociam, Lyciam,
Ciliciam, Lydiam, Cariam, Pamphiliam,
cogitate bonam Europae portionem, quam
Turcae poſſident, Miſias, Daciam, Darda-
nos, Thraciam, Macedoniam, Epyrum,
Graeciam, Inſulaſque in his maribus per-
multas. Iam additis, o lugenda reſpubli-
ca! ipſis Aegypto, ac Syria, quot populos,
quae exercituum examina, quot millia ne-
dum hominum, ſed Civitatum hae Provinciae effundunt? His omnibus tot, ac tam
validis populis, & regionibus, tantula Inſula, ac pauxillula Civitas Rhodes premitur
in dies, atque oppugnatur. Procul Italia,
procul omnibus Chriſtianorum auxiliis ſepo-
ſita, ac deſerta, quaſi virguncula inter baſi-
liſcos, & dracones, nullum pacis, nullum
induciarum tempus novit. Qui in ea Inſula
naſcuntur, hi in bello, atque ad bellum
naſcuntur, in armis omnem aetatem exi-
gunt, nec minus caniciem galea premunt,
quam adoleſcentiam, ac virilitatem, conti-
nue ad bellum armati, atque inſtructi invi-

N 3   gilanti

gilant; Nam Cariae ipfi tam proximi funt,
ut pene voces ex Caria exaudiantur, Ha-
licarnaffi vero promontoriis, quafi laterum
obiectu, clauduntur, ut undique hoftes in
fronte, in lateribus, a tergo fint, periculu-
lumque in proximo fit, longe, ac de procul
fit auxilium. Annus iam octingentefimus
eft, Pater Beatiffime, ex quo Turcae de fuis
nivibus, & montibus in Afiam cum faeviffi-
ma procella defcenderunt, diripuerunt, in
fervitutem habuerunt : quo fit, ut Rhodiorum calamitates, periculaque a Turcis proximis, quae maxima, & acerbiffima femper
fuerunt, fuerint etiam quam diutiffima per
hoc omne tempus. Maiores noftri cum his
bellarunt, bellum, quafi hereditatem po-
fteris fuis per manus tradiderunt, quamquam
ab hofte numerofiffimo, truci, proximo fu-
perfuimus, non noftri meriti, fed Dei mi-
fericordiae eft. Urget fiquidem hoftis, tu-
met, irafcitur, infrendit, quod in eius oculis, ac tanto circum fuo imperio parvam
Infulam paullo plus centum m. paff. in am-
bitu

bitu continentem a paucis militibus tot iam
faecula videt defensam, ac propugnatam,
atque quamquam ille interdum plures, ac
maximos exercitus compararit, maria clas-
fibus conftraverit, omnibus tormentorum,
ac telorum generibus, apparatuque omni
bellico oppugnaverit, ftat tamen Rhodos
inconcuffa, victrix tot hoftium, fervatrix tot
animarum, & quum Ierofolymae Chrifto ce-
ciderint, Rhodii adhuc nomen, ac militiam
fuam tuentur. Itaque non iam ego huius
Infulae prifcas, & prifcis memoratas laudes
repetam, quod triquetra in Siciliae formam,
tribus olim, mox quatuor urbibus diftincta,
ac munita fuerit, ut pluribus circa fe Infulis
imperaverit, ut mari diu dominata fit, Pi-
ratas fuftulerit, aurum in ea pluerit, ferrum,
& aes prima operata fuerit, amica Romanis,
parens Philofophorum, Oratorum, Poetarum, & omnis generis ingeniorum; non hic
tabulas Protogenis, non aliorum quampla-
rium ftatuas, & picturas; non illum ex aere
coloffum LXX. cubitorum, inter Orbis mi-

N 4 racula

racula numeratum , cuius fane tanta moles ,
ac magnitudo fuit , ut eum confractum no-
ningenti haud minusCameli avexerint . Haec,
& complura eius Infulae vetera haud ma-
gnificiam : novam , & Chriftianam Rhodum
expendam , nec tam quod Soli olim facra ,
vel per nubilos dies Solem femper viderit ,
quamquam nigris , ac turbidis tot circa fe
regionibus , & Mahumetano errore foeda-
tis , verum Solem Chriftum agnoverit , co-
luerit , & a circumftantibus venenis illaefa ,
vitam , quae Chriftus eft , fervaverit . Nam
pofteaquam noftrorum maiorum peccatis ,
fegnitieque natale Chrifti folum , ac fepul-
crum Urbani. Secundi Pont. Max. cura
Bolionum praecipue fratrum vi , ac virtute
receptum rurfus perdidimus , illam militiam,
& reliquias Ierofolymitani praefidii ex Syria
eiectas , ac difperfas Rhodus rècepit , receptas fovit , florentefque , ac pollentes terra,
marique ad Chrifti gloriam in dies tuetur ;
ut fi non omnino Deum noftris culpis aver-
timus, fperandum aliquando fit , has parvas
                                    reli-

reliquias in Chrifti trophaeum, & Mahometi
excidium confurrecturas, quod, te Principe,
& optamus fieri, & futurum confidimus :
& fi gloriari oportet in Chrifto, multo interea laudabilior haec Rhodiorum profeffio,
optabiliufque periculum, quam armis inter
fe confici, ferrum in nos ipfos verti, pati
excurfiones piraticas, ludibria hoftium, cae-
des, rapinas, tot Chriftianarum Provincia-
rum miferrimam fervitutem, a noftris ne
pauculam quidem iniuriam inultam finere,
de gleba interdum, & poffeffiuncula decer-
tare. Contra Rhodos, ut & Chriftianam
decet Infulam, nihil nifi pium cogitat, ferrum contra Chriftianos ei hebes eft, bellum ei omne impium eft, nifi quod contra
Turcas, & pro Chrifto fufcipitur ; qua
quidem pietate, & Dei mifericordia promeruit, ut non timeat leones circa fe rugien-
tes, & fuper afpides ambulet, draconefque
conculcet, non intacta folum a morfibus,
fed victrix etiam, & triumphatrix. Scilicet
Deus pro illa pugnat, quia pure diligit
Deum,

Deum, nec timet minas Pharaonis, aut quid
faciat ei homo. Hac etiam sacrosancta Sede
non solum orante Deum pro salute Rhodiorum, sed auxilia quoque, & classem interdum transmittente, ceterorumque Christianorum opem advocante, Rhodii facile agno-
verunt, se suam salutem, ac victorias omnes
Deo, Deique Vicariis Romanis Pontificibus
debere referre acceptas. Et quamquam
nihil interea malorum fuerit, quod non
passi sint, ut ad ultimum fidem Christo
praestarent, ea tamen SedisApostolicae in eos
merita fuerunt, ut cladium eos suarum non
poeniteat, quin potius ob id iucundissima
recte, ac pie factorum memoria recreemur.
Tu ipse, Pater Beatissime, ut reliquos ante
te Pontifices taceam, quid pro Rhodiorum
salute, utilitate, gloria non egisti? Primum
omnium, vix ad Pontificatum evectus, omnia
eis privilegia per omnes ante te Pontifices,
Imperatores, Reges, Respublicas concessa,
non confirmasti solum, sed auxisti, curam
eius Insulae, ac totius Ierosolymitanae Militiae

litiae peculiarem fufcepifti, Equites Rhodios
antea in fuis Sacerdotiis diutius morari foli-
tos Rhodum frequentes coegifti. Iam eum,
qui fumma auctoritate apud te, & Principes Chriftianos effet, quique ex Ordine Iero-
folymitano antea fuiffet, clariffimum virum,
ac Praefulem fratrem patruelem tuum, patriae fuae columen, huius Senatus fplendo-
rem, Rhodiis petentibus, patronum tribuifti,
ut per eum ad te omnia Rhodiorum referren-
tur, atque a te impetrarentur. Poftea vero
in illis Afiae, Syriae, atque Aegypti motibus, Sultanoque hinc, inde Turcarum Tyranno validiffimis inter fe exercitibus con-
currentibus, ac Sultano devicto, Syriaque,
& Aegypto in Turcarum poteftatem reda-
ctis, tu tuae Rhodo timens, omnibus curis
pofthabitis, claffem quantam, & quam validam potuifti, Rhodum mififti, neque te aut
occultae noftrorum difcordiae, aut fufpecta
multorum ingenia ab ea cura retraxerunt,
quin ageres, quod te decebat, & Chriftianorum caput membris tuis fuccurreres. Mox
vero

vero idem tu ; aliud Rhodiis , haud scio
an minus, beneficium praestitisti , dum Turcarum successibus auditis , tuaeque plebi
metuens , Christianos Principes inter se odiis
diffidentes , & in apertum bellum , ut apparebat , erupturos , tu tua auctoritate , ac monitis ad inducias quinquennales compulisti ,
atque ad sanctissimam contra Turcas expeditionem litteris , nunciis , precibus etiam
invitasti ; quae sane Principum concordia
per te conciliata novit Rhodos , atque
Oriens , quantum non modo nostris metum
dempserit , sed hostibus etiam intulerit ; non
enim illi tam suis viribus , quam nostris
discordiis confidebant . Sed neque praeteritis
beneficiis contentus , maiora adhuc meditaris : Assidue enim, quod scimus , animo vol-
vis , quo pacto , compositis Christianorum
rebus, ad bellum pium , sanctum , dignum-
que & Apostolico nomine , tuas , tuorum-
que vires traducas , & quod sub Urbano II.
incoeptum , sub Paschali II. confectum , sub
Clemente III. repetitum , & a reliquis Pontificibus

tificibus faepe teotatum , nunquam abfolu-
tum, tu repetas, conficias, atque abfolvas ,
ut Rhodii , ac Chriftiani illius Orbis ceteri
a caedium , rapinarum , cruciatuum , mifer-
rimaeque fervitutis continuo , proximoque
metu liberentur . Quare magnitudo bene-
ficiorum nos cogit , ut Sanctitati Tuae gratias agamus , magnitudo periculorum , ut
preces obtendamus , potentia , ac faevitia
hoftium , ut timeamus , tua prudentia , ac
pietas, ut fperemus . Supplex igitur, atque
omni cordis affectu , humilitateque hic legatus nomine fui Principis, ac totius Ordinis Ierofolymitani tum agit gratias Sanctitati Tuae de beneficiis eius maximis , quam
poteft maximas , tum eam enixe per Chrifti
nomen , ac numen precatur , ut hanc piiffi-
mam curam curare non definat , & quod
iamdiu animo concepit , parturiat , expleat,
arque ad optatum finem perducat . Sed neque rogandus es , qui ad id proniffimus es ,
neque monendus es , qui fapientiffimus es ,
neque confovendus , qui es conftantiffimus .
                                    Solum

Solum itaque Iesum Christum Servatorem
nostrum, Praecursoremque eius Iohannem
Baptistam Rhodiorum proprium, ac tutelare
numen rogabimus, supplicesque, & prostra-
ti obsecrabimus, ut Deus suam plebem mi-
seratus, tuam mentem ceteris Christianis
Principibus immittat, ut velint iidem plurimum ; qui plurimum possunt, debentque
pro hac caussa velle permultum, quo tu,
Deo auspice, omnium Christianorum animos, sicut a discordiis ad inducias traxisti;
ita ab induciis ad pacem, a pace ad sanctum, piumque bellum traducas, atque hoc
tandem videamus, historiaeque testentur,
ut quod tam diu concupivimus, Patresque
nostri speraverunt, Leonis X. Pont. Opt.
Max. temporibus, atque auspiciis vincat Leo
de Tribu Iuda, Rhodii a perpetuo Turcarum metu liberentur, fiatque, quod promisit Dominus, tandem unum Ovile, & unus
Pastor.

FRAN-

FRANCISCI ALIGERI
DANTIS III. FILII

_1_

DIALOGUS ALTER
DE ANTIQUITATIBUS VALENTINIS
EX COD. MS. MEMBRANACEO SAEC. XVI
NUNC PRIMUM IN LUCEM EDITUS.

IOHANNIS CHRISTOPHORI AMADUTII

AD SPECTATISSIMUM PRAESULEM

PHILIPPUM VALENTIUM

SIGNATURAE IUSTITIAE VOTANTEM

ET CANONICUM BASILICAE VATICANAE

PRAEFATIO.

*D*ELOGVM *alterum anecdotum de Antiqui-*
tatibus Valentinis, quod Francifcus Aliger
Benedicto Valentio Gentili tuo iampridem
infcripferat, nunc ego ex Codice Ms., qui Trebiae
in tuis avitis Aedibus adfervatur, in lucem pro-
laturus non alteri, quam tibi infcribendum, di-
candumque intelligo. Cum enim tua fint omnia,
quae nunc a nobis tractantur, eadem ad te idcirco
pleniffimo iure etiam fpectare, nemo unus inficie-
tur. Autographum fiquidem in Gentis tuae pote-
ftate exftat, apographum tui beneficio ipfe obtinui,
atque Aedium tuarum aulam plerasque nunc ornant
marmora, quae hoc Opere illuftrantur, quaeque ego
ipfe ab anno ufque cɪɔɪɔccʟxɪx. a te humaniffimo,
laudatiffimoque exceptus hofpitio una cum Cl. Prae-
fule Stephano Borgia tui amiciffimo oculis meis
faepe, ac libenter perluftravi. His fi addas, me
tibi omnino devinctum ob quamplurima iam a mul-
tis annis in me conlata pro tua humanitate offi-
cia, ac ftudia plane fingularia, facile intelliges id
fua fponte fluere, ut etiam, me tacente, non alio

Tom. II.   O   *fane,*

sine , quam in tui sinum haec ipsa nunc advolet
scriptiuncula . Non ignoras , VALENTI Praesul Spectatissime , iam ab anno CIↃIↃCCLXVI. editam fuisse
Epistolam meam ad Cl. Virum Iohannem Lamium
in ipsius Ephemeridibus Litterariis Florentinis (a) ,
at dein in aliis etiam Venetis recusam fuisse (b) ,
de Opere sane rarissimo , quod Antiquitates Valentinae inscribitur , quod Romae editum iam fuerat
anno MDXXXVII. per Antonium Bladum Asculanum ,
quodque Benedicto Valentio Trebiati Clementis VII.
primo , ac dein Paulli III. Romanorum Pontificum
Tribuno Aerarii , sive potius Advocato Fisci Auctor
nuncupaverat . Neque nunc te pigeat rursus commemorari a me nonnulla , quae ibidem attigi , tum
& addi quinetiam alia , quae me tunc praeterie-
runt . Innuit hoc Opus Vir Cl. Marchio Scipio Maffeius non uno in loco (c) , qui tamen Antiquitates
illas non Valentinas , sed Veronenses appellandas
comminiscitur , utpote qui Libri , quem numquam
manibus tractaverat , ignarus facile suspicari posse
censuerit , Aligerum potius patrias antiquitates ,
quam Valentinas , ut perperam sibi finxerat , in
Hispaniis , ad quas numquam processerat , illustrasse.
In huiusmodi errorem quinetiam prolapsus est Vir
alter aeque Cl. Comes Ioh. M. Mazzuchellius (d) , qui
consi-

(a) Novelle Letterarie
di Firenze 1766. num.9.
col.135. , & seqq.

(b) Corriere Letterario
di Venezia 1766. col.334.

(c) Osservazioni Lette-

rarie Vol VI. pag.314. , &
Verona Illustrata; De Scrittori Veronesi lib.II. col.53. ,
& 54.

(d) Scrittori d' Italia
Vol.I. Part.I. pag.493.

confidenter fane nimis exiſtimat , id ab Aramuenſe peccatum , ut quaedam antiquae , quemadmodum prius ab Auctore ſcriptum fuerit , dein Valentinae Antiquitates prodierint . Opus hoc tamen contre-Ctiſſe apparet Iob.an. Baptiſtam Donium , neque illud quidem Ms. , ut cenſuit Mazzuchellius (a) , ſed typis editum , ut ex Operum impreſſorum , quibus Doniana Inſcriptionum Collectio coaluit , Elencho , quem dedit Cl. Gorius ad calcem eiuſdem iam Florentiae excuſae anno CIƆIƆCCXXXI. , manifeſtiſſime coniicere licet ; quamquam & ipſe ſaepe ad Valentiam , & ad Valentinum perperam provocet . Nonnullas quoque Inſcriptiones vel laudato Aligeri Opere contentas , vel ex eo ſelectas ediderunt , praeter Donium (b) , Gruterius (c) , Reineſius (d) , Fabrettius (e) , Malvaſia (f) , Bonada (g) , Cannegieterius (h) ,

O 2   Dona-

(a) Scrittori d' Italia Vol.I. Par.I. p.493 not.(4).

(b) Claſſ. V. num. 124. pag. 193. , & num. 204. pag.211. , Claſſ.VII. n.141. pag.301. , Claſſ. X. num.89. pag.374. , & Claſſ.XII. n.20. pag. 396. Vid. eiuſdem Appendicem omiſſorum p.355. n.6. , qui Veronae deſignat ex Antiq. Valentinis Franciſci Aligeri Inſcriptionem ſacram DIVAI. VENEREI, quae tamen in eius Opere deſideratur .

(c) Pag.991. n.6. , ex Iacobonio apud Valentes in Treblo oppido .

(d) Claſſ XVI. n 65.

(e) Cap.I. n.170. p.34. ex Gruterio .

(f) Marmora Felſinea pag 361.

(g) Carmina ex Antiquis Lapidibus Vol.I.Claſſ.II. n.13. pag. 193. Vid Diſſert III. pag.218. , ubi Aligeri meminit .

(h) Epiſtola ad Dorvilium col.531. Tom.I. Supplem. ad Nov.Theſ.Inſcript. Murator., ſebaſt.Donati .

Donatius (a), ac tandem, me suggerente, popularis meus longe eruditissimus Pyschalis Amatius (b), ut nunc praeteream laudatum Maffeium, qui in Arte Critica Lapidaria (c) unam ex his Inscriptionibus inter spurias, aut saltem suspectas amandandam putavit. Tandem Vir inter Antiquarios longe notissimus Rodulphinus Venutius Cortonensis in Opere, quod de Clitumno amne exaravit (d), & cui in adnotationibus nonnullae adfuere sunt Iacobi Comitis, Germani fratris tui π ... ad Venutium ipsum epistolae, memorat adservatam in aedibus tuis iacentis Fluminis, forte Clitumni statuam, quam etiam aere caelatam exhibuit (e), quamque ab Aligero nostro in Antiquitatibus Valentinis descriptam innuit: quemadmodum & superius aliud signum, etsi primaevo destitutum capite, retulerat (f), tamquam in iisdem aedibus tuis prostans, quod vel Iovis Clitumni, vel homonymi Fluminis vulgo censetur. In Bibliotheca vero Divi Marci, quae Florentiae a Praedicatoribus Dominicanis obtinetur, exstat Ms. Codex (g) continens Inscriptiones quas-

(a) Cit. Supplem. Tom. I.
n.2 pag 153.
　(b) Collectio Pisauren.
omnium Poematum To.IV.
Anthólog. Class. III. Epig.
CCVI. pag 463., & Class VI.
Epig.XIX. pag 475.
　(c) L.III.c IV col.374.
To.I. laudati Supplementi.
　(d) Osservazioni sopra
il Fiume Clitunno, detto

in oggi le Vene, situato trà
Spoleto, e Fuligno, del suo
cuito, e antichissimo Tempio, e dello stato suo presente &c. Roma MDCCLIII.
　(e) Tab.III. pag.37.
　(f) Tab. II. adnot. 2.
pag.32.
　(g) Olim Armar. II.
num.142.

quaſdam antiquas cnm adnotationibus Franciſci Aligeri Dantis Tertii filii, *teſte Mazzuchel-*
lio ſupra laudato ; *quem ſane eumdem cenſeo* , *ac*
illum , *quem laudat Cl. Antonius Franciſcus Zacche-*
rius (a) , *tamquam chartaceum in 4.* , *& ſaeculo XVI.*
exaratum , *in quo multa eſſe dicit partim collecta* ,
partim deſcripta a Ioh. Bapt. Braccheſchio Ordinis Prae-
dicatorum ; *tum & Inſcriptiones quaſdam Spoleti* ,
Mevaniae , *Ravennae* , *& Fulgineae repertas* ; *ac*
tandem Inſcriptiones quaſdam in marmoribus , *& ur-*
nis ſepulcrorum cum adnotationibus Franciſci Aligeri
Dantis III. filii. Alter Codex Ms, Franciſci Aligeri
de Veterum Inſcriptionibus adſervabatur a Cl. Viro
Marco Foſcarinio Senatore Veneto ampliſſimo , *teſte*
altero erudito Viro Sebaſtiano Donatio Lucenſe in Mo-
nito ad Maffeii Artem Criticam Lapidariam (b),
in cuius nempe Libro III. de Aligeriano hoc Opere ,
& de ceteris ſimilibus Maffeius , *ſi operi fuiſſet impoſi-*
ta manus, pertractaſſet . Quis fuerit Franciſcus Aliger,
docebit Cl. Maffeius , *ubi de Scriptoribus Veronen-*
ſibus (c) ; *ſiquidem ſcribit* , *Franciſcam Aligerum*
Dantis III. filium fuiſſe , *ac duos habuiſſe fratres*
ſe ipſo maiores Petrum , *& Ludovicum . Veronae*
in Eccleſia S. Fermi Maioris. Franciſcus Sacellum ex-
ſtruxit ad laevam Arae maioris , *& fratribus Pe-*
tro , *& Ludovico monumentum poſuit* , *quod Maf-*
feius (d) *reſert* , *nempe:* Petro Aligero Dantis III.

O 3   filio ,

(a) *Iter per Italiam*   (c) *Clt. Veron. Illuſtr.*
Part. I. cap. II. n. 14. p. 2.   *lib. II. col. 53. , & 54.*
(b) *Pag. XVI. cis. Tom. I.*   (d) *Loc. cit.*
laudati Supplementi .

filio, Graece, & Latine docto, & Theodorae
eius coniugi incomparabili; *Es aliud* : Ludovico Aligero Iuris utriufque Confulto, omnibus virtutibus ornatiffimo, Fratribus aman-
tiffimis, & fibi Francifcus Aliger fieri curavit.
Francifcus tamen doctior inter fratres ex Latino in
Italicum idioma Vitruvium vertit, & illuftravit,
tefte Nugarola in Epiftola ad Barbarum. Gentis Ali-
gerae poftremus fuit Francifcus, ut proinde Comites
Saregii (quoniam Iunipera Petri Aligeri, quem fu-
pra laudavimus, filia Marco Antonio Saregio nupfe-
rat) hereditatem, & nomen Aligerorum obtinue-
rint, atque Aedes quinctiam Saregiorum pluribus
in locis Stemma Aligerorum praefeferant, quod ala
auri in fundo caeruleo exprimitur. Cum vero Fran-
cifcus nofter amicitia coniunctus effet, dum Romae
degeret, Benedicto Valentio Viro egregio, & Vete-
rum Monumentorum Confervatori eximio, Monumen-
ta ipfa, quae pro ornamento Aedium fuarum Trebiae
comparaverat, commentariis, & dialogis, inftituto
inter fe, & Xanthum Pontium fermone, illuftrare
ftudebat. Dialogus primus tamen, quem habes
in Antiquitatum Valentinarum *Libro* (a) *olim*
iam edito, interlocutores habet Benedictum Valen-
tium, Francifcum Aligerum, & Xanthum Pontium,
ut proinde alter hic, qui adhuc anecdotus fuerat,
edendus iure videatur. Nunc reftat, ut de Bene-
dicto Valentio Gentis tuae antiquiffimae, & no-
biliffimae ornamento aliqua attingamus. Fuit is
Clementi VII., & Paullo III. Romanis Pontificibus
carus

(a) *Pag* 84.

carus quammaxime, qui ab ipsis Advocati Fisci,
sive, ut Aligero appellare placet, Tribuni Aerarii
munus obtinuerit, ipsosque laute hospitio Trebiae
excipere, ut ex Diariis Caeremonialibus patet,
non dubitaverit. Filios habuit longe praeflantiffi-
mos Montem Valentium Romandiolae nostrae Prae-
fidem (a), & Praefectum Urbis Romae., quem Gu-
bernatorem vocant, & Romulum Conversani Episcopum, qui unus ex Tridentini Concilii Patribus effe
promeruit. Dies me deficeret, Praesul humaniffime,
si veteres Gentiles tuos, quos & tot, & tantos
cenfes, & quorum magnifica Mausolea Trebiae in
Templo Deiparae Lacrimarum facro Gentis tuae claritatem, & amplitudinem in aevum tefatura videntur, commemorare effet animus; cum praefertim
tanta Iuris prudentia, tanta ampliffimi officii in Romana Aula dignitate, tanta morum, & vitae integritate, tantaque in omnes humanitate, ac liberalitate ipfe excellas, ut veterum imagines prae-
teriens ex tuis dumtaxat virtutibus & laudem,
& decus quammaximum petere tute poffis Haec
funt, VALENTI Spectatiffime, quae mihi ex agro,
& ex itinere recenti ad te etiam Romam ex Nar-
nienfi ruflicatione reducem, quafi falutationem,
gratulationemque aliquam mittere placuit. Feflin-
nanter fcripta, tum & inconcinna haec ne, quaefo,
crimineris; faepe enim ufuvenit, ut in fumma
temporis anguflia mea me & exarare, & in pu-
blicum

O 4

(a) Vide, quae de eo Hieronymus Rubeus Hifor.
barorificentiffima protulit Ravennat. lib.X, & XI.
Vir fua aetate clariffimus

blicum *submittere cogar*. *Erunt haec tamen testi-
monium grati in te animi mei, tum & singularis observantiae monumentum, quod quidem, aut
quodcumque aliud numquam vel tuis meritis, vel
debito meo respondens futurum confidam. Ceterum
tu haec bono animo excipias, meque inter tuos,
quos tibi devinctiores habeas, recenseas velim.
Vale.*

Datis *Roma ex Aedibus meis Postridie Nonas
Novembris anni* cIɔIɔCCLXXIII.

MAGNI-

MAGNIFICO ATQUE EXCELLENTI DOMINO SUO
OBSERVANDISSIMO

D. BENEDICTO VALENTI
PONTIFICII AERARII TRIBUNO DIGNISSIMO

FRANCISCUS ALIGER
DANTIS TERTII FILIUS.
S. D

UM in tota rerum antiquarum
investigatione multa inveniun-
tur, quae nequaquam satis
adhuc comperta sint, tum
perdifficilis, Benedicte amplissime, & per-
obscura imaginum est agnitio, de qua quum
priori libello satis disputatum videatur, actum
non agam; Tantum dicam nihil esse mea
sententia eorum temeritate ferocius, aut
quod vecordiae propius accedat, quam quod
non satis explorate perceptum sit, primo
asserere, deinde sine ulla dubitatione de-
fendere: unde Academicis quondam summa
ma dabatur laus inter Philosophos, qui as-
sensionem a rebus perspectis, & cognitis
etiam

etiam cohiberent , neque vellent quidpiam
pro certo affirmare , tantum in omnibus hae-
sitarent . Nulla igitur laus nostra esse potest ,
imo erubescere omnino debemus , cum marmora ne priscis quidem fortasse cognita , satis audacter certo nomine donamus . Nam
tametsi de variis antiquarum figurarum ra-
tionibus , locis , & sedibus , ornatuque ea-
rumdem multa ab Auctoribus passim dican-
tur , quibus facile fieri coniectura possit ;
difficillimum tamen est de aliorum sensu
praesertim a nobis tam remoto iudicare :
nec is sum , qui putem nihil omnino , quod
in iis sit verum , coniici posse , sed audacia
peccare nos praedico , qui disiectum , &
rude quodammodo marmor , cum naribus ,
tum ceteris membris comminutum caput
velimus, non dico , diiudicare , sed ne suspicari quidem , cuiusnam fuerit . Inde nos
verecunde mehercule tibi obtemperantes ;
cui nihil denegare prorsus datur , eamdem
rem non haesitabundi tractabimus , quam
superius temporis brevitate oppugnati non
                                         satis

satis perfecta reliqueramus , ut cum semel
tua caussa verecundiae fines transiverimus ,
bene , & naviter impudentes , te nunc efflagitante , denuo simus . Id autem commode , quod iubes , videmur praestare posse ,
cum nuper institutum sermonem cum eodem Xantho Pontio in suo pago perfecerimus , ne sermo hic scilicet cum superioribus
discrepet . Tu interea , Benedicte mi , dum
haec agimus inter nos , Romanis spretis deliciis , animum tuum transferas in Vicum
Pontium , ut una esse possimus , & iucundissima consuetudine frui .

SECUNDUS DIALOGUS PONTII HABITUS
Interlocutores iidem, qui supra, Franciscus,
& Xanthus .

CUM summa me satietas cepisset Urbis,
statuissemque ab ea tantisper facessere,
dum ii in Columnenses Pontificii motus conticescerent , transferendi me in Vicum Pontium summa cupiditas incessit ; nam & ibi
summa salubritas aeris praedicabatur, & Xanthum

thum meum me conventurum sperabam,
cui tamen non mediocriter succensebam,
quia pollicitus coram saepius, & per litteras
Romam protinus se collaturum, & mecum
per hiemem totam futurum, frustratus erat
exspectationem meam: eo igitur cum protinus accessissem, apud te quum divertissem,
praeter spem non adesse Xanthum comperi,
sed percunctatus fratrem de eo inveni ap-
propinquare adventum suum. Biduo iam
ibi fueram, cum eum adesse cognovi, quare
nolui officio deesse, verum statim hominem
conveni; ille ubi me insperato videt, ut est
omnium humanissimus, statim me amplecti-
tur, rogatque: satin salve? quod ea tempestate praeter institutum meum in solitu-
dines concesseram. Enimvero cum didicis-
set omnia, gavisusque plurimum fuisset, de
eo non vulgariter conquerenti, quod ad
constitutam diem Romae non affuisset, te-
nuissimam valetudinem suam caussatus est.
Vix excusationem suam acceperam, cum
de te percunctatus pluribus verbis audivit,

quae

quae sibi maxime voluptati fuerunt, de rebus tuis ; nec multo post subiecit haec verba Xanthus . Heri post meridiem , Trebii
dum essem , erraremque , ut soleo, cum me
studiorum coepit satietas , occurrit mihi
mulio D. Benedicti nostri, qui mutua data,
acceptaque salute , dixit mihi habere se ab
urbe Roma sex capita marmorea mirae pulchritudinis , & vetustatis . Rogavi , ut eorum mihi faceret copiam ; ille haud grava-
tus stare mulum iubet , diducit gausape ,
quo tegebantur clitellae , educit Iani caput
sane examussim marmore Pario deductum,
in quo novum quodpiam offendi, quod haud
temere alias offendi , anteriorem scilicet faciem iuvenilem figuram praeseferentem, po-
steriorem vero provectiori aetate hominis .
Id quamobrem usurparint praeter omnium
consuetudinem marmorarii, non facile dispi-
cio , nisi celeritatem temporis , cui praeest
Ianus , fortasse voluerint iis ambagibus in-
nuere ; sive quod mihi sit verisimilius, nos
oportere in iuventute plurimum sapere , ut

dum

dum aetas viget , senectuti viribus defectae
viaticum mature praeparemus , ne ludibrio
simus , & despectui , nec minus oneri tribu-
libus , & consanguineis nostris ad senium
redacti. Nec tertium gravabor addere, quod
meo iudicio haud quaquam ratione caret ,
fuisse scilicet Ianum iam tunc aetate integrum , cum hospicio Saturnum regno pro-
fugum comiter acceperit , qui postea nimia
concordia in unum coaluerint . Tu de hac
tota quaestione quid dicas , exspecto .
Franciscus . Ego amplius de ea re delibe-
randum censeo , quippe maior est multo ,
quam fronte promittat ; sed tu perge , ob-
secro , & nobis enarra , quae praeterea fuerint capita , nihil enim in praesentia facere
gratius potes . *Xanthus* . Ita faciam . De-
posito Iano , extulit aliud caput nempe mulieris, quod nescio, utrum Iolae Euryti filiae
Oechaliae regis , an Omphalae reginae Lydiae tribuam , certe Lydiae potius fuisse dixerim , quippe nihil Graecum sapit , sed
utramque pellem leoninam induisse, clavam
geſſiſ-

geffiffe, relictis fufis, & pala Herculi, vel
pueri norunt. Quo faris contemplaro capite, tertium fuftulit ex opere albario Marfiae
Satyri figillum geminas tibias una inflans,
quarum auctor fuit. F. Vide, quid dicas;
plerique enim funt, eidemque Auctores optimi, qui contendant, Pallada primam tibias
hafce mortalibus monftraffe, quas cum in-
flaffet in ftagno tumidiores buccas contem-
plata, tale propterea commentum deteftata
abiecerit eas, quas poftea Satyrus inventas
afciverit fibi, & fe auctorem profeffus non
dubitaverit in certamen modulandi Apolli-
nem provocare, nec detrectaffe Phoebum
huiufmodi certamen. Mufis igitur praefen-
tibus, eifdem iudicibus Deum viciffe, Sa-
tyrum fuae temeritatis excoriatione poenas
dediffe, qui poftea in fontem fui nominis
converfus fuerit. X. Huius rei non eram
nefcius, fed dicentem praeoccupafti : fuit
etiam Romae Marfiae ftatuae infignis fpe-
cies, nempe, ut opinor, in Clivo Capitolino, ubi rei vadimonia fiftebant, nec cedit

dit ſpecie eiuſdem Satyri ſignum , & fortaſſe
idem eſt , quod nuper vidimus in Aedibus
Camilli Capranicae Civis Romani : diceres
Marſiam alte ſublatum ligatis manibus , &
pedibus deglubentem in ſaxo ſentire. *F.* Et
nos vidimus : quamobrem alterum ſaxum
expedi nobis . *X.* Mos tibi geratur ; ubi
ſatis Marſiam ſumus contemplati , reddidi-
mus ; at ille Olympiadis caput Alexandri
Magni matris obtulit , cuius pulchritudinem
obſtupuimus, nec fabulas eſſe opinati fuimus,
quibus antiquitas , Auctores tradunt , eam
cum Iove clam conſueſſe ſolitam , ex quo
Alexandrum pepererit ; certe tradunt , filium
ad eam familiariter ſcribentem ſe Iovis filium
ſubſcripſiſſe , cui refragata reſcripſerit mater , ne ſe amplius in invidiam Iunonis de-
ducat, cum eius pellicem ſe faciat hoc com-
mento . Nec me praeterit, Philippum Ma-
cedonem Alexandri patrem ad Olympiada
ventitantem, modo ſi ſcribentibus haec credimus , inveniſſe ſerpentem ſaepius ea , ut
videbatur, imprudente coniugis lectum ob-
ſervan-

fervantem, propterea non aufum regem propius accedere, deincepfque poft natum filium
minus regina ufum fuiffe, quae verita pelli-
catum Amyntam fubornaverit, ac veluti
in regem armaverit, non infcio, ut ferunt,
Ariftotele Philofophorum tunc temporis partes fibi vindicante. Sane haec Olympias
ex Cacidarum nobiliffima gente orta fratrem habuit Pyrrhum Epirotarum regem
fummum Imperatorem, qui cum Romanis
diutius bellum geffit, poftremo dum Argos
Graeciae urbem oppugnat, faxo caput ictus
occubuit. Obiit autem filio fuperftes, iam
natu grandior, quae omnia quamvis te optime memoria tenere compertum haberem,
volui tamen dixiffe, tentans, num excidif-
fent mihi. Proinde tu, fi quid imprudens
praetermifi, fuggeras. *F.* Gatris modo,
nihil enim, quod fciam, nifi fortaffe defue-
rit, fufpicionem fuiffe, Amyntam iftum
propter corporis pulchritudinem Olympiadi
prius conciliatum fuiffe, quam tantum facinus aggrederetur. *X.* Sit fane, fed per-

Tom.II. P gam.

gam . Ubi mulio caput Olympiadis com-
pofuit, extulit Agrippinam eius, quae Ger-
manici uxor C. Caefarem Caligulam faecem
totius humani generis dictum genuit, foror
alterius Agrippinae, quae C. Domitium Neronem monftrum hominis peperit ; filia autem fuit Marci Agrippae ter Confulis ex
Iulia Augufti filia , fed maritum Germani-
cum Caefarem unice dilexit , quem numquam fine fe , poft mortem etiam paffa eft
effe ad omnes expeditiones , quas marito
capeffere neceffe erat , cum eo profecta ,
mulier omni laude digna , caftitate in primis , quam Livia Drufilla femper fufpectam
habuit , utpote privigna nata . Sed vereor ,
ne tibi tam moleftior fim , & putidiufculus
videar , qui harum rerum veterano talia reponam . *F*. Nihil minus, perge qua coepifti .
X Dimiffa Agrippina , Praeficam fuftulit ,
cuius omen averfatus ftatim recondi iuffi ;
poftea caput pulcherrimum nobis mulieris
appofuit , quod ex ornatus genere vetufto
Corneliae matris Tib., & C. Gracchorum ,

                              T. Sem-

T. Sempronii Gracchi uxoris fuiſſe, in ſuſpi-
cionem venimus, quae quidem Corneliæ
adeo, ut optime noſti, a marito dilecta fuit,
ut eius vitam ſuae praetulerit; quonam pacto
id comprobatum fuerit, dicerem, ni te ſcire
arbitrarer. *F.* Novi, nempe de ſerpentibus
illis maſculo, & femina dicis. *X.* Rem te-
nes ; ceterum Plinius lib.vij. Nat. Hiſt. hanc
ortam concreto genitali teſtatur, praeſagium
naturae Reipublicae opitulantis, nam Tribuni Plebis ex ea nati pene Rempublicam
everterunt. Curata igitur a Medicis, a P.Sci-
pione Africano patre, Graccho , cum quo
prius graviſſimas inimicitias exercuerat, nu-
ptum datur, ex quo cum plures filios ſuſce-
piſſet, marito, ac veluti parente orbata ;
vidua, quoad vixit, permanſit erudiens filios ; ſapientiſſima quippe ſemper ab omnibus habita fuit, eleganti ſpecie, & mira
morum ſuavitate ; periit autem natu iam
grandis paullo ante mortem Tib. Gracchi
filii. *F.* Quibus omnibus ſatis perſpectis, illi
plurimas gratias egi, qui me tanti ſpectacu-

P 2   li

li participem fecerat . *X.* Sed tenui te fortaffe diutius iis nugis , quam par erat . *F.* Immo , ut fcias , quomodo res fe fe habeat ,
prius nofter oftenderat herus mihi , dum
Romae eram , fed diffimulavi , ut te pluribus dicentem tenerem , quod quoniam prae-
ftitifti exacte , tibi plurimum debemus ; fed
nunc fpaciatum eam , fi libet , & alias res
agamus . *X.* Fiat , quamvis coenandi iam
tempus immineat . *F.* Sane quidem , propterea ne longius abeamus : fed ne fit huiufmodi deambulatio oneri potius , quam
voluptati , indicabo tibi malitiam meam .
Quae capita non minus memoriter , quam
belle recenfuifti mihi , Romae per otium vi-
deram , fed propterea eam rem tibi celavi ,
ut effet prolixior oratio tua . Difperearn quippe , ni te cum differentem audio , omnes mihi
Curios , Hortenfios, Caefares , aut fi quid
emunctius eft , Varrones , & Tullios audire
videar : nec me hercule immerito , nihil
enim tuae meo iudicio addi poteft , aut
demi orationi , ita verbis perfecta , numeris
abfo-

abſoluta ad aures meas devolvitur ; ſed vereor pluribus te laudare , ne tibi aſſentandi
gratia videar id agere , quod magis a me
alienum volo, quam quod maxime . De iis
igitur hactenus ; nunc ut reponam , quod
attuliſti mihi , niſi memoria defecerit , addam ; quae denuo capita noſter herus ex amicorum munificentia nactus fuerit , in quibus,
ſi quid defecerit , ſuccenturiatus ut ſis , rogo ;
nam video noctuas in praeſentia me Athe-
nas . X. En , tu ne hic eras , mi Franciſce ?
Ergo inter bonos ſic agitur ? Sic a te capi-
mur ? Ut quae maxime contemplatus fueris , neges te vidiſſe , qui me garrientem
diutius audias ? Sine modo , ego enim ,
qua poena plectendus ſit ob admiſſum tale ,
poſtea videro ; nam quod orationem meam
ſatis ieiune prolatam tantopere laudas , amice tu quidem facis , ſed huiuſmodi non
agnoſco eſſe eam , nec probo ; quo ſit , ut
ni te , tuumque amorem in me alias perſpe-
ctum haberem , mihi verba dari per te crederem ; ſed quaenam ſint haec tandem ma-

iorum

iorum fragmenta, vicissim pluribus explica:
alio enim pacto multum deprecari non potes. *F.* Ne sim in culpa apud te diutius,
expediam, quod quaeris, quamlibet multis.
Primum omnium Cariatidis columellae
fragmentum ex non sincero porphyrite vidimus oculis captum, simis naribus, capite
depresso, ut facile in eo servitutem agnoscas:
huiusmodi autem columnarum unde pro-
cesserit origo, nemo, quod sciam, prisco-
rum apud Latinos auctor praeter unum Vitruvium declarat, quem quoniam prae manibus habere te semper scio, in hoc argumento haud latius evagabitur oratio mea.
X Immo perge, quaeso, & hanc mihi Ca-
riatidum fabulam pluribus explica, nec enim
C. Vitruvium manibus, ut tu reris, usque
adeo contrivi, ut memoria, quae in eo sunt,
omnia examussim teneam. *F.* Nihil mihi
facilius, modo si labor is meus tibi non iniu-
cundus fuerit, nec verecundabor aliqua de
meo addere, quo sit magis auribus tuis accepta nugatoria nunc oratio mea. *X* Perge
modo,

modo, ac mitte has ineptias. *F.* Caria
igitur Peloponnesi quondam civitas non dubitavit, ingruentibus in Graeciam Xerses
Duce, & Rege, Persis adhaerescere; sed
cum primum Leonida Spartanorum Rege,
postea Themistocle Duce, pugna navali Me-
dorum res adeo concisae, & attritae forent,
ut Rex ille, qui potuit Abydo ponte Sesto
coniungere, Neptunoque compedes minita-
retur, scapha vix hostes aufugere, Graeci
bellum Cariatibus intulerunt, quorum civitate post secundum praelium vi in potesta-
tem redacta, virorum internecione, recto-
rum incendio, totius Urbis eversione suas
iniurias ulti sunt; nec hoc satis, matronas,
& puellas inimicorum in servitutem abege-
runt, & ludibrio habentes matronales habitus deponere has inter serviendum non
sunt passi, quae postea quum fato functae
fuissent, ut memoria nihilominus Cariatium perfidiae, Graecorum victoriae perdu-
raret, servili facie, caecutientibus oculis
ex marmore vultus earum duxerunt, & co-

lumna-

luimnarum inftar in aedificiis publicis eas
collocarunt . Habes Cariatium perfidiam
non minori coniunctam poenae : nunc ac-
cipe pauca de Fortunae Fortis figno , feu
capite potius : ea eft facies autem , ut hominem referat , an potius feminam , non
facile intuentibus iudicare fit in promptu ,
cuius fuperficies amiculi nova fpecie caelari
haud diffimili tegitur , incompta coma in
dextrum humerum reiecta , hirta , incom-
ptaque iacet . Sed Stoici , qui fato omnia
regi contendunt , nullam dant fortunam ,
cum quibus fumma eft Epicureorum digla-
diatio , omnia fortuito fieri afferentium. Poftremo nofti adagium illud : fapientem fibi
fortunam parare : fed nunc cum populo
craffa , ut aiunt , Minerva agamus . Antii ,
quod nunc Neptuni Caftellum fcimus effe ,
nec minus Praenefte Fortunae numen praefens habebat , unde & Praeneftinae fortes ;
& nos ibidem reliquias templi magnifice
aedificati , eidem dedicati , tum fimulacra
duo Fortunae , trunca ramenta quaedam

cx

ex auro adhuc servantia, quo illita fuerant,
non sine maximo stupore consideravimus.
Ceterum Romae quoque religiosissime cole-
batur non solùm apud Portam Collinam,
ubi trina erant templa eiusdem; lacusque is
ad tres Fortunas appellabatur; sed Fortis
quoque Fortunae aedes erant trans Tiberim;
cuius diem festum celebrabant, qui sine aliqua arte, aut industria de die in diem vi-
vebant; Eamdem de amne Mesim (Graeci
ut aiunt) Persae dicebant. Sed ut ad alias
transeamus, vidimus etiam Terentiam
M. T. Ciceronis uxorem naevo circa fron-
tem insignem : dicerem profecto eam ad
centesimum supra vigesimum annum aetatis
suae pervenisse, ni te ex Plinio nostro didi-
cisse scirem; adderem etiam post Aciem
Pharsalicam male secum Cicerone profugo
tamdiu gessisse; nisi cognoscerem liquido
ligna me in silvam ferre. Quod vero habuerit Fabiam virginem Vestalem; cum qua
L. Sergius Catilina clanculum rem habuerit, sororem, eamque accusatam incestus,

I. 2   patro-

patrono Cicerone, abfolutam dicit C. Sallu-
ftius, M. etiam Cicero ad Atticum fcribens
innuit. Nam ridiculum mihi videtur tibi
redigere in memoriam non folum, quod Tul-
liolam , & M. Ciceronem Tullio genuerit ,
verum etiam quod repudiata a Cicerone Salluftio nupferit , poft quem M. Meffalae nihilominus matrimonio , quamvis decrepita ,
fe coniunxerit . Aderat etiam Hercules ,
quem ex Iove , & Alcmena delufa ortum
ferunt, cuius xii. feruntur expeditiones me-
morandae. Sed Cicero , Diodorus etiam
Siculus plures fuiffe Hercules afferunt , quorum egregia facinora in unum Boeotium
Graeci gloriae ieiuni contulerint . Nunc folus relinquitur Britannicus , quem ex Statilia
Meffalina , & C. Claudio Caefare ortum ferunt, optimae indolis iuvenem , quem prima
iuventa veneno fublatum ferunt , ut tamen
generofi prius nomen optimis moribus ufur-
paverit . Unde Iuvenalis :

Oftenditque fuum , generofe Britanni-
- ce , ventrem .

Sed

Sed nos , quod piaculo proximum fuiſſet ,
pene taciti ſtatuam praetermiſimus , quam
ſpecie , & ſua novitate ceteris pulchrioribus
praetulimus , ea eſt Domitiani Flavii paciſi-
catoria , ſedens in hemicyclo , dextra manu
protenſa ab aure , toga praetexta a dextro
latere in ſiniſtrum genu reiecta , ceterum
ſiniſtrum eſt latus totum eadem toga ab hu-
mero ad imos pedes velatum , ut omne tamen pectus, & dextrum brachium cum ſca-
pula ſit omnino ab omnibus veſtibus liberum . Quaeris fortaſſe, ut nunc tibi pluribus
eam laudem , ſed non eſt mehercule huius
otii ; nam dies citius me defecerit , quam
vel minimam eius pulchritudinis , & venu-
ſtatis partem explicaverim . Quamobrem
breviter in praeſentia tecum agam , & in
pauca colligam , quae dici poſſunt : marmor
eſt Parium , Mentor artifex , quem mar-
morariis ſuae aetatis nullis prorſus ceſſiſſe ,
ſatis conſtans ſcriptorum fama eſt ; ſpecies ,
cui in eo genere nihil addi poſſe videatur ;
unde non immerito nunc herus noſter . ut
eam

eam in integrum restituat (ut est ad id diligentissimus) aliquam impensam facit ; quippe
desunt pedes , totumque dextrum brachium
cum naso . Illud est autem , quod summopere mirati sumus ; artifex ille , ne videretur cùm suo magno malo calvitiem Domitiani statuae , ut erat , calvum fingendo ex-
probrasse , nollet tamen a veritate discedere ;
capillum finxit ad cutem adeo , ut vix tactu
deprehendi possit oculis conspicuis . Unde
statuarius quidam , qui primas in arte sua
sibi vendicat , nobis risus fecit , cum voluit
asserere capillamentum huiusmodi sibi non
placere , nec esse antiquum , sed de eo hactenus . In sinistrae manus digito minimo est
annulus ille sibi carissimus , quo libellos
obsignare consueverat , & , omnia ne attin-
gere coner , sceptrum eadem inclinatum re-
tinet manu , vetustatis , seu barbarorum incu-
ria truncatum . X Mira narras , mi Francisce :
statuam quam mihi ante oculos pene con-
stituisti ! sed quod sit Mentoris manu facta ,
vetat ratio temporis , quippe is ante calvum

tuum

tuum Auguſtum per multa ſaecula floruit .
F. Ita eſt, ut dicis , mi Xanthe , ſed cum dixi
Myronis (ah volui Mentorem dicere , nam
ille faber aerarius; cuius bucula praedicatur)
eſſe, iuxta eius artem volui dicere conforma-
tum ſignum , ferme igitur novo modo loquentem . Quid quod magnitudinem ſtatuae
pene oblitus ſum dicere ? X. Illud , ſive
utrumque potius parum retulit , ſed dic magnitudinem , quando inſtituiſti . F. Ea eſt ,
ut ſtans ad ſextum pedem poſſit pervenire .
X. Tu vero quid affers de noſtro Domitiano?
Nam ego (ut tute ſcis) Graecis totum otium
terens auctoribus , eiſdemque ſacris omnia ,
quae de eo tradantur , prorſus ſum oblitus .
F. Videbis, poſteaquam pauca praefatus fue-
ro : ſtatua haec igitur ex Villa Flaviorum
effoſſa ab octavo ſub terram pede a quodam
Sellulario Romano Germani Ambroſii opera eius , qui hero noſtro plurimum debet ,
duodecim nummis aureis in poteſtatem Benedicti noſtri pervenit eo nomine , atque
fama, ut paucis diebus poſt Flamen quidam
no-

noster sex millia nummûm pro ea se datu-
rum pollicitus fuerit ; sed nosti Benedictum ;
profecto si , ut arbitror centies HS. protu-
lisset , numquam potuisset impetrare , nec
iniuria . Sed vereor, ne si pluribus laudave-
ro , videar mentiri ; quamobrem hanc totam extimationem , ad te cum allata fuerit ,
libens reiiciam . Sed heus tu , quid attinet
plura de Domitiano nunc garrire , cum superius de eo satis multa videamur dixisse?
X. Tu vero caput tantum ornasti verbis ,
nunc cum additum fuerit pene totum corpus , nonne erit facinus admissum flagitio-
sum, si reticueris? Quamobrem censeo , ut
pro portione de eo mecum agas , idest , ut
quanto totum corpus est capite maius, tanto
magis quod pridem in capite fecerat , nunc
exuberet oratio tua. *F.* Vah iniqua postulas.
X Quid ita? *F.* Quia trivialia a me repeti
postulas, & Sol in vesperum iam est inclina-
tior ; sed ne perpetua sit haec oratio usque
in noctem; simul ut tibi morem geram, uti
deesse non possum, operam dabo . Flavius
igi-

igitur Domitianus inopia rapax, metu saevus,
in fratrem, & patrem impius Romae ad Malum Punicum ix. Cal. Novembris patre Cos.
designato, & Domicilla liberta natus est in
ea domo, quam postea gentis Flaviae Genio
consecravit: infamis adolescens fuit, & con-
taminatis moribus, Vitelliano bello relatus
in Capitolium, post eius expugnationem, &
incendium, Sacerdotis Isidis habitu velatus
vix mortem evasit. Superfluas omnes expeditiones iuvenis affectavit; Princeps declara-
tus quotidie per horam secretum petebat,
ubi nihil aliud ageret, quam stilo muscas
caperet, aut conficeret. Uxorem Domi-
tiam duxit, quam repudiatam propter amorem Paridis Histrionis paullo post dissidii
impatiens, quasi cogeret Senatus, reduxit,
ex qua suscepit filium non diu duraturum.
In spectaculis magnificus fuit, ut virorum
non solum pugnas, sed & feminarum in Amphitheatro instituerit. De Dacis, Cattis,
& Sarmatis ter triumphavit. L. Antonium
molientem bella Civilia mira felicitate op-
pressit;

preffit ; castrari mares vetuit , spadonum
pretia apud mangones moderatus est ; ius
diligenter , & industric dixit , nummarios Iudices notavit ; scripta famosa abolevit cum
summa auctorum ignominia ; probrosis feminis usum lecticae , adeundaeque hereditatis ius ademit ; Virgines Vestales incesti
damnatas more maiorum coercuit . Principatus initio ab omni caede abhorruit , ut
edicere , ne deinceps boves immolarent ,
destinaverit ; nec aliud suos admonebat ,
quam ne quid impie , aut sordide facerent .
Hereditates ab iis , quibus erant liberi su-
perstites , non accepit ; Fiscales calumnias
magna calumniantium poena repressit , una
vox eius : Princeps, qui delatores non ca-
stigat , irritat . Sed brevi post cruentior omni
belua fuit , ut omnes cuiuscumque gradus
ulla minima suspicione cunctatos vel minimo verbo mori coegerit . Philosophos Italia
expulit , aliquos immisso per obscoena igne
interfecit , plures cruci affixit minima , aut
nulla causa ; nam quemque animadverte-
bat,

bat, quin hac praefatione verborum non uteretur in Senatu : Permittite , P. C. , a pietate vestra impetrari , ut damnatis liberum
mortis arbitrium indulgeatis , nam & par-
cetis oculis vestris, & intelligent me omnes
Senatui interfuisse. Exhaustus tandem edendis spectaculis, & operibus publicis, quocum-
que delicto damnatorum bona Fisco addixit , omnes hereditates subvectis falsis testa-
mentis sibi vindicavit , vel minimo viventis
dicto , & quidem falso prolato morientis
bona usurpavit. Iudaeos maxime expilavit,
& urbe demum, sublatis omnibus eorum bonis, sub gravi edicto expulit. Superbissimus,
idemque arrogantissimus semper fuit , ut
dictando epistolas semper sic inciperet : Dominus, ac Deus noster sic fieri iubet . Statuas sibi in Capitolio non nisi aureas, & ar-
genteas , & ponderis certi poni permisit :
Septembrem mensem, & Octobrem Germa-
nicum, Domitianum iussit appellari , quod
altero sumpsisset imperium, altero natus fuisset . Inde terribilis , & odiosus cunctis : tan-

Tom. II.   Q   dem

dem inimorum , & uxoris conspiratione ,
posteaquam Iuliam neptem ex obitu patrui
Domitiani periisse compertum habuit , op-
pressus est eodem die, hora , genere mortis,
quae semper, ut perniciem certam sibi affe-
rentia, suspecta habuit. Adolescentulo Chal-
daei cuncta praedixerant; pater quoque a fun-
gis tamquam lethalibus adolescentem perti-
macissime abstinentem iis verbis increpuerat:
Quid tu fungos tantopere tamquam noxios ,
& lethum tamquam afferentes averfaris? Ne
fati ignarus es tu ? ferrum enim tibi , ferrum , inquam , non fungi, lethum afferet .
Appropinquante autem hora mortis solici-
tior in dies inter alias fungite lapide parie-
tes, porticus, in qua deambulare plerumque
consueverat , vestivit , & nisi secreto tenens
catenas manibus suis custodias numquam au-
dierit, Epaphroditumque a libellis , quod
Neronem in adipiscenda morte adiuverit ,
capitali poena multavit , patrueles suos in-
teremit nulla pene suspicione , quae omnia
sibi mortem maturarunt ; sed eo anno, quo

extin-

extinctus est, continuis octo mensibus tot
fulgura facta sunt, ut ipse exclamarit: Iuppiter iam feriat, quem volet. Tactum de
caelo Capitolium, Flaviae gentis templum,
Domus Palatina, cubiculum ipsius, e basi
statuae suae titulus erasus a procella; Arbor,
quae privato adhuc Vespasiano eversa surre-
xerat, rursus repente corruit; Praenestinae
sortes fatum imminens praedixerunt; Minerva etiam in somniis illi negavit solitum
praesidium eo, quod esset a Iove exarmata;
Ascletarionis autem responsum maxime Domitianum afflixit, qui nullis ambagibus fatum imminere sibi praedixit: eumque im-
mineret hora peragendi facinoris, quamquam semper expaveran, interroganti, quota
hora? sexta de industria pro quinta nuntiata
est; ille vero quasi periculo functus non
amplius animum satis adiecit, quae fuisse
ciusmodi, compertum habemus. Dum esset
in cubiculo, Stephanus Domicillae Procurator interceptae pecuniae reus, professus in-
sidiarum indicium, confestim admittitur, ad-

Q 2   missus

missus tradit coniurationis libellum , legenti
ferro identidem haurit inguina ; repugnan-
tem adorti Clodianus Cornicularius , & Maximus Parthenii Libertus , Saturius Decurio
Cubiculariorum , & gladiator vulneribus septem trucidarunt XIIII. Kal. Octobris anno
aetatis XLV. , imperii XV. Cadaver tamquam
ex infima plebe per vespilliones elatum Phy-
lio nutrix in suburbano suo , unde hanc ha-
buimus , via Latina tumulavit , postea reliquias clam templo Flaviae gentis intulit ,
& cineribus Iuliae neptis , quam vivens in
deliciis habuerat , immiscuit . Ceterum sta-
tura fuit procera , vultu modesto , rubore
suffuso , grandibus , & hebetioribus oculis ,
maiore tamen naso , praeterea decens in iuventa , pleno ore , digitis pedum restrictio-
ribus , cetero corpore pulcherrimo ; vergente in senium aetate , calvitio laboravit , gra-
ciliora habuit crura , ventrem obesum , laboris impatiens , armorum nullo , sagittandi
summo studio tenebatur , ut protensam manum pro scopulo per intervalla digitorum
                                    citra

citra noxam pluribus fagittis tranfmiferit.
Liberalia ftudia initio principatus attigit,
paullo poft abiecit, quamvis Bibliothecas
incendio confumptas maximo ftudio repara‑
vit. Maximi fuit cibi, alea tenebatur, por‑
tentofae libidinis in feminas dumtaxat, quam
lectulariam colluctationem graece folebat di‑
cere. Eius interitum miles aegerrime tulit,
ut non prius deftiterit, quam mortis aucto‑
res ferme omnes fuerint interfecti. Voluit
etiam monftrum hominis Diis adfcribere,
perfeciffetque, ni Senatus coeptis obftitiffet;
qui contra adeo morte laeratus eft Domitia‑
ni, ut ftatuas eius deiecerit, titulos abrafe‑
rit, maledictis omnibus inceffit mortuum,
parumque abfuerit, quin unco cadaver in
Tiberim per carnifices trahi iufferit, acta
eius omnia refciderit, & leges antiquarit.
Nec mehercule immerito, fuit enim femper
omnium bipedum nequiffimus, quamvis in
iuventute vitia fapientiffime diffimularit;
Nam quid de eo dicas, qui Iunium Cerea‑
lem in Germania Imperatorem fuccintum

I . .   Q 3   pluri‑

pluribus legionibus per litteras , & occultos internuncios incitare conatus fuerit in patrem , fratremque rerum dominos ? Titum postea fratrem non semel , atque iterum insidiis appetiverit, animam agentem ab omnibus destitui eumdem iusserit, mortuos variis iocosis dictis , acerbissimis tamen in commessationibus propalam perstrinxerit , omnia iura humana , divinaque nihil fecerit , omnes omnium fortunas, & uxores, aut filias concupierit , & per facinus tandem adeptus fuerit ? Paridis Histrionis cum uxore adulterium aequo animo tulerit , feminae mancipium se professus , ne se nequissima femina privaret , quam ardentissime dilexit . Haec sunt, quae de vita nequissima impuri hominis strictes colligenda duximus .

ALDI

ALDI MANUTII

PAULLI FILII ALDI NEPOTIS

TRACTATUS

DE STATUIS DEQUE EARUM

ANTIQUITATE ET USU

Ex Schedis Mss. nunc primum
in lucem editus.

Q 4

IOHANNIS CHRISTOPHORI AMADUTII
AD SPECTATISSIMUM PRAESULEM

IOHANNEM M. RIMINALDIUM
PRO PATRIA FERRARIENSI CIVITATE
IN ROTA ROMANA
STLITIBUS IUDICANDIS XII. VIRUM

PRAEFATIO.

*L*ITTERARIAS *res iis potissimum inscribi decet,* RIMINALDI *Praesul praestantissime, qui vel eas pro dignitate aestimare noverint, vel quibus eaedem quoquo modo convenientes Editoris animum & obstrictum, & gratum, & observantem testaturae ex officio videantur. Huc igitur de caussa id mihi nunc pro tua in me humanitate, ac benevolentia integrum esse censui, nec te dedignaturum quinetiam putavi, hanc Aldi Manutii Iunioris Tractatiunculam de Statuis, deque earum antiquitate, & usu nomini tuo inscriptam in eruditorum lucem nunc primum emittere. Res siquidem est, uti vides, quae antiqua monumenta, Statuas nimirum, illustret, quibus omnibus colligendis, comparandisque operam tanto laudabiliorem, ac magnificentiorem ipse navas, quanto maiori eruditionis, & litteraturae commodo, ac emolumento ratio, qua id peragis, conducit. Tu enim parum laborans de domestico luxu, cui plerique, multum ceteroquin commendandi,*

aesti-

aeftimandique, litterariae cuiuscumque supellectilis
acervos inscruire quodammodo & satagunt, & glo-
riantur, veteris omnia monumenta vel quae Romae
parent, vel quae in Patria proftabant disperla, in
unum colligenda curafti, ac laudando in aevum
confilio id tuis impenfis perfectum tandem eft, ut
Ferrarienfis Academiae, quae tuis pene immenfis,
atque etiam incredibilibus diligentiis, ac follicitudi-
nibus fuffragantibus a CLEMENTE XIV. P. O. M.
pro fuo in litteras amore, ac ftudio ad novum
decus, & amplitudinem erecta eft, veftibulum, &
porticus qua Inscriptionibus, qua Anaglyphis, qua
Signis, ceterifque huiufmodi antiquitatis cimeliis
ornatae tum civium, tum advenarum oculos eruditione, & oblectamento illectos in fe converte-
rent. Cur & non memorem internum Mufeum,
quod & a Vincentio Bellinio populari tuo fane diligenti, ac erudito iam conditum, & Academiae
adfcitum tu aeneis Signis potiffimum, aliifque locu-
pletandum curafti? Cur taceam Libros quamornatif-
fimos, & fumptuofos, tum ad haec ftudia, tum
ad cetera omnia fcientiarum, & artium inftituta,
quae in Academia traduntur, pertinentes, quibus
Bibliothecam ipfam quotidie ditandam eniteris?
Verumtamen his omnibus etiam accedit, quod haud
praeterire nunc decet, te novum infuper decus
Templo Urbis tuae primario, maternoque addidif-
fti, inlatis in ipfum SS. XII. Apoftolorum Protomis
ab Alphonfo Lombardo egregio fane Sculptore affabre
elaboratis; quod & tuam in Patriam pietatem
omni commendatione digniffimam, & tuum in bo-

nas

nas artes studium vere mirificum ; & singulare,
ut & cetera alia, quae iam raptim innui, abunde
testantur. Quare recte me fecisse videor, qui cele-
berrimi Scriptoris Opusculum de Statuis erudite dif-
ferens tibi nuncupaverim. At & gratus animus,
& officium quinetiam ad id me urgebant. Versa-
bantur enim mihi ante oculos singularis comitas
tua, ac humanitas, tum etiam insignis tuorum
in me meritorum cumulus, quibus me saepe de-
vinxisti, quaeque me saepe monebant, aliquod a me
etiam in te promendum vicissitudinis officiorum te-
stimonium. Sed quae exhibeat homo tenuioris lit-
teraturae, nisi quae sunt ex penu suo? Habe igi-
tur, RIMINALDI Praesul spectatissime, hoc litte-
rarium munusculum, atque ex Manutiano nomine,
quod praefert, aliquid aestimare ipsum ne te nunc
pigeat. Nosti, qui sit Aldus Iunior, cum & non-
nulla superiori Anecdotorum Volumine a nobis dicta
fuerint, quae quidem nobis eadem repetendi otium
nunc faciant. Illud tamen monebo, in Libro altero
Aldi Iunioris, qui est de Quaesitis per Epistolam (a), *unam legi ad Ioh. Michelium Equitem*
de Signo, & Statua, *in qua nimirum differen-*
tia, quae inter haec fere synonyma interest, bre-
viter statuitur. Accepi non ita pridem, in Bi-
bliotheca Fratrum Minoritarum Conventualium Bo-
noniae haberi Ms. Orationem Aldi nostri de Laudibus Sixti V., *quae & a Tempestio in Vita*
eiusdem Pontificis memoretur. Certe cura omnis
adhibebitur, qua aliquod ex subsequentibus hisce

no-

(a) *Venetiis* 1576. *lib.II. num.V. pag.*67.

noſtris Voluminibus ipſam litterato Orbi communicet. Id unum reſtat modo, RIMINALDI praeſtantiſſime, ut Amadutium tuum, qui te colit, & obſervat quammaxime, gratia tua fovere pergas. Vale.

Datis ex Aedibus meis a. d. III. Idus Novembris anni cıɔıɔcctxx111.

ALDI

ALDI MANUTII IUNIORIS

TRACTATUS

DE STATUIS.

STATUARUM ufus haud eſt dubitandum, ut in omni terra habitabili cognitus fuit, ita & antiquiſſimum fuiſſe, & aequalem temporibus Deorum falſorum Gentilium, & antiquiorem forſan, quam iis, quorum nomina in Graecis, & Latinis litteris celebrantur. Namque Oſiris, & Iſis in Aegypto, ubi per multa faecula tamquam Dei venerati ſunt, Statuas fecere Iovi, & Iunoni, & templa, quorum inventores eſſe volunt Aethiopes, & ab ipſis Aegyptios didiciſſe uſum Statuarum, & litterarum, & quomodo coli debeant Dii. Alii originem Statuarum tribuerunt ſervo ex progenie Iapheti. Hic voluit eos, qui in vita fuerint praeſtantes viri, poſt mortem conſequi divinos honores cum Statuis, vel imaginibus,

tam-

tamquam humano generi optime confulue-
rint, & venerari, tamquam viverent adhuc,
fingulifque annis eorum memorias magna
adhibita folemnitate celebrari, credereque
homines hos effe Deos benefactores. Inde
nata eft Idololatria, id eft adoratio Statuarum, quæ duravit ufque ad Tharan patrem
Abrahami, qui fabricatus eft Statuas, & docuit earum adorationem populos. Verum
inftus filius videns honorem, qui vivo Deo
dari debebat, verti ad cultum murorum,
& materialium Statuarum, ruptis paternis
operibus, in Palaeftinam tranfit, ubi credens divinae voci principium dedit populo
a Deo electo. Statuarum notio non prius
fuit in Graecia, quam ab Orpheo ab Aegypto reverfo allata fuerit; quamvis ex quorumdam fententia ante eum Cadmus auctor
Civitatis Thebanae ex eadem regione in
Italiam profectus primus dicatur in templis
dicaffe Statuas. Opinantur aliqui, Telchi-
nes Rhodi primos Statuas formaffe, alii populos Etruriae voluerunt effe primos auctores.

rea . Et certe quanto serius alicubi hic cultus acceptus fuit , eo maiore in observatione , & reverentia fuit , & ideo Aethiopes minus dediti Idololatriae fuere , quam Aegyptii , hi a Graecis victi fuere , apud quos mira leguntur de hac superstitione , veluti in Delo , ubi fuit Statua Apollinis, eo habitu , ut dextera manu sustineret inflexum arcum , altera tres Gratias , quarum quaelibet habebat musicum instrumentum , cuius fabricatores fuere eodem tempore , quo famosus Hercules . Haecque nulla fuit , si spectemus eas , quae temporibus proximis subsecutae sunt . Materies prima Statuarum in Graecia fuit ex ligno , & ideo Apollinis Statua in Delo ab Brysichthone dicata fuit lignea . Pariter illa Palladis, quae per multos annos fuit apud Athenienses , itemque illa Iunonis in Insula Samo , ut scribit Callimachus . Apud Romanos potentes , quamvis spatio centum , & septuaginta annorum non essent Statuae Deorum ex quorundam opinione , primae ex terra fabricatae fuerunt ,

runt, vel ex ligno . Inde tam apud Graecos, quam apud Romanos, crescente cum
superstitione cultu, factae fuerunt ex marmore, ebore, & aliis metallis, ita ut, sicuti
ipsi fuere postremi in hoc cultu, ita omnibus aliis nationibus fuerint superiores.
M. Varro scribit, antiquos formasse simulacra Deorum, & insignia, & ornamenta,
illorum, qui videntes eos oculo animae,
qui intellexissent mysteria doctrinae, possent
animo aspicere animam mundi, & suas partes, id est veros Deos, quorum simulacra,
qui humana specie figurabant, hoc videntur
elicere, animum mortalium, qui est in corpore humano, immortalem reddi, ut si fuissent posita vasa, ut significarent Deos ; & in
templo Bacchi collocata lagena, ut denota-
rent vinum, & ita ob Statuam, quae haberet formam humanam, intelligeretur anima
rationis compos . Variis modis a veteribus
fabricatae fuerunt Statuae, & ex affectibus,
quos ex iis derivare homines videbant, cum
in iis operarentur etiam daemones, homi-

nes,

nes , vel fapientes temporum illorum , & in
rerum ufu admodum verfati , non modo
vulgus , ad errores adducti fuere . Quem non
timore repleffet Statua Hieronis in Delphis
pofita , quae per fe cecidit eo ipfo die, quo
ipfe Syracufis obiit ? Pariterque Statua Hieronis Spartani , cuius oculi cecidere prius ,
quam ille in pugna Leuctrica occumberet ?
Et ftellae a Lyfandro dicatae ob victoriam in
pugna navali partam apud flumina Aega-
dum cum evanuerunt , cui non horribilem
admirationem attuliffent , veluti , quando
a Statua marmorea eiufdem germinavit in
capite herba fpiffa , ita ut ea vultus totus
obtegeretur ? Statua Dianae Pelleneae , fi
fuiffet loco mota , ita fpectatorum oculos
praeftringebat , ut nemo eam attente fpectare potuerit , nec folum erat terrori hominibus , fed etiam in his omnibus regionibus ,
per quas circumferebatur , adducebat arbo-
ribus fterilitatem . Narrat M. Cicero, cum
Verres fpoliaffet infulam Deli multis Statuis ,
& vellet ex infula folvere , illico natam ter-

Tom.II.　　　　R　　　　ribilem

ribilem ventorum pugnam , quae non solum raptorem non sivit pervenire cum praeda ad optata patriae littora , sed etiam
ex fluctibus magno impetu navis prostrata
fuerit, salvis Deorum imaginibus . Statua
Fortunae Muliebris posita in via Latina
a Roma milliaribus quatuor bis locuta est .
Cum Carthaginiensis Civitas praedaretur ,
milesque Statuam Apollinis spoliare vellet
aurea veste, manus a brachiis divulsas sibi
reperit. Penates ab Aenea e Troia in Italiam allati , & in Lavinio collocati bis ab
Ascanio in Albam translati fuere ab eo aedi-
ficatam , & bis per se reversi sunt ad antiquum sacrarium . Cum Magnus Alexander
transire voluit cum hoste in Asiam, Statua
Orphei, quae apud Pierios erat, per longum
temporis spatium sudorem sudavit ; qua ex
re cum alii terrerentur , Anstander dixit ,
nullam huius rei dubitationem esse debere ,
quod ea re significaretur maximus labor ,
quem Scriptores ferre deberent in narrandis
magnificis Alexandri gestis. Quod Lucianus
inter

inter alios narrat de Statuis positis in Civitate Hierapolis, digna admiratione de Statua
Apollinis omni humana fide maius est, cum ,
quando responsum aliquod datura esset, in
sedili suo agitaretur. Quod cum viderent
Sacerdotes statim loco movebant , quod
nisi fecissent , sudabat , & maiori agita-
tione agitabatur ; sublata autem supra Sa-
cerdotum humeros, illos movebat in gyrum
eos vertens , & ab uno ad alium saltabat .
Tandem cum ei Pontifex obviam veniret
interrogabat eam de iis rebus , quas vole-
bat , & cum aliquid laudabat, eos, qui eam
ferebant , movebat , cum aliquid fieri nolebat , eos fecit regredi . Dicit idem auctor ,
ipso praesente , ferri a Sacerdotibus ex anti-
quo more , ipsamque , relictis iis in terris
absque humano auxilio ; & ingenio, per aera
ferri . Multa his similia leguntur in Scriptoribus utriusque linguae , quae modo ob bre-
vitatem recensere supersedeo . Hinc magnus
Mercurius opinatus est, Statuas has esse corpora Deorum ab homine fabricatorum. Nam

R 2   velu-

veluti Deus fecit Deos aeternos, ut ipse dicebat, ut ipsi similes essent, ita humanitas manens in imitatione divinitatis fecit suos Deos ad similitudinem vultus sui, id est Statuas animatas cum sensu, & spiritu plenas, quae tanta, & talia efficiunt, praevidentia futura, & praedicentia, de quibus divinatores nullam cognitionem habuissent, generantes debilitatem, & infirmitatem hominibus, & eam curantes, afferentes gaudium, & tristitiam ex merito cuiusque. Alibique dicit, homines reperisse artem, qua efficerent Deos, cui repertae addiderunt virtutem convenientem ex mundi natura; & eam miscentes, cum non possent animas formare, vocantes eas vel Daemonum, vel Angelorum, inducebant in eorum imaginibus, ex quibus soli Idoli possent habere vires efficiendi bonum, & malum. Attamen his omnibus illusionibus inventi fuerunt homines singulari prudentia, qui cognovere has omnes operationes esse Daemonum fallentium multitudinem, & ab huiusmodi

cultu

cultu removebant alios dicentes : non poſſe
rem aliquam efficere aliam ſe meliorem,
hominemque, cum ſit melior Statuis, &
a meliori origine procreatus, non debere operata ponere in fabricandis Idolis mutis, in
quibus nihil aliud eſt, niſi umbra quaedam.
Et quamvis aliquando repertum ſit, ob vio-
latas Statuas, violatorem damnum accepiſſe,
hoc factum eſſe Daemonum opera, qui in
iis habitabant, qui ſe privari conſueto honore ſentiebant. Ideoque apud populos Seres
dictos, erat lex, quae vetabat neminem
adorare Statuas. Eadem obſervatur ab Indis
dictis Brachmanis, & Bactrianis, & Perſis.
Dicamus nunc de virtute, quam homines
addidere Statuis, ex mundi natura, infun-
dentes in ipſis animas Daemonum. Sole-
bant veteres prudentes fabricari quaſdam
imagines, quo tempore planetae ingredie-
bantur caelum ſimilibus adſpectibus, opinan-
tes res inferiores ſubiici caeleſtibus formis :
& ideo dicebant, tunc cum aliqua utilitate
poſſe formari imaginem Serpentis, cum Luna

R 3 ingre-

ingreditur caeleſtem Scorpionem , & haec
efficacia univerſa in has imagines a caeleſtibus figuris transfundebantur . Erant & alia
genera Statuarum , quas Magicas vocabant ,
quod ab iis eſſent magia naturali formatae ,
& ut ſciatis , quales eſſent , conabor brevibus
modum narrare . Dicebant in rebus natu-
ralibus eſſe quamdam ſimilitudinem , & con-
formitatem , quae a Graecis dicitur ſympa-
thia , inter unam , & aliam , & virium mani-
feſtarum ad occultas , & tandem rerum ſu-
premarum cum infimis , & infimarum cum
ſummis , ideoque in caelo eſſe res terrenas
ex cauſſa , & modo caeleſti , & in terra eſſe
res caeleſtes , verum modo terreſtri . Quare
videri eas plantas , quae ab effectu dicuntur
heliotropiae , id eſt vulgari nomine *giraſo-*
le , in gyrum verti motu Solis , & verſus
Solem , & ſilenetropias ſequi lunarem cur-
ſum , cum omnia precentur , & decantent ,
tamquam laudes Divis ſui ordinis . Verum
alias modo intellectuali , alias rationabili ,
alias naturali , alias ſenſibili . Ergo planta ,
quae

quae Solem ſequitur, movetur Solem verſus,
quo modo poteſt : & ſi quis poſſet audire
ſonum, quem facit , cum in gyrum ſe ver‑
tens aerem percutit , certe cognoſceret illam
eo modo eſſe fabricatam erga ſuum Regem,
quae ab ipſa proficiſci poteſt . Lotos arbor
eſt , qui, antequam Sol oriatur , folia habet
in ſe collecta , ſurgente Sole, pedetentim eâ
explicat, & ita ſequitur explicare, donec ſit
ad medium caelum : poſtea incipit denuo
ea claudere paullatim , donec in mare Sol
proluit . Haec planta non minus videtur So‑
lem colere , claudens , & aperiens folia ,
quam homines faciunt geſtu oculorum , &
motu labiorum . Ideoque Aegyptii, qui va‑
riis figuris pro litteris exprimebant mentium
cogitata , cum oſtendere volebant ſacris eo‑
rum litteris Solis ortum, formabant puerum
ſupra Loton aſcendentem , qui videbatur
quaſi a materno alvo ad lucem proveniſſe .
Et non ſolum poteſt hoc videri in plantis ,
quae aliquo argumento vitae partem ha‑
bent , ſed & in ſaxis ſimiliter quaedam imi‑

R 4   tatio,

tatio , & participatio fupernorum luminum ,
veluti in petra dicta Helite , id eſt Solari ,
quae radiis aureis imitatur radios Solis , &
ea , quae dicitur Caeli oculus, vel Solis oculus , habet pupillam ſimilem pupillae oculi
humani , a cuius medio exit radius . Petra
Selenites , id eſt Lunaris , quae formam Lunae refert quadam ſui ipſius mutatione , ſequitur lunarem motum. Hoc modo omnia
plena ſunt divinitatis , terrena caeleſtibus ,
caeleſtia ſupracaeleſtibus , & procedit quilibet rerum ordo uſque ad extremum . Nam
ea , quae ſupra ordinem , in unum colliguntur , deſcendentes poſtea diſperguntur , ubi
aliae animae aliis Numinibus ordinantur .
Sunt etiam multa animalia ſolaria , veluti
Leones , & Galli participes , ex eorum natura , cuiuſdam ſolaris Numinis . Eſt vero
mirandum, quantum res inferiores in eodem
ordine cedant ſuperioribus , quamvis & viribus , & magnitudine eas praecedant . Ideoque videmus Gallum a Leone timeri , &
quaſi venerari , quod nulla alia ex cauſſa
prove-

provenit , nifi quod praefentia virtutis fola-
ris magis convenit Gallo , quam Leoni ,
quod ex eo cognofci poteft , quod Gallus
quibufdam laudibus , & cantibus fere ap-
plaudat furgentem Solem , & invocat , cum
ex Antipodibus revertens medium caeli iam
tranfiens hemifphaerium noftrum verfus fuos
equos movet . Aliquandoque quidam folares Angeli , his formis , quamvis informes
fint , oftendunt fe , aliquandoque Daemones
folares leonina fronte apparentes , oftenfo
illis Gallo , illico evanefcebant . Quod eve-
niebat , ut iam diximus , quod res interiores
in eodem ordine fuperiores referunt . Et ut
fummatim dicam , aliqua moventur motu
Solis , veluti plantae , quas diximus . Aliqua imitantur figuram folarium radiorum ,
veluti Palma , & Dactylus ; alia igneam
Solis naturam , veluti Laurus ; alia aliam
quamdam qualitatem . Quare ex hoc videre
poffumus virtutes , quae funt in Sole unitae ,
qui in ordine primus eft , effe tributas fepa-
ratim in fequentia conftituta in ordine folari ,

lari, Id eſt Angelos, Daemones, Animas,
Animantia, Plantas, & Petras. Hinc auſto-
res veteris ſacerdotii ex rebus apparentibus
reperere cultus ſuperiorum virium, & mi-
ſcentes multa in unum, quod viderent ſim-
plices habere aliquam Numinis proprietatem, cum tamen nulla ſeparatim poſſet
trahere Numen illius, huiuſmodi compoſi-
tione trahebant ſupernos influxus, & quod
ex multis rebus formatum erat, referebat
Id, quod ſupra multa erat, & ita formabant
Statuas multarum materierum, una miſtas
eiuſdem ordinis. In quibus haud difficile
erat inducere Daemones ſolares, ſi ex ſo-
laribus rebus fabricatae eſſent, & ita Daemones lunares, ioviales, ſaturnios, & aliorum planetarum in Statuis ex lunaribus,
iovialibus, & ſaturniis, & ex aliis planetarum rebus formatis. Huiuſmodi creduntur
fuiſſe Statuae Telchinorum producentes plu-
vias, tonitrua, ventos, & alios effectus.
Pariter Statua Daedali, Promethaei, & Columba Archytae Tarentini, quae ſcribitur
vo-

volaſſe. Polemon narrat, in Chio Bacchi Statuam ligatam eſſe, ut inde non diſcederet, & ita caput aereum a Magno Alberto factum, quod dicitur loquutum fuiſſe. Huioſmodi & fuit forſan Statua nigra Memnonis ex ſaxo Aethiopico facta, quae ſalutabat ſurgentem Auroram, voce laetitiam oſtendens ad eius adventum, & diſcedente die, lugubres notas proiiciebat, dolorem ſignificans ob diſceſſum; eoque loco ſita erat, ut Echo eas voces duplicaret. Haec Statua Thebis in Aegypto poſita fuit a Rege Cambyſe, capite ad cinctum uſque truncato, reliqua parte ſedens, & cum Sol oriebatur, referebat fere ſonum ruptae chordae fidis. De hac loquitur Iuvenalis Satyra decima quinta dicens:

Dimidio magicae reſonant ubi Memno-
ne chordae.

Praeter has erat quaedam ars, quae vaporibus, neſcio quibus, igne ſubtus accommodatis influxus ſtellarum faciebat, ut in aere ſtatim viderentur imagines Deorum, Deis fere ſimilium, & habentes aliquam ſimilem vim.

vim . Et hoc eſt , quod memini me apud
fide dignos Scriptores legiſſe de Statuis .

Dicamus aliquid de Dæmonibus. Hoc
nomen Dæmon ab antiquis dignum exiſti-
matum fuit , quod Deis attribueretur , &
Plato vocabat Dæmonem univerſi opifi-
cem , & Homerus cum dixit Dæmones ,
nihil aliud ſignificat, niſi Deos . Dæmonum
cognitio primum patefacta fuit a Zoroaſtro,
ſive Orpheo , ſive a Phrygiis , qui voluerunt
tres eſſe ordines naturarum rationabilium ,
ideſt Deos , Dæmones , Homines . Heſio-
dus quatuor fecit addens Heroas , & dicit
eos homines , qui fuerunt Saturni tempore
in aurea aetate , poſt mortem ex voluntate
Iovis factos Dæmones bonos terrenos , cu-
ſtodes hominum circumdatos eſſe aere undique , & obſervare opera iuſta , & iniuſta ,
donantes divitias mortalibus . Habuere Dæmones ex quorumdam ſententia ſubſtantiam
a prima idea vivifica , & inde ceu ex fonte
procedentes eſſentiam animalem , & hanc
eſſentiam magis intellectualem habent ii ,
qui

qui funt maioris fubftantiae, & magis per-
fecti, minus intellectualem, & magis ratio-
nalem illi, qui medium tenent. Tertii; &
poftremi habent naturam variam, & magis
rationabilem, & materialem. Cum fint
igitur fubftantia divifi, funt minifterio Deorum quoque diverfe tributi. Namque alio
modo ferviunt Deis, qui ante mundum
omnibus rebus principium dedere, & eas
vident: alio modo Deis mundanis, qui
praefident mundi partibus, tributi fecundum
duodecim Deos fupercaeleftes, & fecundum
proprietatem horum Deorum mundanorum
tributi funt Daemones; Quamvis fuerint
quidam Scriptores, qui voluere Deos fu-
pracaeleftes effe illos, quos nos vocamus
Angelos, ab ipfis dictos filios Dei, praefi-
dentes alicui caeli regioni, & quibufdam
ftellis, quibus tributa effet maxima vis.
Deos mundanos, vel caeleftes intelligebant
planetas, vel ftellas, quas dicebant effe
Deos, vel formas Deorum. Iuxta hanc fententiam dixit Ovidius lib. 1. Metamorphof.

Stel-

Stellas tenere caeleste solum , & formas Deorum .

Sub his funt Daemones non confuſi , verum diſtincti per tot ordines, quot funt ſtellae in caelo ; quod fub quolibet planeta , vel ſtella eſt ordo Daemonum , id eſt fub Saturno Saturnii Daemones, fub Iove Iovii , fub Luna Lunares, accipientes a fuis ſtellis earum proprietatem , & dantes rebus mortalibus divinos influxus . Legimus prope Mare rubrum fuiſſe hominem , omnium, quotcumque fuerint umquam, pulcherrimum , ita corpore firmo , ut nullam invaletudinem ſenſiſſet , quique ſemel tantum in menſe comederet , cibuſque ipſius eſſet ex neſcio qua herba , uteretur variis linguis , & cum loqueretur , tota ea regio adimpleretur ſuaviſſimo odore , qui ab eius ore ſpirabat : & habebat ſcientiarum omnium cognitionem , & omnium hiſtoriarum , omnium regionum , & omnium aetatum . Is inter alia de Daemonibus loquens, aiebat, nos, ſi Daemones vocamus iis nominibus, qui Deis funt

attri-

attributi, nil mirandum esse, si ipsis rem
gratam facimus ; nam ab eo Deo, cui quilibet eorum coordinatus est, & a quo sumit
potentiam, & honorem, ei placet nomen
comparare, veluti ex antiquis aliquis voca-
batur Apollonius, alius Iovius, alius Palladius, alius Dionysius . Non multum distan-
tes ab hac distinctione Theologi sacri faciunt differentias inter caelestes substantias,
nam, ut scribit S. Dionysius, eae sunt in
tres ordines divisae, quorum quilibet in se
tres continet . Ternarius primus est ex san-
ctissimis Thronis, ocularis Cherubinis, &
pennatis Seraphinis, qui semper Deo assi-
dent, & nihil medium est . Ternarius secundus est Potestatum, Dominationum, &
Virtutum . Tertius Angelorum ; Archan-
gelorum, & Principatuum . Eaeque omnes
intellectuales naturae ex nihilo a Deo crea-
tae fuere, ut etiam dicit D. August. de Fide
ad Petrum, & Damascenus, qui dicit solum
Deum scire, an illae sint aequales secundum
substantiam, an potius differentes . Verum
omnes

omnes Theologi confentiunt, fuperiores Angelos , & Deo proximiores maiorem divini
luminis partem habere , quam inferiores .
Sed, ut ad prima redeamus , quidam per-
fuadere conati funt Daemones factos ex humanis animis, Hefiodi auctoritate, & dicunt,
ut videmus corporum mutationes fieri , ita
& de animis pariter debere nos opinari .
Namque veluti ex terra fit aqua , ex aqua
aer, ex aere ignis fubftantia faliente ; eadem
ex hominibus in Heroes, ex Heroibus in
Daemones meliores animae mutantur , &
ex Daemonibus paucae, & longo tempore
virtute perfecte redditae purae, fiunt participes divinitatis, Plato in Cratylo vult hominem bonum effe in vita , & poft mortem
Daemonem , id eft prudentem , & felicem
ex vocabuli fignificatione . Sed in Politicis
facit humanam animam diverfam a Daemone , cum dicit, animam tyranni mulctari
a Daemonibus ultoribus . Hi Daemones,
quiqui fint, erant Dii Gentilium ; ideoque
cum legimus in Homero , & aliis Poetis tot
eorum

eorum facta, cogitare oportet fuisse Daemones, & eorum opera facta esse quaecumque
leguntur de auguriis, somniis, portentis, mon-
stris, vaticiniis, interpretationibus rerum oc-
cultarum, praedictionibus rerum aliquarum
futurarum, & de aliis multis huiusmodi;
vel his similibus, quae qui omnia narrare
vellet, pari modo id efficere posset, ac nu-
merare arenas Libyci maris, tamen ea omnia
si tacerem, viderer non prorsus pensum ab-
solvere. Et hac de caussa ex infinitis aliqua,
quae mihi obviam fiunt, modo narrare volo.
Legimus Hannibalem post excidium nimium
fidelis Sagunti, vidisse in somnio Iovem
eum in Concilium Deorum vocare, quo
cum venisset, a Iove fuit ei praeceptum, ut
bellum Italiae inferret, deditque ei ducem
unum ex Consistorio, quem videbatur ei
sequi cum exercitu proficiscenti, & ab eo
ei praecipi, ne aliquo modo retro se volveret. Ille primum timens neque retro, neque in gyrum se movens ducem sequebatur,
postea, ut est humani moris, cupidus sciendi,

quod veritum ipsi foret, non potuit oculos
cohibere, ecceque magnam, & terribilem
feram a serpentibus undique septam, quo-
cumque ille proficiscebatur, illum sequi, ar-
bores proiiciens, & virgulta, & aedificia
ruens. Hoc miratus Hannibal, quaesivit
ab eo iuvene, quid hoc esset: cui ille respondit, esse id exitium Italiae, quod ab ipso
profecturum erat (a). Hoc somnium creden-
dum est, si praedictas opiniones sequi volumus, missum fuisse a Daemone Ioviali.
Ptolemaeus, qui primus Macedonum Aegypti regnum possedit, cum novae Alexandrinae civitati moenia adderet, templa, & re-
ligionés, vidit in somniis pulchrum, & ve-
nustum adolescentem, maiorem omni humana Statua, qui ei praecipiebat, ut aliquos
ex suis magis fidis amicis in Pontum mitteret, & inde ad se ferendam curaret suam
imaginem, fore hoc & laetum, & profi-
cuum

(a) *Somnium hoc paul-* ubi de Somniis, *inter ex-*
lo aliter refertur a Vale- *tera exempla. Conferas,*
rio Maximo lib.I. cap.VII., *cui vel vacat, vel lubet.*

cuum fuo regno, eumque locum , qui hanc
Statuam exciperet, magnum futurum, & fama perspicuum . Hoc dicto, magno comitatus igne in Caelum ascendit . Rex terribili somno perterritus ad se vocavit Aegyptios
Sacerdotes, & iis nocturnum visum patefe-
cit , qui cum nescirent, quid responderent,
multis super hoc dictis, ut mos est, tandem
unus dictus Sosibius , homo, qui multas regiones viserat, vel (secundum alios Scriptores) Timotheus Atheniensis, dixit huiusmodi Statuam , qualem aiebat Rex fuisse ado-
lescentis effigiem, inveniri in Ponto in civitate Sinopis dicatam Plutoni . Ptolemaeus,
hoc relicto , & ad alia animum adiungens
alia cogitabat , cum iterum idem ei
somnium apparuit, multo horribilius, minans
exitium ipsi, & regno , nisi exploret , quod
ei praeceperat . Tunc Rex misit Sotelem,
& Dionysium Oratores ad Regem Scydrote-
midem , qui tunc temporis dominabatur in
Sinope, a quo variis caussis, & multis fictio-
nibus Oratores detenti fuere tribus ipsis annis,

nis , quamvis Rex Ptolemaeus interim eum
multis , & pretiosis donis donaret , & ro-
garet , ut Oratores remitteret una cum Statua optata . Caussa morae fuit, quod populi
Sinopenses nolebant permittere Numen eorum alio transferri . Tandem Rex cum sta-
tuisset Ptolemaei voto satisfacere, Oratoribus
dedit simulacrum ; quamvis alii dicunt ipsos
nocte quadam illud furatos , illudque , cum
proximum navi esset, sine ullo auxilio humano illam conscendisse, rem certe dignam
admiratione , tribus diebus ex Ponto pervenisse in Alexandriam . Stratonice uxor Se-
leuci priusquam a viro amanti privigno con-
cederetur, vidit in somniis praecipi sibi a Iu-
none , ut aedificaret sibi templum in civitate Hierapolis , quod nisi faceret, minabatur
multa , & magna mala . Primum cum ea
hanc visionem nihil faceret, a subita, eaque
gravi infirmitate correpta fuit, quare conscio
marito facto , & ex eius consensu pollicita
Deo parere statim fuit aegritudine liberata.
Sic ad pristinam valetudinem restituta , &
a vi-

a viro Hierapolim miſſa multa pecunia,
& honeſto comitatu, tum ut fabricaretur
templum, tum ut uxor & tuta, & honeſta
foret, ante eius diſceſſum vocavit ad ſe
unum ex familiaribus adoleſcentem, & mirae pulchritudinis nomine Combabum, cui
Rex dixit : Cum te, o Combabe, probum
virum noverim ex omnibus proceribus, &
familiaribus, amo te maxime, teque multum commendo, & ob tuam ſapientiam,
& obſervantiam, quam mihi ſemper praeſti-
tiſti, nunc occaſio fert, ut fide tua mihi ſit
utendum : volo igitur te comitem eſſe uxori
meae, ut opus quoddam expleatur, & ſa-
crificia fiant, teque ducem eſſe totius familiae ; reverſus ab hoc munere faciam, ut
maximo tibi honori, & emolumento hoc
tibi fuiſſe ſentias. His verbis dictis, Combabus admodum moeſtus Regem rogabat
ſuppliciter, ut eum non mitteret, neque ſibi
maiora ſe fideret, id eſt pecuniam, & uxorem, & ſacrarum aedium fabricationem.
Hoc faciebat ipſe dubitans, ne Rex in futu-

S 3   rum

rum aliquid mali fufpicaretur de eo ob Stra-
tonicem, quae foli fibi in cuſtodiam tradita
eſſet. Verum cum videret nulla prece quidquam a ſe perfici, Regem oravit, ut ſaltem
ſpatium octo dierum fibi concederet, quo
quibuſdam negotiis proſpicere poſſet, & poſtea
cum mitteret ; quod perlibenter a Seleuco
illi conceſſum fuit. Domum igitur profectus, humique proſtratus plorans, ita dolebat : Me miſerum, quo me in hoc itinere
fides mea adduxit, cuius exitum iam video;
adoleſcens ſum, & adoleſcenti mulieri comes
eſſe debeo, maxima haec mihi erit infelici-
tas, niſi omnem futuri mali cauſſam prae-
cidere ſtatuam. Eſt igitur faciendum mihi
aliquid ſummum, ut omni me timore ſolu-
tum reddam. His dictis, virilia fibi abſci-
dit, amputataque membra in parvo vaſe
mirrha, & melle, & aliis rebus odoriferis
collocavit, quod ſigno ſuo cum ſignaſſet
ſolito, valetudinem curavit; poſtmodum
cum ei viſum eſt, uti poſſe pedibus tute, ad
Regem profectus, multis praeſentibus par-
vum

vum vas ei dedit dicens : Rex, hoc mihi
pretiofi thefauri loco erat in domo mea,
idque mirifico amore amabam, & cum fim
ram longum iter profecturus apud te collo-
care ftatui ; fac, Rex, ut mihi id cum fide
fervetur, gemmam multo cariorem aefti-
mo, quam aurum omne, quod in terris fit,
ut reverfus poffim integrum accipere. Rex,
vafe fufcepto, alio fuo figillo fignavit, eoque
uni ex fuis magis fidis dato imperavit, ut
qua maxima poffet fide cuftodiret. His
peractis, Regina, & univerfus comitatus
Combabo duce iter ingreffi, poft aliquos
dies ad civitatem Hierapolis pervenerunt,
ibique fummo ftudio in templi aedificatio-
nem incumbebant, in cuius fabricatione antequam expleretur trium annorum fpatium
confumptum fuit. Interim accidit id, quod
Combabus timuerat. Stratonice frequenti
confuetudine cum Combabo coepit aliquem
amoris ftimulum experiri, inde eius amore
inflammari, poftea ad infaniam ufque flagrabat. Cuius rei cauffam fuiffe dicunt Deam

S 4

Iuno-

Iunonem, quae nolebat, cum Combabus
esset bene moratus, celari, quod fecisset, ut
fidelis erga Regem esset, & Stratonicen hoc
modo puniri, quod non subito divino praecepto obsecuta esset. Illa igitur primum
modeste occultam retinebat aestuantem
ignem, sed malo silentium superante aperte dolebat, diemque lugebat amoris, atque
Combabum vocabat, cum ipsi Combabus
pro omnibus esset. Tandem non potens
amori amplius resistere, quaerebat quomodo cum honeste ipsi posset patefacere. Namque neque alicui manifestum facere fidebat,
& sola Combabo declamare non audebat.
Cum igitur varia animo volveret, tandem
hoc statuit, ut cum multum vini bibisset
alloqueretur Combabum, vino etenim sermonis libertatem concedi, & repulsam tunc
temporis non prorsus non convenire; nam
quidquid ex eo procedat ignorantiae tribui
solet. Ita igitur faciens, & ad genua eius
prostrata, amorem suum narravit rogans,
ut aliquam sui miserationem haberet. Verum

rum ille Reginam loquentem audiens minime libenter monebat, ut defifteret ab hac
prava cogitatione, vinum obiiciens .. Tandem cum videret eam in propofito manere,
minarique, fi ille id negaret, foie, ut in fe-
metipfam aliquod magnum malum optare-
tur, timens, ne id eveniret, narrato quidquid ante difceffum feciffet, ut id effe revera crederet fecit, ut ea videret. Stratonice, vifo, quod neque cogitaffet, neque
voluiffet umquam, ita furorem cohibuit,
(non tamen amoris oblita, verum priftina
eius confuetudine continuo ufa eft) ut tamen ex amore imperfecto folatium caperet. Qui amor inter Reginam, & Combabum, cum ad Regis aures per multos
allatus effet, qui ad Hierapolis civitatem
proficifcebantur, ille animo fummopere motus Combabum ab imperfecto opere domum revocavit, qui cum revocationis praeceptum accepiffet, laetus reverfus eft, cum
domi reliquiffet, quod fatis effet ad fui de-
fenfio-

fenfionem . Combabus reverfus illico Regis
iuſſu capitur , ligatur , & in carcerem traditur . Inde cum Rex cum multis proceribus , & aulicis eſſet , qui aderant , cum
Rex Combabo Reginam cuſtodiendam , &
regendam , eaque omnia , quæ ad eam pro-
fectionem pertinebant , dederat , iuſſit , ut
ad ſe duceretur, eoque increpato, obiiciens
factum eſſe adulterum, & impudicum , fidem
datam conquerens , amicitiamque viola-
tam , dicebat tria ab ipſo eſſe peccata, cum
factus eſſet adulter, fidei violator, & impius
erga Deum , in cuius miniſterio haec per-
petraſſet facinora . Multi ex iis , qui aderant , teſtabantur vidiſſe ambos laſcive admodum una eſſe , tandem ad eam ſententiam
omnes convenere , ut Combabus ſupplicio
afficeretur veluti homo , qui morte digna
commiſiſſet . Ille tunc temporis ſtabat nil
dicens , verum cum vidit ſe duci ad mortem , loqui coepit theſaurum ſuum petens,
dicenſque Regem in eum ſævire , non quod

ali-

aliquid mali a se commissum esset, neque
quod iniuriam aliquam ipsi intulisset, sed
quod cuperet sua facere, quae apud eum
in discessu custodienda reliquerat. Rex, hoc
audito, statim ad se eum vocavit, cui Combabi vas dederat, eoque ad se allato, Combabo mandavit, ut id aperiret; quod cum
ille fecisset, viderunt omnes, quae in eo
celabantur, ipséque ostendit contra, quod
passus esset, dicens: Rex, cum tu mihi
iniunxisses, ut ad hoc iter me accingerem,
taliaque, qualia evenere, timerem, invitus
proficiscebar, sed coactus, hoc, quod vides, ut servus domino fidus feci, rem tibi
bonam, mihi infelicem, cumque sim, qualis sum, tamquam iniustus, & iniquus homo
damnor. Seleucus haec summopere miratus, brachia collo iniecit, & flens dicebat, male ipsum fecisse, quod solus ex
omnibus hominibus tam saevus in se fuerit, quae nec illum pati, nec se videre
decebat, sed cum ita iniqua sors voluerit,
pri-

primum velle iniquos accufatores morte
multari, illumque multis, & pretiofis donis remunerari, auro, & argento multo do-
narum, Affyriis veftibus, & regiis equis.
Quotiefcumque Combabus vellet ad fe venire, neminem illi claufurum oftium, vel fi
cum uxore iaceret. Haec dixit Rex, &
ingenui Combabi fidem omnibus notam
fecit. Legitur de Attio Navio, ipfum,
cum aetate puerili effet, obfcuro loco natum pafcere folitum fues, quorum unum
amifit, quare votum vovit, fi reperiffet,
donaturum fe Deo uvam, quae maior effet
in horto: Porcum reperit, verfufque ad
meridiem in medio horto eum in quatuor
partes divifit, quarum cum tres avibus
coopertae effent, in quarta, quae in di-
vifione reliqua erat, reperta eft uva mirae
magnitudinis. Quod cum in iis regionibus palam factum effet, propinqui omnes
ad eum concurrebant confilii cauffa. Fuit
id tanto ei nomini, & gloriae, ut Tarqui-
nius

nius Rex Romanorum eum ad se voca-
ret, eiusque scientiam experiri volens dixit : Est mihi nescio quid in animo ; quod
faciam, vide tu proinde tua arte, an
possibile sit per me id fieri. Ipse, consul-
tis avibus, visoque, quid significarent,
respondit posse fieri. Cui Rex, vide,
dicit, quo in errore verseris hac tua arte;
volebam ego excidere saxum novacula,
dansque cotem, & novaculam dixit,
cape, & fac, quod aves tibi posse fieri
nunciant. Dicunt Scriptores eum utraque
re, Rege praesente, accepta, facile novacula saxum abscidisse. Narrat M. Varro in
Trallensi civitate, cum quaereretur, quis
esset futurus exitus belli, quod per multos annos gessit Magnus Mithridates cum
populo Romano, populum repertum esse,
qui, Mercurii simulacro in aquis viso, praedixit omnia futura eius belli centum sexaginta versibus. Quid dicam de Caelo
pluisse sanguinem, carnem, lac, lanam,

in

in aere vifas turmas ordinatas bella gerere,
& alia multa portenta ? Certe non eſt cre-
dendum alios , quam Daemones , fuiſſe
auctores .

STYLLO-

STYLLOGE EPISTOLARUM
VARIORUM SCRIPTORUM

NIMIRUM

Francifci Petrarchae , Nicolai Eftenfis,
Bafinii Parmenfis, Leonardi Arretini,
Antonii Auguftinii , & Latini
Latinii

QUAE EX DIVERSIS MSS. CODD.

NUNC PRIMUM PRODEUNT.

IOH. BAPTISTAE MONTECATINO
PATRITIO LUCENSI NOBILISSIMO
I. L. B.

N*isi Bottinius Praeful nofter ampliffimus, Civifque tuus generofiffimus certiorem saepe me feciffet, te a molesta aegritudine tandem penitus convaluiffe, anceps hactenus inter spem, timoremque, MONTECATINE dulciffime, de tam caro capite fluctuarem. Tanto adhuc tempore me litteris tuis carere inhumaniter voluisti, ut de tua in me benevolentia, ac voluntate quasi dubitaffem, nisi prius innumerabilibus argumentis ipfam confirmaffes, omnemque fcrupulum ex animo nostro exemiffes. Liceat ergo mihi te publice lacessere, & quasi excutere, atque quoniam litterae ad te meae fatis non fuerunt, ut diuturnum nimis, molestiffimumque silentium abrumperes, alienas, & quidem ab hominibus doctiffimis exaratas experiamur. Haec igitur Epistolarum Sylloge tua fit, ac nomine tuo, Apollini Musifque caro, infignita in Anecdotis nostris prodeat, eoque libentius, quod aliquot novas, quae tuam diligentiam effugerunt, Epistolas profert Antonii Augustini Epifcopi doctiffimi, ad cuius opera ornanda, ac typis edenda tanto cum nitore, & elegantia in Republica tua, praeteritis annis adlaborasti. Augustinianas Epistolas una cum duabus Latini Latinii ad Augustinum, quas fruftra exquiras etiam in Latinii ipfius Operum Voluminibus duobus, quae Romae edidit ann. CIƆIƆCLIX.*

Tom.II.   T   Domi•

Dominicus Magrius Melitensis , Viterbiensis Ecclesiae
Canonicus Theologus , ex Vaticano Codice excerptas
nobis liberaliter communicavit Petrus Franciscus Fog-
ginius Theologus eruditissimus , quem honoris caussa
nominamus . Hisce attamen praecedet Epistola Francisci Petrarchae ad Marchionem Nicolaum Estensem ,
ipsiusque Marchionis responsio , quas napote nondum
editas , aliquot ab hinc annis ex ditissima Lipsiensis
urbis Bibliotheca egomet exscripsi , celeberrimo di-
stante Mascovio . Basmii Parmensis Poetae leges hic
etiam Epistolam ad nescio quem Robertum Arimi-
nensem , fortasse ad Robertum Ursium Iurisconsultum ,
ac Poetam , qua acerrime Porcellium Graecarum litterarum expertem Basmius perstringit , immo pun-
git , ac mordet . Quae de hac Epistola praefatus est ,
quasque adnotationes eidem apposuit Hieronymus Ferrius Polyhistor celeberrimus , lectionem tuam , suffra-
giumque merentur . Epistolam Leonardi Arretini Florentinae Reipublicae nomine ad Venetorum Ducem
benigne nobis ex suo Ms. Codice excerptam concessit
Cortonensis Patricius Reginaldus Sellarius , cuius doctrinam , eruditionemque sola humanitas superat . Haec
desideratur siquidem in postrema Florentina Leonardi
nostri Epistolarum editione , quam anno cIↃIↃCCXLI.
peractam nosti . Verum quid plura tibi homini doctissimo , totiusque litterariae historiae peritissimo ?
Vale igitur , tecumque valeat Nicolaus frater Reipublicae vestrae decus , eiusque uxor Catharina Lucensium
Matronarum , ac familiae Montecatinae , Bonvisiaeque
singulare ornamentum , & honor .

Dabam Romae xii. Kal. Decembries cIↃIↃCCLXXIII.
                                                I.

I.

EPISTOLA
DOMINI FRANCISCI PETRARCHAE
FLORENTINI POETAE

In qua improperat fortunæ,
propter obitum amicorum.

EU mihi duro, & nimium
vivaci! En ego infelix, & fi-
nistro natus sidere in hac mi-
sera, ac fugaci vita tamdiu
ideo reservatus sum, ut laetum, ac dulce
nihil sentiam. Tristia, & amara eventu per-
patior. Ad haec solum vivo, ut quotidie
dominorum, quotidie amicorum mortes au-
diam, utque ait Sathirius, multis in luctibus, atque perpetuo moerore, & nigra veste
senescam. Per omnem vitam flendo fatiga-
tus nullius hominis deinceps mortem flere
decreveram, idque professioni meae debitum, & aetati rebar. Sed nimis ad vivum
tangit dolor. Heu, mi Domine, amisimus,

T 2

imo

imo praemifimus, vos fratrem amantiffi-
mum, atque optimum, ego dominum mi-
tiffimum, qui nullis omnino ex meritis
meis, fed fola nobilitate animi me ut
nofcere, fic amare dudum coeperat, nec
tantum amare, fed colere, ut ego ipfe &
gauderem vehementiffime, at mirarer non
minus, unde illa tanta dilectio, tantaque
veneratio in tanta ftatus, atque aetatis im-
paritate. Solet enim aetas illa hanc fugere,
vel horrefcere, ille vero, non ita memini,
nec umquam oblivifcar, nec oblivifci debeo, ut hoc ipfo anno dum Romam petens
cafu illo terribili retardatus apud vos, quo
me fors mea in haec faltem pluenta detule-
rat, qui mei curam, non quafi alienigenae
parvi hominis, fed ut magni cuiufpiam viri
veftro de fanguine, fufcepiftis, dura, & gravi, &, ut publice creditum fuit, ultima
aegritudine laborantem. Quibus fermoni-
bus, qua pietate, quo vultu per fingulos
dies ter, ac quater ad me vifendum illa
felix, & benedicta anima veniebat, quas
mihi

mihi. aſſidue conſolationes , quas oblectatio-
nes, quae lenimenta doloris afferebat , voce
illa humili , ac benigna , ut prae gaudio,
& ſuae admiratione virtutis meum ipſum
incommodum vix ſentirem . Sileo e lon-
ginquo ſalutationes amiciſſimas , ſileo nuncios cum muneribus , & munus omne vin-
centibus ſuaviſſimis , & honorificentiſſimis
litteris ad me miſſis , quod eſt ſummum ,
ſileo floridum adoleſcentem moribundo ſic
aſtare ſeniculo . Heu mihi non credebam ,
nec credibile erat , ipſum ante me mori debere , nec accidere potuiſſet , ſi quis eſſet
ordo rerum humanus . Accidit autem , quia
hic ordo nullus eſt , nulla ſtabilis , ac certa
iucunditas , ſed confuſio , & labor , ac dolor , & gemitus , a quibus nulla altitudo ,
nulla ſublimitas ſe abſcondit . Damnum
quidem veſtrum , noſtrumque omnium , qui
vos , illumque dileximus , neque diſſimile
nam vobis immineo. Magnumque profecto,
rarumque , & eximium vitae decus , ac ſo-
latium ad tempus amiſimus , quod non flere

T 3 etiam

etiam ad tempus , & defiderare non poffumus. Sunt tamen & magnis inventa remedia , de quibus agere non brevis epiftolæ ,
fed libri materia fit, ingentis. Unum hoc
pro temporis brevitate fufficiat . Siquidem
pro nobis dolemus , occurrit Ciceronianum
illud : *Suis incommodis graviter angi, non
amicum , fed fe ipfum amantis eſt* . Si autem propter illum non fruftra eſt , non folum quia irreparabilis eſt eventus, fed etiam
quia fauftus utique eſt. Audebo enim dicere , quod unum credo , quia fratri veftro
nihil mali , imo multum boni acciderit .
Omnes enim oculi mei illum anxie requi-
runt , illi tamen procul dubio bene eſt, cui
nobilis animus, cui mitis , & innocens vita
fuit, ut fperari de eo aliud non poffit . Nunc
ille , qui oculis hominum mori vifus eſt ,
imo nunc vivere incipit. Hæc enim , ut
fapientibus placet , quae dicitur vita , mors
eſt . Vivit, inquam , & cum Creatore fuo ,
cumque Angelis , ac Beatis , Sanctorum
omnium fpiritibus laetum habet , & tran-
quillum

quillum eventum, ereptus mundi periculis,
& lusibus fortunae, neque si reditus pateret,
reverti vellet. Gaudet enim permutasse
cum requie laborem, cum securitate formi-
dinem, cum felicitate miseriam. Nam licet
tum imbecillis erat, felix videtur, verumtamen hic nemo felix, ut Deo visum est.
Felix ergo ille, nos miseri, dum hic sumus.
Quocirca moerere hoc eius eventu, vereor,
ut apud Ciceronem ait Laelius, *ne invidi*
magis, quam amici sit. Et ille quidem
nunc, ut mea fert opinio, recordatur vestri,
suorumque omnium. In quibus quia ita sibi
placuit, ego me numero. Sed in primis ta-
lem, tantumque germanum, quem semper
vivens dilexit; eo nunc amat ardentius, quo
aeterno propinquior est amori. Non sumus
enim, Deo gratias, de illorum grege, qui
putant animas cum corporibus interire. In
nostra igitur, & amicorum morte immorta-
les animae, & resurrectio corporum nos so-
lantur; quarum prima consolatio Philosophis
fuit, altera nobis est solis, de quibus si in-

T 4   quie-

quietem, atque ardorem animi fequi velim,
longus ero, fed non poffum, quia vires mihi
corporeae nullae funt. Neque enim poftquam a vobis difceffi, ullus mihi dies fine
morbis, & languoribus actus eft; itaque vix
hoc fcripfi. Confido autem de fapientia,
ac magnitudine animi veftri, quod & hunc
cafum, quo nullus iam nobis acerbior eve-
nire poteft, & humana omnia invicta
mente tolerabitis, & ingentem fenfibus triftitiam lenientes infita virtute voluntatem
veftram in omnibus divinae conformabitis
voluntati, & cogitabitis caeleftem providen-
tiam, a qua tam multa, & tam grandia re-
cepiftis, vobis hoc nunc, licet amarum guftu,
bonum tamen, & confideratis mundi malis,
falutiferum forfan, & optabile tribuiffe. Hoc
vobis manu tremula, humentibufque oculis
fcripfi, cum hac ipfa hora ad me rumor
moeftiffimus fuperveniffet, ita ego aeger,
triftis, defolatus folari alios nitor. Proinde futandae funt lacrimae, comprimenda
fufpiria, calcandus dolor. Hoc excellen-
tiam

tiam veſtram decet , quae ſi vera eſt , nihil
illi arduum videri debet . Poſiti eſtis in altum ; o Principes , ac terrarum Domini , ut
exemplo aliis ſitis . Vos oculi omnium in-
tuentur , omnes aures audiunt , omnes linguae de vobis loquuntur , omnes actus ve-
ſtri , & verba penſantur . Enitendum ſummo
vobis eſt ſtudio , ut nihil plebeium ſentiatis ,
nihil vulgare loquamini , ſed magnifica
omnia , & excelſa. Nec vos ullis impulſibus
fortuna deiiciat , nec inclinet quidem , quae
in vos , quo maiores eſtis , eo ſaepe maiori
accingitur apparatu . Fruſtra hoc inter homines faſtigium poſſidetis , niſi ſereniores ,
& alacriores ceteris hominibus animos ha-
beatis . Laborioſum fateor , ſed vera gloria , & magnus honor ſine magno labore
non acquiritur . Hic loquendi ultimum ,
& dolendi finem facio ; ſperans vos , quod
poſcitur , ſponte facturos , utque ita ſit ,
affiſus ego , & omnes , qui veſtrum nomen diligimus , obſervamus. Chriſtus omnipotens vos ſoletur , & conſervet in gratia
ſua ,

sua. Scripta Arquadae quinto Augusti,
mane.

       Devotus vester Franciscus Petrarcha
        cum recommendatione.

I I.
R E S P O N S I O
MARCHIONIS NICOLAI ESTENSIS
AD LITTERAS SUPERIORES

Scripta per Antonium Rovenium de Parma
eius Cancellarium .

ANxia mens variis emixta doloribus ob
casum miserabilem dilectissimi fratris
nostri litteris vestris est in talibus lenita doloribus , ut difficile existimemus , potuisse
sic aliunde solari , quibus vulnus apertum
medicamine vestrae benignitatis potissime
solidatur . Et quamquam disposita essent
paullatim refrigeria auctoritate flebili cordi
nostro , praevalebunt saepe fraternae com-
passionis angustiae , adeoque abdicatis con-
solationibus quibuscunque , insidias percu-
                        tientis

tientis aculei vix valuimus sufferre. Et nimirum, prout diftinctio veftra novit, fuper-
venit tandem falutaris epiftola; in qua fpecu-
lamur, & legimus fcripta veftra, & affectio-
nem praecipuam, quam ad noftrum fratrem
femper habuiftis. Infpicimus perfonae veftrae avidum, & de fama veftri nominis
philocaptum. Tandem veftris volentes hor-
tationibus adhaerere, Deo gratias referimus,
qui pro libito aufert, quod tribuit, & fic
eius acquiefcimus voluntati: hic parentes,
fratrefque praemifit, & nos recipiet, cum
placebit. Veftrarum paffionum, quas fic
commixtas afciftis, in noftris vifceribus
fufcipientes taedium, & gravamen, & quamvis luctu fit animus nofter oppreffus, non
propterea omittere volumus vos hortari, ut
dies veftros ex diverfitatibus occurrentium
minuere non velitis, fed vitam incolumem
refervare, iucundam toti mundo.

Nicolaus Eftenfis Marchio.

III.

III.

BASINIUS PARMENSIS

ROBERTO (a) ARIMINENSI

SAL. D. PLURIMAM.

GRatissimae mihi tuae fuerunt litterae, quibus a me maiorem in modum petebas, ut quaenam dissensionum inter me, & vesanum illum Poetam fugiendum Porcellium, vel potius porcum caussa fuisset, tibi significarem. Paucis igitur verbis rem omnem a principio enarrabimus. Porcellius
apud

(a) *Roberto, ad quem Epistola, Ursus sine dubio, Iureconsultus, Poeta & Historicus, quando de Vulturio, sive Vulturio suspicari non possumus, quo in primis agente, Porcellius locum dicitur apud Sigismundum obtinuisse. Multa Ursol circumferuntur carmina tum edita, tum manuscripta, in quibus si non praecellit, naturam satis ido-* *neam ad Poesim praesefert. Elegantior in Commentario, quod de obsidione Tiphernatum scripsit, cui non solum interfuit, sed praefuit nomine Praetorio. Exiit primum an. MDXXXVIII. Iterum Manutii viri laboriosi, ac eruditi opera, il in Volumine, quo rerum Italicarum Scriptores supplentur.*

apud (a) Regem meum meo , & Valturii (b)
favore locum tandem obtinuit , ibique pue-
rilia quaedam , & censura gravi dignissima
scriptitavit ; quae cum ego bis , & ter emen-
dassem , non divino , nec quo Poetae so-
lent , sed verissimo furore ad maxima exa-
gita-

(a) *Eo saeculi* XV. *& XVI.
Scriptores , sive assentationis ,
sive nimiae Latinorum imita-
tionis causa venere , ut Di-
vos , non modo Reges , Principes appellaverint suos . Quod
primum impietatis aliquid sapit ; alterum a veritate abso-
num , & alienum . Isottaei
Libri inscriptionibus eiusmodi
pleni , quodque magis mirere ,
gemini non solum in honorem
Malatestii , & Isottae , sed
templum ipsum ea superstitione conspurcatum . D. MALA-
TESTAE pluribus in locis ,*

D. ISOTTAE SACRVM *legimus
in tumulo . Ita Ferrariae in
Turre marmorea ad Aedis maximae sane pulcherrimae , neque parem habitura , si ad fa-
stigium ducta : DIVO . HERCV-
LE . SECVND. IMPERANTE .
Haec , aliaque id genus su-
perstitiosa illuc , unde malum
pedem tulerant , abiere , ca-
vendumque , ne temporum ca-
lamitate umquam referant .*

(b) *De Valturio satis erit
afferre Epigramma , quod in
tumulo incisum:*

D. O. M. QVE
ROBERTI . VALTVRII . QVI . DE . RE . MILITARI . XII . LIBRIS . AD . SI-
GISMVNDVM
PAN. MAL. ACCVRATISSIME . SCRIPSIT . ROBERTO . MAL. FILIO
COMITATE . INSIGNI . FACVNDIA . ATQVE . FIDE . CHARVS . EX-
TITIT . PANDVLFVS . MAL
ROBERTI . F. SIGIS. NEPOS . ADHVC . IMPVBES . OFFICII . ME-
MOR . HOC . MONVMENTO
E. M. OSSA . CONDI . IVSSIT . VIX. AN. LXX. M. VI. D. XVI

gitatus est iurgia ; quippe qui graecum me ignorare , & latinum inculcare omnibus in locis praedicaret, cum laniis , cum coquis , cum fartoribus , cum laenonibus , quorum domi maximam haber copiam, de me verba faceret . Non potui ulterius impudentissi-mam eius perferre audaciam ; itaque versus eius malos , incompositos , ac male torna-tos incudi esse reddendos publice , & in Sismundea arce ei demonstravi , quos versus paullo post tibi referam : quam rem ille adeo aegre tulit (quoniam magna inter molles concordia) ut Senecae, sive potius Secae (a) illi sceleratissimo homini strictissi-mo foedere se se coniungeret ; in meque coniuratione confestim facta ad Regem (id-que clam me) uterque se contulit , ibique homini latino graecis non opus esse litteris perditissima confidentia praedicabant ; idque omne tempus, quod ego in his consumpsis-sem , me omnino perdidisse clamitabant .

Quae

(a) *locum non intelligo , quem didici . Quid si legamus nos quid Seca sit Latinis, an - Sica ?*

Quae cum ego accepiſſem, ambos ūna conveni : dixi me probaturum linguam latinam ſine graeca perfecte ſciri non poſſe : illi ſe defenſuros pollicentur . Scripſi verſus non multos , quibus facillime oſtendi ſine graecis latina perfecte ſciri non poſſe ; non ad propoſitum ullum, ſed ut fallaciis, ac dolo, quando doctrina , & virtute non poterant , contenderem , linguam latinam graecae anteponere conati ſunt ; quaſi ego graecam , quam latinam, laudaſſem magis , ac meos verſus non vidiſſent, in quibus hi ſunt . Haud eqnidem invideo noſtrae pulcherrima linguae verba , ſonoſque graves, numerumque·, aut terſa latinus nomina , nec graecam cupio praeponere noſtrae : ſed ſine Graecorum auxilio Romana valere non multum ſemper docui , ſemperque docebo . Vides igitur , quid de latina dixerim lingua , cui me adverſarium eſſe dixerunt: quaſi ego Graecus homo , ac non Romanus eſſem , ideſt Parmenſis : quam civitatem fideliſſimam Romanorum coloniam fuiſſe , Cicero

ipſe

ipſe ſcribit (a). Scripſerunt itaque in me
ſatyras, ſed Seneca primo : deinde Porcellius. Senecae errores, quos in ſatyra fecit
ſua, primum, poſtea Porcellii quamquam
non omnia, ſed quaedam errata tibi referam. Ac primo quidem de Senecae errori-
bus dicendum videtur: quamquam profecto,
ſi eius omnes errores perſcribere vellem,
repetere opus mihi eſſet totam illam eius
ſtercoream ſatyram. Primus eius verſus malus eſt hic: *Non opus aoniis, non uſus Apol-*
line Delpho; en qui ſe eſſe primum omnium
gloriatur grammaticorum : qui Delpho dixit pro Delphico (b). O dementiſſimum
Poe-

(a) *Parmenſium meminit*
Cicero in Philipp. iv. C. iii.,
quos optimos viros, honeſtiſſi-
mofque homines maxima cum
auctoritate Ordinis Senatorii,
Populique Romani dignitate
coniunctos ait. Parmam dire-
ptam ſcribit Pollio ad Fam.
l. x. ep. xxxiii. Cicero memo-
rat tamquam Reipublicae ſtu-
dioſiſſimam l. xii. ep. v. Nihil
vero de Colonia, quam ſci-

mus cum Mutina conſtitutam
Q. Fabio Labeone, M. Claudio
MarcelloCoſſ. an. ab U.C. dlxxi.
M. Aemilio Lepido, T. Aebu-
tio Caro, L. Quinctio Criſpi-
no, III. Viris deducentibus.

(b) *Eadem in voce pecca-*
tum a Scriptore non indiſerte
memini me legiſſe. Sannaza-
rius ſtat a Camerte, qui
Elegia iI. l. ii. cecinit :

Iamque Panhormitae luſus.
Nec

Poetam, o litterarum ignorantissimum grammaticum! Haeccine te docuerunt Romani illi, quos sine Graecis latinas litteras intelligere posse putasti? Alius versus Senecae hic omnino mendosissimus est: *aut lucos lustrare alacres, dulcemque Panormi*. In hoc aperte ostendit se ignorantissimum graecarum esse litterarum, qui Panormi brevi prima protulerit syllaba, cum omnino ea longa sit. *Pan* enim ea gratia circumflectitur, quoniam ipsa longa est. Alius locus est in eius satyra, qui nullo tolerari potest pacto. Est autem hic: *cur vos pia turba cavete, ne nimium faciles ad inania vota ruatis*. Cur

Tom. II.　　　V　　　cave-

Nec aliter se habent versus relati in vita Guielmi II. stilo candido, nitidoque scripta ab eruditissimo Antistite Montisregalis Francisco Testa, quem nunc fatis abreptum dolemus, ad pag. 262. in animadversionibus:

Moenibus ipsa licet fuerim fundata Panormi, Regalis Montis debita iura colo,

qui versus auctorem censent Antonium Vinitianum; quemadmodum eorum significavit Carolus Castellius, Vir & genere, & instituto, & doctrina nobilissimus. Quid plura? Veteres ita usi sunt prima Panormi syllaba:

Tergemino venit numero secunda Panormu. Sil. lib. 14. v. 262.

cavete enim non dicimus : *cur* enim dictio
haec interrogative , aut infinite tantum ponitur ; quorum neutrum incertum cum sit ,
imperativo modo certissimo iungi potest ,
quod fanaticus , sceleratissimusque senex
ignoravit . Sunt alia per multa , quae coram
tibi aliquando exponentur . Nunc ad Porcellii senis delirantissimi errata devenio ;
quae quot sint , quae Polymnia satis umquam explicare possit ? Non mihi si centum
linguae sint , oraque centum : pauca tamen
pro tempore tibi referam . Primus Porcellii
malus versus est hic : *Basilus* (a) *hanc be-*
resim

(a) De Basmii praenomine
haec fere ad nos Faciendine.
Vir eruditionis summae , Italo
usus sermone, qui latine aeque
potuisset . Verũm in mentem
mirari , Paullum Cortesium ;
qui aetate non multum abest
a Basmilo , nisi forte aequalem
voluimus , in Dialogo de hominibus doctis Iohannem appel-
lasse (p. 35.). Qui de patriis
rebus egerunt , Franciscus Car-
pesanius , Odoardus Herbius ,

Ramutius Piebius , postque eos
quotquot Poetae mentionem
fecerunt , eo numquam praenomine donarunt , sed Basinium de Basiniis , et suum bar-
bare loquebantur , dicentes .
Primus , qui occurrat proprie
Basinium nominans , est Innocentius Baldius Beneventensis
Carmelita in Oratione habita
Parmae Comitiorum caussa
an. MDLXXXVII. , qui litterarum s ab re displicuerit . Is
de

resim iacit, & mala semina primus. Heresim, quod verbum per æ diphthongon scribitur, brevi prima protulit syllaba. Hoc autem propter ignorantiam graecarum fecit litterarum. Pessimus praeterea est hic versus: *Ne videare igitur Romanae gentis, & artis ignarus, graecis misce* (a) *latina,*

V 2   pro

de Parmensibus viris excellentibus agens Ballenium de Ballenii appellat. Illud quoque magis mirandum Iosiam Simlerium in Epitome Bibliothecae Gesnerianae tres inepte Basilios fingere. Basilium Poetam, Basilium Parmensem, Basilium. Basilius nonnullis in Codicibus dicitur, sed perperam. Pace viri tanti. qui amice mecum multa alia communicavit de Basinio, quibus utemur, si Deus fecerit, in Astronomicorum libris illustrandis, ego crediderim Basinium esse vere. quod Basinius nomen praetulerit. Si enim secus fuisset, haud Basinius inultum reliquisset. quique Porcellium Poetam maxime contemnendum tam male ha-

bet, in ipso praenomine errorem suo haud aequo animo tulisset. Verum alia die, uti aiebant Romani.

(a) Porcellius versus dimensus videtur non ad Latinorum normam, sed ad aurium meam unicum concentum. Quas ut in Oratione solutiore indices probos habeamus, non ita aequus, & rebus experiuntur in carmine, in quo & Poetarum usui, & Grammaticorum legibus multum tribuendum. Quas leges qui tollere memoria nostra volunt, aut nihil vident, aut eo vident oculo, quo Porcellius Basinianus, ad quem nos amandabimus. Praestat tamen dicere in libris suis emendatiorem fuisse. Liberior interdum

probo . *Mifce* , quod omnino longa eſt ultima , brevi protulit. ſyllaba . Alius praeterea
mendoſiſſimus eſt hic verſus : *Nil puto di-*
vina dignius Aeneide . *Aeneide* enim , cuius
antepenultima longa eſt , ſyllaba brevi protulit . Eſt enim α , & ΑΙΝΗΙΣ ſcribitur ,
quod Ovidius , & Statius apertiſſime declarat ; quorum alter dicit : *Et tamen ille tuae*
felix Aeneidos auctor : *Contulit in tyrios*
arma , *virumque thoros* ; alter vero : *Vive* ,
precor , *nec tu divina Aeneida tenta* . Alius
Porcellii mendoſiſſimus verſus : *Si quis Heli-*
conios vegio(ſic) *ſubduxerit hauſtus* , *Iudicio*
certe fallitur ille meo ; *Heliconios* enim
verbum hoc male poſuit , ita ut in ſolo verbo duos faceret barbariſmos. Hic praeterea
eſt peſſimus : *Hyeronime* , *uberibus dulcis*
alu-

---

in producendis , quae brevi
terminantur . Aliquot etiam
peccat ſyllabas pag. 22. b :

Utile conſilium pro tempore
praeſtes honeſto .

Et pag. 67. a :

Illue accinctus labentem ful-
cis amicum .

Sed multis ſane praeclaris vitiis illa ſatis compenſat, aliun-
que ut habeamus fecit , quam
Raſcius maledice nimis fortaſſe venditat .

alumne meis ; *Hieronymus* enim , quod
etiam barbarus homo male ſcripſit , brevi
prima , & ſecunda eſt ſyllaba . Eſt praeterea
hic malus : *Et Flacco ſimilis ſcribis aonio* .
In verbo hoc *aonio* duo ſunt barbariſmi .
Item hic mendoſus: *Fontis Heliconii peſto-
re ducta tuo* . Item hic mendoſus : *Pectore
Hyeronimi ſint , precor , iſta mei* . Item hic
mendoſus : *Grammata qui neſcit , quo
modo rhetoricus ?* Haec quoque mala e gram-
matica : *Ut duce me extremos ſua geſta* (a)
ferantur ad Indos ; nam & *ſua* hoc modo
non ponitur , & *geſta* hoc pacto non dicimus , ſed res geſtae , bella geſta , & huiuſmodi . Poſſem ego infinitos tibi memo-
rare peſſimos boni viri illius verſus ; ſed
non eſt mihi tantum ocii . Mitto compoſi-

V 3   tionem,

(a) *Si quo Baſinius tempore ſtripſerat , excellentium
Virorum vitae ab Aemilio Probo , ut tum ferebatur , revera
a Cornelio Nepote puriſſime
ſcriptae , fuiſſent in manibus,
non ita confidenter adverſa-*

*rium ſuum damnaſſet . In Da-
tame enim C. 1: Obſcutiora,
ſunt eius geſta pleraque . Non
improprie igitur Porcellius
pag.67, x :*

Hoc geſtis unum , Rex ani-
moſe , tuis.

tionem , ac verfuum fonoritatem (a) . Audi
tamen hunc , quaefo : *Grammaticos* , *Logi-*
cos , *Medicos* , *Iurifque peritos* ; nonne tibi
videtur hic verfus efle Alexandri , fed non
Macedonis ? Haec funt , quae in me fcri-
pferunt leviffimi nebulones . Crediderunt
fortaffe voce fua illa acerbiffima , ac rauci-
fima deos omnes , tamquam Typhoeus ille
vaftiffimus , in Aegyptum ufque profugare .
Vides itaque, mi Roberte (b) , quam parum
fine

(a) Urfinus in Graecis aut
parum , aut nihil valuiffe, te-
ftes illius verfus ad Petrum
Andream Baffium Ferraria-
fem , qui & ipfe Poeta , &
Boccatii Thefeidem expofuit :
  Nil mihi cum Graecis ; libros
    mihi mitte Latinos :
  Sub noftris dulces novimus
    efle favos .
Retulit in Poetis fuis Lanci-
lottius , qui Baffii etiam meminit in Colotio , opere eruditionis pleno pag. 51 .

(b) Nollem vox barbara
fonoritatem . in barbarum bo-
minem dum invehitur , exci-
diffet Baffio , quod etiam do-
lendum de ceftiffima certe quidem minus latine ufurpato ,
& de verbo profugare . Ut
enim fugare latine dicatur ,
non puto illud fieri , ut profugare item dicere liceat . Quare Porcellius , fi vir fuiffet ,
poterat inimicum armis ipfe
fuis confodere . Graeca multum iuvant : fed nolim eorum
arrogantiam imitentur nonnulli , qui nationis fuperbiffi-
mae faftum fecuri praeter
Graeciae fines nil nifi barbarum putaat , barbarofque habent omnes , qui cum iis grae-
cari non didicerint . Malim ,
fateamur , graece nefcire , longe

sine graecis latinae valeant litterae ; scilicet
eos graecarum ignaros, tamquam ignavissi-
mos fucos ad aliena pendentes pabula , vel
in minimis ostendi apertissime erravisse .
Hoc unum habent refugium , ut credi ipsi
volunt , graecae linguae latina anteponunt ;
& quid dicant nesciunt . Ἕκαστος γὰρ κρίνει
καλῶς, ἃ γινώσκει . Si quis igitur bene iu-
dicat, quae novit , quid tu , homo audacissi-
me , quae non nosti iudicas ? Unum praeterea mihi obiiciunt , quod videlicet nihil
emolumenti , nihil laudis graecae mihi attulerunt litterae : qua in re certe falluntur .
Nam & benevolentiam tanti principis , quantus hic meus est , & agrum pulcherrimum ,
& villam amoenissimam mihi compararunt ;
quibus illi famelici (a) parasiti indigent ;
qui vestes militares , tamquam pueri induti
senes dementissimi omnibus risum praebent .

V. 4   Sed

---

ge peius graecis tinctus litteris latina ignorare : quod
Graeculorum scripta non raro
declarant .

(a) Famelicum Porcellium.

vere dictum existimo . Certe
magna in rerum omnium inopia
senior vixit . Lege sis , quam
attulit Zenobius sub finem e Porcellii ad Fuscarenium litteris .

Sed de moribus tacendum est : peteret enim
hoc plus temporis, atque olei plus . Audi-
visti igitur dissensionum inter nos novarum,
quae caussa fuerit, Roberte humanissime ;
illos autem tanti facio, ut plura ego eorum
exemplaria scriptorum, quam ipsimet, qui
ea scripserunt, emiserim, atque doctis hominibus patefecerim : itaque librario non
indigent . Vale, & Astronomica mea a me
nuper edita, quae noster Paullus (a) Saxo-
ferratensis habet, perlege ; a te enim, quid
de eo opere videatur, scire percupio . Vale
iterum . Arimini die Octobris xxvii.

IV.

(a) *Quis fuerit iste Paullus,
nondum comperi . Dies adscri-
pta Octobris xxvii. non satis
latine; anxus desideratur. Certe si in Arce Si mundes . orta
dissensionis caussa post annum
MCCCCXLVI., quo tempore Arx
constituta, ut ex iis,quae inscripta marmore supra portam in-
teriorem sunt .licet intelligere .
Vellem , inquam , annum ad-*

*scriptum . Constaret enim de
tempore, quo Astronomica edita ; poema longe nobile , quodque ut exeat . curabimus , ac
tum fusius de Basinio . Interea
habe , quae hominis tumulum
distinguunt , qui ordine primus in exteriore Templi latere , quod Arimini Sigismun-
dus magnificentissime excitavit :*

BASINII . PARMENSIS . POETAE
D. SIGISMVNDI . PANDVLFI . MAL. PANDVLFI . F
TEMPESTATE . VITA . FVNCTI . CONDITA
HIC . SVNT . OSSA

IV.

EPISTOLA

Tranfmiffa ab Illuftriffimis DD. Dominis Prioribus Artium Communis Florentiae Duci Venetiarum

PER LEONARDUM ARRETINUM.

Illuftriffime, atque Egregie Domine,
Amice Cariffime.

QUum per effe&um operis manifefte deprehenditur, neque inimicis, neque amicis noftris placere, ut Lucana Civitas in poteftatem Florentini populi deveniret, decrevimus contra illam amplius non pugnare, fed nos retrahere a certaminibus, & contemptionibus illis, in quibus, uti vere dixerimus, a fociis quidem defertos, ac deftitutos, ab hoftibus vero totis viribus impugnari cernebamus. Itaque depofito contra Lucenfes bello, amicos, & benevolos, quantum in nobis erit, habere illos quaeremus, ne in hac parte fatigare focios,

aut

aut eorum fubfidia implorare compellamur.
Quae omnia talia funt, ut falva fide, & ho-
neftate, & refervato iure foederis, quod
vobifcum habemus, facere poffumus. Haec
igitur quantum ad nos. De Comite autem
Francifco dolemus, non fuiffe praeftitam
fidem iuftis, ac rationabilibus fuafionibus
noftris, toties apud Veftram Celfitudinem
proficuo, ac fideli animo iteratis. Dat. &c.

V.

ANTONIUS AUGUSTINUS
LATINO LATINIO SAL (a).

G Rata mihi fuit & commemoratio officiorum tuorum, quorum mihi perpe-
tua haereat memoria neceffe eft, nifi ingra-
tiffimus effe velim, & excufatio intermiffio-
nis tuarum litterarum, quae me magis ad
officium meum diligentius exfequendum
adhortatae fuiffent, ut tanto, talique amico placerem, quam deterrerem, ullumve
impe-

(a) *Cod. Vatic.* 6201. *pag.* 11.

impedimentum afferrent . Quare fi vivit
apud te , ut fcribis , noftrae benevolentiae
recordatio , fac in hoc quoque appareat ;
ut faepius ad me fcribas , vel quidquid in
buccam venerit . Nec tibi poterit deeſſe
argumentum litterarum , cum Romae fis
otiofus , & nofcas , quam fim curiofus earum rerum , quae ad alicuius eruditionis
genus attinent . Itaque , fi quid novi , vel
veterum tituli , vel libri , aut fi quid re-
centes eruditi homines afferunt , aut exco-
gitarunt , gratiſſimum mihi feceris , fi me
feceris certiorem . Id quoque erit gratius ,
fi addideris tuum , & Octavii noftri iudicium , quo plurimum vales : fed haec ita
tibi committo , fi modo commodo tuo facere poſſis . Nos vero valemus , & urbanum
defiderium hoc folatio confolamur , quod
tu , tuique fimiles amici nondum me dili-
gere defieritis . Ego id folum praeftabo , ut
non indigniſſimus iudicet amicitia veftra .
Cura , ut valeas . Benavarra iv. Eidus Iun.
M. D. LXVI.

VI.

VI.

ANTONIUS AUGUSTINUS

LATINO LATINIO SAL (a).

CUM ad manus meas veniſſem libri aliquot veteres , quos ex Italia attule-
ram , in quibus erant Criſpi Salluſtii Iu-
gurthinum bellum , & pars Catilinae coniurationis , conferre coepi cum ſatis diligenti
Aldina editione , ac delectatus varietate ,
non inutile eſſe putavi te huius rei facere
certiorem : ut cum omnia amicorum veteri
proverbio communia eſſe oporteat , ne hac
quidem parte ſive delectationis , ſive utilitatis priveris . Dices , tenui quodam , ac levi
filo haec munera fuiſſe contexta : at ea tu
quaſi ſudaria Saetaba ex Hiberis aliquo in
pretio habebis . De Grucchiana , & Sigo-
niana contentione ſilentium tuum indicat ,
aquam tibi adhuc haerere . Audio Sirletium Cardinalem noſtrum in urbem rever-
ſum ; id mihi tua de cauſſa iucundiſſimum
eſt .

(a) Cod. Vatic. 6201. pag. 3.

eſt . Si duo praeterea tales Roma tuliſſet ,
non laboraremus . Tu nos ama , & vale .
xi. Kal. Quinctil. MDLXVIJ. Ilerda (a) .

VII.

ANTONIUS AUGUSTINUS

LATINO LATINIO SAL (b) .

CUM litteris tuis iv. Kal. Sextileis datis,
quae mihi gratiſſimae fuerunt , titulum
cuiuſdam monumenti accepi , & teſtimonia
περὶ τῆς συναξίας , quae libenter legi . Tituli quidem permulta exempla habui , ſed
hoc mihi quam emendatiſſimum viſum eſt ,
& cogitationes meas de veteri ratione ſcribendi mirifice adiuvit ; qua de re libet
nonnihil tecum per litteras colloqui , ut , ſi
quod erroris ſuſceperim , poſſim facile , te
admonitore , reſipiſcere . Equidem , mi Latine , praeclare nobiſcum actum eſſe exiſti-
mo , quod his temporibus nati ſimus , quibus

(a) *Latini reſponſum ha-*
betur inter eius Opera edita
Romae Tom. il. pag. 126. &
ex eo anni deſignationem ,
quae in Auguſtini epiſtola
deſiderabatur , excerpſimus .
(b) *Cod. Vatic. 6201.*
pag. 1.

bus omnes artes, & linguarum peritia revi-
viscant, cumque nostri maiores maximis tenebris obruerentur, tum in aliis rebus, tum
in hac ipsa dicendi, scribendique facultate,
non possum non his temporibus gratulari,
quibus perspectum est, ac cognitum, non
alios recte latina lingua uti, quam eos, qui
Ciceronis tempore vixerunt, quique ad Ciceronis imitationem se totos composuerunt:
quorum hodie licet in re praeclara pauci
principatum obtinent, tamen magna fre-
quentia est eorum praesertim, qui hac ratione usi bene latina lingua utamur : sed
illud unum mihi videtur nondum fuisse as-
secutos, quemadmodum singulae litterae,
ac syllabae proferri, ac scribi debeant: &
de pronuntiatione alias; nunc paucis de scribendi ratione attingam. Non dubium est,
quin eisdem Tullianis temporibus, quibus
latina lingua effloruit, optime omnia scri-
berentur: at si ostendero hoc tempore eamdem scribendi rationem observare neminem,
facile vincam, quod proposui, certum est.

Illius

Illius autem temporis monimenta aliquot
exſtant, quae aut tabulis legum, aliorumve
inſtrumentorum publicorum, aut privato-
rum, aut titulis monimentorum, aut pecunia ſignata continentur: eorum omnium
litterae ab his, quibus utimur, longe diffe-
runt. Cumque omnia verba latina quinque
litteris, quas vocales appellant, efferantur,
in his ipſis monumentis animadverti ſaepe
alia ratione has eaſdem vocales litteras con-
ſcribi, ut in hoc eodem titulo, quem ad
me miſiſti, in quo verbum feci non uno
in loco cum *ei* diphthongo ſcriptum eſt; ſic
etiam *ponteis*, *omneis*, *poſeivei*, *meillia*,
tidem, *conqueiſuei*, *rediaeique*, *beit*.
De hac ſcribendi ratione exſtant Lucilii
verſus apud Quintilianum: *Iam puerei vene-*
re, *e* poſtremum facito, atque *i*, ut *puerei*
plures fiant &c. Exſtat etiam praeceptum
P. Nigidii, qui Tullianis temporibus do-
ctiſſimus habitus eſt apud Gellium lib. xiil:
Si buius amici, *vel buius magni: ſcribas*,
unum i facito extremum, *ſin vero bi ma-*
gni,

gni, bi amici casu multitudinis recto, tum ante i scribendum erit e &c. Hac ratione scribendi plerisque in locis Verrius Flaccus in Faftis eft ufus, quem nos imitati fumus in editione Varronis libri de lingua latina, fecutique fumus in plerifque locis exemplum libri veteris Achillis Maphaei. In nummis quoque ante Augustum Caefarem fignatis idem genus fcribendi animadvertimus : in quibus eft L. Opeimius, & Floralia preimus fecit, & EID. MART., & alia id genus, ut etiam in Kalendario veteri pro IDIB. femper fcriptum eft EID. Eadem ratione Plautus utitur in argumento Comoediae, quae *Captivi* infcribitur ; nam fi primas litteras fingulorum verfuum coniunxeris, efficies non *Captivi*, fed *Captivei*, quod etiam Politianus animadvertit. Non ignoro Augufti tempore coepiffe pro hac diphthongo *i* litteram maiorem fcribi, quae ordinem aliarum litterarum excederet ; uti in nummis, & titulis Augufti animadvertimus Auguftum DIVI F. appellatum, eique civicam effe donatam

natam ob clvIs fervatos. Id ipfum nonnumquam fequitur Verrius in Faſtis, cum Papi-
rIos, & Atilios enumerat, quos Graeci
cum *ei* diphthongo fcribunt. Hic ufus aliquot annos obtinuit, & mox paullatim
defiit. Idem dicendum eſt de *ou* diphthongo, namque in titulo, quem ad me mittis,
Nouceriam pro *Nuceriam* fcriptum eſſe video, ut in multis veteribus monumentis
Oufentina pro *Vfentina tribu*, & in nummis Fovrivs crassipes, & Fovri thili,
& alia; & in tabulis legum Iovdices, Iov-
dicare, & Iovs. Quae poſterioribus temporibus, omiſſa *o* littera, ufurpata funt, nonnumquam vero apice appoſito fupra v littera conſcripta, ut in nummis q. pomponii
mvsae. Vetuſtius eſt, ut Latini longas litteras vocales duplicarent, ut multi teſtantur,
exſtantque monumenta Tullianis temporibus, vel eis vicinis conſcripta, in quibus
aa pro a, & ee pro e, & oo pro o, & vv
pro v agnoſcimus: fic in nummis nvmonivs
yaala, quem Horatius Valam appellat illo

Tom.II.   X   carmi-

carmine : *Quae fit hiems Veliae* , *quod*
Caelum , *Vala* , *Salerni* , & Fauſtus FEELIX ,
& in tabula Genuate Q. MVVCIO COS. , & in
alia IVVS . Ab hac ſcribendi ratione paullatim deſcivere ; coeperuntque apicibus uti ,
quod vel Quintiliano fecit negotium , qui
mavult , ut apex tantum ambiguitatem tollat . Sunt alia , in quibus a ſcriptura eorum
temporum diſceſſum eſt , ut cum *intellego* ,
epiſtula , *optinet* , *thenſaurus* , ſcripſerunt .
In quibus colligendis non ſine laude operam poſuit , ut noſti, Aldus Manutius Paulli
filius ; quamvis is monendus nonnumquam
eſſe videatur , quod non diſtinxerit temporum rationem . Namque ſunt quaedam nimis pervetuſta , ut in titulo Columnae Ro-
ſtratae C. Duilii IN . ALTOD · MARID . CLA-
SEIS , & alia ſine ullius litterae duplicatione ,
ut in denario quodam legi Q. PILIPVS , &
apud Plautum MEDERGA , & alia ſexcenta .
Alia ſunt poſterioribus tantum temporibus
uſurpata , cum eloquentiae artem Romani
amiſere ; ut qui GAIVS ſcribunt , & GN. ,
                    & EX-

& ɪᴇᴄᴏɴꜱᴠʟᴇ , & ᴄᴏꜱꜱ. , atque ᴀᴠɢɢ. Accedit praeterea punctorum mutatio , de qua
video quofdam nimis fibi placere , atque
gloriari , cum ea ufurpant , quae nullo
exemplo fiunt : mihi quidem fatis est, fi
illis opponam Tulliana tempora , quae fe
velle imitari iactant . Quod fi quis obiiciat
nullum exftare exemplum veterum libro-
rum Ciceronis , Caefaris , Salluftii , in quo
haec fcribendi ratio confervata fit, ac ne illa
quidem , quae omnes laudant, exempla Te-
rentii , & Vergilii Bembi , & fi qua alia
exftant , & in pretio a doctiffimis viris habentur ; huic argumento facile refponde-
mus , nulla exftare optimis temporibus fcripta volumina , fed aut Iuftiniani , aut Theodofii , aut , ut omnia illis concedamus ,
Conftantini Maximi temporibus , quibus
linguam latinam concidiffe fatentur . Et
quamvis in his veteribus libris multa melius fcripta fint , quam in iis , qui vulgo circumferuntur ; tamen ab optima ratione fcribendi longe abfunt . Sed haec hactenus .

X 2   Titu-

Titulum , cuius exemplum ad me mififti ,
Cicerone vivo confcriptum fuiffe indicium
eft , quod de fugitivis in Sicilia comprehen-
fis adiectum eft ; nam & Manius Aquillius,
& M. Craffus eodem tempore fugitivos com-
prehenderunt . Quod vero REGIVM recte fcriptum fit , non dubito , ut REGIVM LEPIDI ,
& a Graecis video in nummis fignatam pecuniam his litteris PHΓΙΝΩΝ , nec Strabo-
nem audio aliunde , quam a Rege , id nomen
ducentem , aut fi quem alium Aldus , & ceteri fequantur . Salluftianam emendationem
tibi placere gaudeo ; fi per valetudinem licuiffet , reliqua habuiffes . Sirletio Cardinali
plurimam falutem dices , & valebis . Poftri-
die Kal. Sept. Ilerda .

A. A. Ilerden.

VIII,

VIII.
LATINIUS

ANTONIO AUGUSTINIO EPISCOPO ILERDEN.
SAL. P. D (a).

Litteras tuas longiſſimas ſimul, & ſua-
viſſimas Poſtridie Kal. Septemb. Ilerda
datas ad VII. Kal. Novemb. accepi: in quibus mirifice me omnia delectarunt, prae-
terquam quod erat adſcriptum in extremo,
te, ſi per valetudinem licuiſſet, reliquas in
Salluſtium varias lectiones fuiſſe miſſurum.
Nam etſi ſpero, Dei benignitate, iam con-
valuiſſe, fuit mihi tamen permoleſtum, te
vel leviſſima morbi tentatiuncula a neceſſa-
ria gregis tui curatione, atque a ſtudiorum
tuorum curſu honeſtiſſimo abduci, aut re-
tardari. Quod autem ad me, quae de recta
latine ſcribendi ratione, multorum annorum
diligentiſſima obſervatione collecta abs te
erant, tam amanter miſeris, fuit mihi certe
cum eo nomine gratiſſimum, quod in re

X 3   tam

(a) *Cod. Vatic. 6201. pag. 12.*

tam varia femper, & incerta, circumfcriptis quibufdam quafi finibus, certam rationem adinveneris, cui affentiri facile quivis poffit; tum honoris quoque mei cauffa. Cur enim non ingenue fatear, me tam liberali, prolixaque tua erga me humanitate, cum aliqua honeftae de me opinionis fignificatione coniuncta, non permoveri folum, & affici, fed gaudere plane, atque laetari? Sed quod fcribis, te, fi quid errore fufceperis, me monitore reliturum, non fatis adhuc video, quid fpectaris. Nam in tuam fententiam ut mihi defcendendum omnino ftatuam, tam mihi aequum in ea re effe videtur, quam ut in iure dicendo ne latum quidem unguem a te quifquam difcedat. Verum quando iam multis ante faeculis latinae linguae ufum ita amifimus, ut ne litterarum quidem ullum fonum retineamus, in quo certa nobis ratio conftare poffit, recte ne a nobis, an fecus latina verba pronuntientur; atque ea inveftigatio non multum ad erudiendos animos hominum conferre poffit,

con-

consultius facturos nos iudico , si abiecta
tam anxia , peneque inutili circa litteras ,
& veterem scribendi consuetudinem cogitatione, & cura , in rerum honestarum , atque
ad omnes vitae rationes in primis utilium
investigatione operam omnem nostram , in-
dustriamque ponamus . Erit id cum nobis
ipsis omnino honestius multo , & laudabi-
lius , tum posteris quoque nostris longe uti-
lius . Sed haec hactenus . Affero nunc ad te
quaestionem mihi , multisque nuper propo-
sitam : quia digna visa est , in quam animi
tui vires , ingeniique acumen intenderes .
Ea vero est huiusmodi : Plutarchus in libello , cui titulus est περὶ τῶν ἐκλελοιπότων
χρηστηρίων , cum finitam daemonum quoque
vitam ex Hesiodi versibus ostendisset , eamque ad novem millium septingentorum viginti annorum spatium produxisset , eum
numerum ita ortum habere scripsit, & perfici , ut si verbis eius stare omnino volumus ,
nulla ratio iniri posse videatur, qua nos ad pro-
positam summam pervenire valeamus . Erit

X 4   igitur.

igitur dignus acri ingenio tuo nodus : ad
quem explicandum hic ab eruditis viris
nihil adhuc allatum eſt , quod ſatisfaciat ,
fereque omnes in ea ſententia ſunt , ut vel
manca Plutarchi verba , vel depravata omnino exiſtiment , cuius rei manifeſtum argumentum eſſe volunt , quod cum initio ſcriptum ſit συνθέσει μὲν , nihil poſtea ſequatur,
quod veluti neceſsaria quaedam portio , orationem abſolvat . Praeterea , τισσαρακοντα
γὰρ ἑκατέρως γίνεται , verbum ἑκατέρως men-
di ſuſpicione non vacare putant ; & infra
ταῦτα δ᾽ πιντάκις τιαγωνισθέντα , ſi verborum
communes , receptaſque hactenus notiones
ſequamur , nullo modo tantum annorum
numerum perficere poſſe arbitrantur . Con-
ſiderabis ergo locum diligenter . Et ſi erit
otium , videbis etiam , quanam ratione de-
fendi poſſit Lucretius in vi. , ubi Thucididis
verba pene ſingula latine reddens τὴν καρδίαν
cor moeſtum dixit : cum certum ſit καρδίαν,
id eſſe Hippocrati , & fere omnibus , quod
ϛόμαχος , id eſt *ventriculi os* . Hunc Lucretii

cretii lapfum nuper viri eruditiffimi Petri
Victorii cenfura animadverfum legimus ;
fed non omnes facile afsentiuntur Victorio .
Ego vero contra fentio , nihil in tota ea parte factum a Poeta venuftius , nihil magis
proprie , nihil in quo praeftantioris eruditionis , quae vere Philofophum virum deceret ,
exprefsa veftigia appareant , quam in moefti
cordis appellatione . Sed exfpecto prius ,
quid fentias , ne fi aliquid occupem prior ,
exclufum te ab eius pofseffionis aditu , veluti interdicto praetorio , aftute videar fubmo-
vifse ; cum facile fieri poffit , ut te eadem via
ad idem mecum fentiendum perduxeris .
Vale , cum ex me plurimum , tum ex Sirletio Cardinale , qui te peramanter etiam ,
atque etiam falutat . Roma xvii. Kalend.
Septemb. m. d. lxvii.

IX.

IX.

ANTONIUS AUGUSTINUS

LATINO LATINIO SAL (a).

NON poſsum tibi negare, quod a me tantopere efflagitas, ut ad te ſcribam, quid ſentiam de controverſia Sigonii noſtri cum Gruchio de binis Comitiis, & lege Curiata. Eſt illa quidem ab utroque docte, & eleganter, quodque mihi vehementer placuit, modeſte ſatis tractata: ſed in neutrius opinione acquieſco. Verba Ciceronis mendoſa eſse arbitror, rem ipſam perobſcuram. Emendatio Gruchii nimis audax eſt, & a veteribus libris, ut ſcribis, aliena. Eius opinio, qua putat Ciceronem ſenſiſse bina Comitia omnibus magiſtratibus, exceptis plebeiis, fuiſse necesaria, etiam ſi neque rem militarem attingerent, neque extra urbem proficiſcerentur: mihi incerta eſse videtur, nulliſque veterum monumentis probari. Quae de praerogativa attulit ex Aſconio

nio

(a) *Cod. Vatic.* 6801. *pag.* 7.

nio Sigonius , ut bina centuriata Consulis
indicaret , parum accommodata sunt , &
recte a Gruchio reprehenduntur . Quod scri-
bis in multis libris addi cvm ante illa verba
(*Centuriata lex*) id libens amplector ; sed
ita , ut tollam primam syllabam eius verbi
Centuriata , quod mihi insolens videtur ;
t litteram in c muto , & scribo cvm cvria-
ta pro *Centuriata* , quae duo verba postea
scripta sunt , & nescio , an illic delenda sint ,
& hoc loco scribenda . Fit enim saepe , ut
cum alter Scriptor errorem corrigit , alter
postea utrumque scribat non suo loco . Verbum *Consulib.* placet , neque enim video ,
qua in re indigeant Censores aliis Comitiis ,
quam quibus creati sunt , & cum lustrum
faciunt , non aliquod imperium accipiunt ,
sed exsequuntur ius magistratus sui . Sic igitur sentio scribendum : *Maiores de omnibus
magistratibus bis vos sententiam ferre va-
luerunt . Nam quum Curiata lex Consuli-
bus ferebatur , quum ceteris patriciis magistratibus : tum , iterum de iisdem iudi-
caba-*

cabatur , ut eßet reprehendendi poteßas ;
ſi populum beneficii ſui poeniteret . Sen-
ſus horum verborum apertus eſt , & ad Ciceronis cauſam maxime accommodatus .
Quod enim lege Servilia fiebat , ut De-
cemviri Curiata lege ornarentur : id nes
quis exiſtimaret , exemplo Conſulum , &
aliorum Patriciorum , hoc eſt maiorum Ma-
giſtratuum , fieri , qui etiam eadem Curiata lege ornabantur , cum extra urbem cum
imperio proficiſcerentur , docet Cicero multum intereſſe ; namque alteri ſine ullis comitiis iuſtis magiſtratum adepti fuerant ,
alteri iuſtis comitiis . *Iam hoc inauditum ,*
inquit , *& plane novo more , uti Curiata*
lege Magiſtratus detur , cui nullis Comi-
tiis ante ſit datus . Cauſam poſtea affert ,
cur id inſtitutum ſit , & adhuc debeat reti-
neri : *Maiores ,* inquit , *bis vos de omnibus*
his Magiſtratibus , qui ea lege ornantur ,
& maiores , atque Patricii dicuntur , ſen-
tentiam ferre voluerunt . Explicat hoc
namque , quum Conſulibus , vel aliis Magi-
ſtrati-

ſtratibus lex Curiata ferebatur : (*fereba-*
tur , inquit , non *fertur* , ut elevet uſum
Curiatae legis ſui temporis) olim ideo praeter ea comitia , quibus deſignabantur , Curiatis Comitiis opus erat , ut extra urbem
imperium exercerent praetorium , quale hoc
eſt , quod Servilius optat ſuis Decemviris ;
quum ceteris , inquit , patriciis magiſtratibus (adde lex Curiata ferebatur) ut omnibus Praetoribus in Provincias ituris , quid
agebatur ? Tum iterum de eiſdem iudicaba-
tur , ut eſſet reprehendendi poteſtas , & nihil,
inquit , aliud tum agebatur , quam iudicare
iterum , an illi eodem magiſtratu digni eſſent , vel exercitui praeeſſe , vel Provinciam
regere , aut ea poteſtate uti extra urbem
poſſent . Olim haec hac de cauſſa fiebant :
nunc vero prima illa Comitia , quibus Magiſtratus dantur , ſive ea Centuriata , ſive
tributa ſint , retinetis vos quidem adhuc ,
& frequentes in eis adeſtis ; at haec Curiata , de quibus locuti ſumus , auſpiciorum
tantum cauſſa remanſerunt , ea vos non ini-
tis,

tis , ea per triginta lictores , quod magis
oratorie , quam vere effe dictum fufpicor .
habentur . Sed ego nimis ineptus fum , qui
tam multis ad te verbis utar , ut te doceam
fcilicet , quod neque fcio , neque didici .
Volui tamen in hanc potius partem peccare , ut magis ineptus dicerer , quam minus
amicus . In verbis Meffallae verbum *iaßiae*
retineo , ac fi mutandum eft , pro eo ve-
.rvstivs fcribendum cenfeo . Loquitur enim
de minoribus Magiftratibus , quibus inauditum eft dari ius aliquod lege Curiata , praeter ius fuae poteftatis , quam inito Magiftra-
tu confequuntur . At olim tam plebeiis ,
quam Patriciis minoribus Magiftratibus Comitia Curiata folemnia fuerunt . Quod fcribis aliud effe legem Curiatam , aliud Comitia , non dubium eft : fed abutitur utroque
.quam Cicero his verbis . Primum , inquit ,
lege Curiata Decemviros ornat , uti Curiata
lege Magiftratus detur ; at poftea Curiatis ,
.inquit , eam Comitiis confirmavit . Vides
hic , dici Comitiis Curiatis , quod illic lege
Curia-

Curiata . Tu me amabis , & valebis , tuaeque, & Octavii noftri fententiae de his eifdem
rebus facies certiorem . Ilerda III. Nonas
Novemb.   A. A. Ilerden.

X.
LATINUS LATINIUS
ANTONIO AUGUSTINO EPISCOPO ILERDEN.
SAL. D (a).

ETSI nihil erat , quod hoc tempore ad
te fcriberem, nolui tamen committe-
re , ut proficifcenti Sanctio nihil litterarum
darem ; cum praefertim ille me propterea
profectionis fuae admonendum putaret , ut
aliquid omnino fcriberem . Ego vero cum
diligenter in hoc officiorum genere omnibus femper fatisfacere ftudui ; tum uni tibi
omnium maxime id ipfum a me deberi putavi , planeque fum profeffus . Illud autem,
fateor , interdum me a fcribendo deterret,
quod tibi homini in rerum graviffimarum
contemplatione, actioneque affidue occupa-

(a) *Cod. Vatic.* 6201 *pag.* 6.

to importune me facturum arbitror , si vel
tantillam moram afferam ; dum vel inanes
prorsus , vel certe de levissimis rebus scri-
ptas litteras meas legis . Scripsi xvii. Kal.
Decembris ad te de Plutarchi loco , vel men-
doso , vel mutilo in libello περὶ τῶν ἰκλε-
λοιπότων χρησηρίων . Exspecto avide , quid
tu primum , deinde etiam quid eruditi alii
apud vos de tota ea re sentiant . De Lucretii
quoque lapsu a viro doctissimo Petro Victorio animadverso , erit mihi gratissimum , si
quaenam sententia tua sit , pro tua humanitate ad me , cum satis erit otii , scribendum
duxeris . Nos hic valemus utcumque , Octa-
vius item pater . Sed quid de me futurum sit,
difficile est praevidere . Urbem colere , atque
in hac luce virorum eruditorum , optimo-
rumque suavissima consuetudine frui , quamdiu liceat , tam mihi firmum , certumque
est, quam quod certissimum . Itaque extre-
ma omnia ferenda censeo , priusquam urbem
desero . Verum haec alias . Tu perge amare
nos , & vale. Roma xvii. Kal. Ian. MDLXVII.

XI.

XI.
ANTONIUS AUGUSTINUS
LATINO LATINIO SAL (a).

PErcommode accidit, ut ad me litterae tuae XVII.Kal.Decemb: datae, praesente doctissimo quodam viro Petro. Ioh. Nunnio Valentino, pervenirent. Ab eodem enim didici Plutarchi locum, de quo me his litteris interpellabas, non minus verbis, quam sententia perobscurum interpretationem hanc recipere, quam his litteris comprehendam; ut potero; easque notas numerorum adscribam, quibus facilius explicare conabor acutissimi viri sententiam. Principio non credo, te desiderare explicationem illam, quae apertissima est, quo pacto ex Hesiodi sententia Nympharum vita novem millia septingentos viginti annos non excedat; cum ex singulorum numerorum multiplicatione ea summa reddatur : homini anno uno, cornici novem, cervo triginta septem, corvo

. *Tom.II.*   Y   cen-

, . (a) *Cod. Vatic. 6201. pag.17.*

centum & octo, phoenici nongentis septuaginta duobus, & natis, ultimiſque his decies auctis. Difficultas maxima eſt, quo pacto utrimque quadraginta, ſive quadragena illa fiant; & poſtea ſumma eadem fiat, ſi quinquies quadragena multiplicentur. Ab hac difficultate elabimur, ſi noverimus duplicem numerationis rationem a veteribus uſurpatam. Altera eſt, quam ἀπὸ μονάδος appellabant, qua ſinguli numeri infra decem, & ſinguli ſingularum decuriarum, ſive centuriarum tantum colliguntur; ut ſi quis hac ratione enumeret ccxxvi. decem eſſe affirmare cogetur; at cccxliii. item decem, cccclxxix. decem & octo. Altera ratio numerationis eſt, cum ſaepius numeri multiplicantur, non ſolum ipſi inter ſe, ſed etiam ſumma, quae ex ipſis conficitur; ut cum dicitur πεντάκις τετρακισδίππα a Plutarcho, ſignificatur quadragenarium illum numerum quinquies eſſe cum ſua ſumma augendum, ita ut ter ſingulae ſummae multiplicentur. Nam ſi ter quadragena multiplices,

ces , efficies cxx., fi haec eadem item ter ;
tunc novies quadragena ad ccclx. afcen-
dent , quae fi ter augeas , hoc eft vicies fe-
pties quadragena , colligitur fumma mille
octoginta numerorum . Iam fi quarto ter
multiplices hanc fummam , fient tria millia
ducenta quadraginta , quod fit ex multiplicatione lxxxi. numeri quadragenarii . Si
denique hanc quoque fummam ter multiplices , eam fummam efficies , quam Plutarchus fignificat , quae fit ex multiplicatione
ccxliii. illius primi numeri quadragenarii .
Sic vides , quo pacto , cum quinquies quadragena multiplicaveris triangulari illa ratione , fumma conveniat . Sed quo pacto
quadragena fiant ἀπὸ μετάδος, obfcurum eft;
nifi fingamus , vel potius meminerimus ,
cornicem a cervo quater , cervum a corvo
ter , corvum a phoenice novies , hunc
a nympha decies aucto annorum numero
vinci . Hi numeri fingillatim quater augendi
funt , quod Plutarchus dixiffet , nifi men-
dofus eius liber effet . Quod fi quatuor

Y 2   qua-

quater augeas , fient fexdecim , fi tria item
quater, colliges duodecim ; fi novem eadem
ratione multiplices xxxvi. fient, fi dena, quadraginta . Horum numerorum utrimque
ἀπὸ μονάδος collige fummam ; hoc eſt quatuor , trium , novem , decem , fient xvii.
item fexdecim , duodecim xxxvi. , & quadraginta , fi eadem ratione enumeres , fient
xxiii. , ita ex utrifque efficiuntur quadraginta , quod Plutarchus , ut cogitamus , dixit .
Verba Plutarchi ita fcribi poffunt : συνθίση
μὲν ἐκ τῶν τεσσάρων ἐφεξῆς , ἀπὸ μονάδος
δὲ τεφάκις γινομένων τεσσάρων τῶν πολλα-
πλασιαζόντων · τεσσαράκοντα γὰρ ὀξ ἑκατί-
ρων γίνεται · ταῦτα δὲ πεντάκις τριγωνισθέντα
τὸν ἐκκείμενον ἀριθμὸν παρίσχην (a). Mihi
quidem fententia Plutarchi acute fatis ex-
plicari videtur , verba tamen audaciufcule
mutari . Hadrianus Turnebius Latinus interpres fatetur , fe meliorem librum defiderare . His tamen verbis utitur . At haec
fumma novies mille feptingentorum , & vi-
giati ,

(a) Tom.I. 740. ante med.

ginti , compofitione ex quatuor numeris
iam inde ufque ab unitate deinceps quater
multiplicatis nafcitur . Utroque enim modo
quadraginta efficiuntur , quae quinquies in
triangulos redacta, propofitam fummam ab-
folvunt (a) . De corde moefto Lucretiano
quid Victorius nofter fcripferit , ignoro ,
Thucydidis Graecus interpres recte videtur
καρδίαν interpretari , Valla praecordia , Lucretius dedita opera cor moeftum , Gallus
quidam cor . At cordis morfum , aut mor-
bum folent Graeci καρδιωγμόν, ἡ καρδιαλγίαν
appellare , id Lucretium cor moeftum dicere reprehendendum non eft . Haec fcripfe-
ram , cum mihi cor moeftum ex litterarum
tuarum lectione , quas xi. Kal. Ianuarii de-
deras , fuit . His enim me certiorem litteris
de morte Octavii noftri fecifti , quem uterque noftrum unice amabat . Sed cum illo
actum efle praeclare puto , quod eum mors
a malis , quam a bonis ad perpetuam illam

Y 3   Beato-

(a) Utroque enim modo &c. Deeft , biguam , aliquid ;
cum modus unus exftet , alter defideretur .

Beatorum animorum sedem transtulit . Nec mors dici potuit repentina , aut improvisa , quae accidit septuagenario , & quinquennio dimidia parte corporis capto , ac manco . Vita vero fuit beata , cui & animi dotes , & nonnullae corporis eximiae , a Deo Optimo Maximo religione , & sinceritate fidei illustriores effectae summam illam ei gloriam pepererunt , in quo multos annos vixit in isto Orbis terrarum theatro , vel ipsis invitis , qui summam Reipublicae tenuerunt . Titulum sepulcri legi , elegans est , & te , atque illo non indignus . Sed si res est integra, illis verbis (Sodalit. Servor. observant. Sodali) scriberem (Hujus Sodalitii Sodali), & post verbum (probitatis) adderem (ingenii , atque eruditionis) & pro illis verbis (tantique erga omnes officii) scriberem (ita erga omnes officioso) . Illa quoque verba auferenda censeo (Sodales amantissimi Sodali suavissimo P.) , & pro Cal. (Kal.) scribo... Non video autem , cur non etiam Abbatem , sive Pro Abbate inscribamus ; cum

id

id quoque nomen parrem fignificet . Nar-
bonenfem infcriptionem tantopere a te lau-
dari miror . Habet enim nonnulla minus
exacta ; fed amo diligentiam tuam , quod
me diligenter de ea admonueris, exemplum-
que eius miferis pereleganter confcriptum .
Vale VIII. Kal. Martias . Ilerda .

A. A. Ilerd.

9. Cornix	4.		16.
36. Cervus			12.
108. Corvus	⎰3.		36.
972. Phoenix	⎱9.		40.
9720. Nympha	10.		

40.

1.   120.
2.   360.
3.   1080.
     3240.
4.   9720.

Y. 4.   XII.

XII.
ANTONIUS AUGUSTINUS
LATINO LATINIO SAL (a).

Itteras tuas Nunnio meo oftendi, ut de Plutarchi numeris iterum plenius tibi fatisfaceret. Laudavit, quae fcripferas, fed non effe adhuc omnem difficultatem fublatam affirmavit ; qua de re poftea pluribus, ut opinor, cognofces, & quid ille fentiat, & quid in tuis litteris defideret. Interea, ut peterem abs te enixe hortatus eft, ut Diophanti de Arithmetica libros, qui in Vaticana Bibliotheca non uno exemplo fervantur, defcribi, & ad nos mitti cures ; aut fi graece, vel latine editi fint, eius rei nos facias certiores. Quod quaeris, quid exiftimem fignificare in Narbonenfi, & Patavino titulo *Magmentum protollere* : rem tu quidem mihi perobfcuram a me enarrari cogis. *Magmentum* ex Catonis, Varronis, Fefti, Nonii, Servii, & Arnobii verbis id effe videtur, quod augendae Religionis cauffa facrificio adderetur, unde etiam *mactare* di-

citur,

(a) *Cod. Vatic.* 620 r. *pag.* 15.

.citur , & *mactum esse* . *Macte* , inquit Servius ix. Aene. , *magis aucte* . Sermo tractus
a facris . Quoties enim aut thus, aut vinum super victimam fundebatur , dicebant:
mactus est taurus vino , vel *thure*: hoc est
cumulata est hostia , & magis aucta . Id igitur *non protolli iubetur in legibus arae*
Narbonensis , *& Illyricae* ; hoc est non alio
duci , fed in eam aram inferri : ita enim in-
terpretor *protollere* esse porro tollere . Sunt
autem quaedam verba duriuscula composita,
& in veterem quamdam formulam concepta,
in utroque titulo , quae obscuritatem augent, quale in his ipsis verbis est: *Sive quis*
hostia facrum faxit ; *qui Magmentum nec*
protollat idcirco tamen : probe factum esto.
Nam fi fcriptum esset , *qui tamen Magmen-*
tum non tollat , non laboraremus . *Nec*
pro *non* in duodecim tabulis fuisse nostri testantur ; *cum de furto nec manifesto agitur.*
Idcirco significare videtur circa id facrificium , vel in eo facrificio . Quod in Patavina
inscriptione est (*Quod Magmentum*) men-
dofum

dofum effe fufpicor, nifi forte ad verbum *facrum* referre oportet, quod minime probo(a). Habes fententiam meam, tu me certioris tuae facies certiorem, & cum erit commodum, vel Cardinalem Sirletium, vel Matthaeum Devarium, vel Fulvium Urfinum, vel omnes potius percontabere, fi cognofcere poffint, cuius fint verba ab Suida relata verbo παιδίκται, quae alio quoque loco ab eodem relata funt, quidque de eodem verbo a Graecis fuerit memoriae traditum, aut quis eo ufus fuerit, praeter Tironem Tullium, Plinium, Gellium, Carifium, & Iurifconfultos Ulpianum, ac Modeftinum, & Iuftinianum, & Iuftinianeos interpretes. Verficulos quofdam ad te mitto, fi minus verbis, aut numeris, at fententia, ut arbitror, non ingratos. Cura, ut valeas. Nonis Iuniis. Ilerda. A. A. Ilerden.

LETTE-

(a) *Videndus Herodianus lib.v. de Elagabalo fcribens, ubi facrificium eius muniis inftitutum narrat, extaque victimarum, atque aromata in labellus aureis capitibus virorum honeftiffimorum impofitis circumlata deferibit. Id enim videtur folemnes pompae genus quoddam adhibitum ad augendum Deorum honorem.*

LETTERE ITALIANE
DI ALCUNI ILLUSTRI SCRITTORJ

DEL SECOLO XVI

CIOE'

Di Annibale Caro , di Antonio Agoſtini ,
di Matteo Bruno , e di Gio:
Batiſta Guarini

CAVATE DAI LORO ORIGINALI ,

AL REVERENDISSIMO PADRE
DON CESAREO POZZI
ABATE ULIVETANO
L' EDITORE DI QUESTI OPUSCOLI.

IL dono, che a Voi faccio di queste poche Lettere Italiane inserite nel Tomo secondo de' nostri Aneddoti, è un piccolo contrassegno del molto, che vi debbo, e che vi debbo ben volentieri. La cara amicizia, di cui m'onorate, ed il comodo, che generosamente ne' miei letterarii passatempi m'accordate della bella Biblioteca Imperiali confidata alla vostra direzione, sono i motivi di questo mio dolcissimo debito. Capisco quanto poco vi doni, ma la costituzione di questa Raccolta composta di soli Opuscoli è tale, che in essa agli amici non possiamo donare, che piccole cose. Eccovi precisamente il caso dell' antico proverbio, che i piccoli regali alimentano l' amicizia, ed i grandi colla lor mole l'opprimono. I pochi Autori di queste Lettere sono notissimi a Voi, ed a qualunque cadranno sotto gli occhi; quindi è inutile il parlarvene a lungo. La prima, benchè sotto nome di Monsig. Giovanni Guidiccioni Presidente di Romagna, deesi attribuire ad Annibal Caro, che allora gli servìa di Segretario. Ma sia dell' uno, o dell' altro, sono amendue nomi cari alle Muse, e cari a tutti noi. Le tre Lettere d' Antonio Agostini le troverete secondo il solito piene di erudizione, e mancano nella Raccolta di Lucca. Matteo Bruno

Giu-

Giureconsulto Ariminese non vi sarà men noto per le lodi, che gli danno lo Struvio (a), e il Gottofredo (b), che per l'elenco dell'Opere sue nel Mazzuchelli (c). Di costui dunque leggete una Lettera, dalla quale vedrete essere lui non meno amante delle belle Lettere, che delle Pandette. In fine le due del Guarino, che da me copiate sull' originale devono, se non per altro, esserci grate, perchè scritte da quella medesima fortunata mano, che scrisse tant' altre belle, ed eleganti cose. Una di quelle servirà ancora alla Storia di sì grand' Uomo, perchè accenna la sua Ambasceria a Venezia, ed una Orazione da lui recitata in quella congiuntura, e di cui non mi pare d' aver sentito menzione. Ma per tornare al mio senne regalo, non lo crediate interamente però spogliato d'interesse. Noi vorremmo con ciò impegnarvi sempre più a comunicarci le cose, che avete fra' vostri manoscritti, e che possono abbellire la continuazione di quest' Opera, la quale dalle molte ricerche sembra assai grata al pubblico. Non è già, che manchiamo di materiali opportuni, che anzi ce ne piovono da tutte le parti, ma bramiamo di avere il piacere di ottenerne anche da Voi; giacchè i doni divengono più cari per la mano del Donatore. Vale.

LETTE-

(a) Biblioth. Jur. Select. lib. IV. tit. XX. de Coffun. Bonor. cap. VII. §.94.   (c) Scrittori d' Italia.
(b) L. 2. Cod. Theodof. Tom. I. Part. IV. pag. 2219.

LETTERA I.

Di Annibale Caro a nome di Monsig. Gio-
vanni Guidiccioni Presidente di Romagna
al Card. Camerlingo in Roma (a).

ON mi è parso investirne ancora i Rangoni, perchè, Monsig-
Rмо, questa mi è riuscita una
cosa degna di grandissima considerazione, e mi parrebbe far contro co-
scienza, se S. S. non la intendesse bene. Io
darò loro il possesso del Castello, ogni volta,
che essi non potranno di manco; ma sia certa V. S. Rмa, che tanto è l'odio, che portano a questi Signori, e tanta la ostinazione,
e la paura di tornare loro sotto, che impossibile cosa è, che abbiano se non il loco rui-
nato, perchè gli uomini sono risoluti di ab-
bandonar il Castello, e venduto, e portato
via quel, che possono, abbruciare, e mi-
nare il resto, e tengono questa deliberazio-
ne

(a) *Cavata dal Libro delle pubbliche Riformanze della Ter-*
ra di Savignano segnato lettera A in fine.

ne con tanta coſtanza, che mi fa ricordare
dei Lici contra Bruto, e dei Saguntini
contr' Annibale; e ſono certo, che, ſe
queſta coſa và innanzi, Sua Santità fa ma-
nifeſta perdita di queſto Caſtello, il quale
per tutti i riſpetti è bene, che lo manten-
ga, e che ſtia ſotto a queſto governo, tanto più, che per redimerſi offeriſcono di
sborſare 5000. ſcudi, coſa, che mi pare
impoſſibile a un Caſtelletto, come quello.
E quando con tanto fervore deſiderano il
governo Eccleſiaſtico, e con la morte, e
con ogni generazione di calamità non ſi
poſſono indurre a ſervire ad altri, mi par,
che ſi debbano raccorre, ed aver loro com-
paſſione, e non ruinare, e mandare a diſper-
ſione un popolo, per darlo a chi a ogni
modo non lo può tenere, ed a Signori, ai
quali non ſono mai per ſervire. Aſpetto,
che V. S. Rma mi dia avviſo della mente di
S. Beatitudine ſopra queſto, ed a V. S. Rma
umilmente mi raccomando. Di Forlì alli
xx. di Febraro MDXL.

LETTE-

LETTERA II.

Di Antonio Agostini a Fulvio Orsino (a).

Molto magnifico Signor mio .

A Vendomi rifoluto di ftare in Sicilia tutta quefta eftate per molte neceffarie caufe , è forza , che fcriva a V. S. alcune cofe , che più volentieri riferberei alla vifta voftra ; ma in quefto mezzo defidero, che per lettere ragioniamo un poco infieme delle Medaglie, *ut faepe* . In una di argento di quattro dramme in circa, è un Ercole nudo con una clava nella deftra , con la quale alta percuote, e con la finiftra tiene un toro per il corno deftro , con certe lettere fuggite . Ha di rovefcio un'altro Ercole nudo facrificante, ovvero turificante, perchè colla deftra vuota una patera fopra un'altare, il quale altare è circondato da un ferpe. Colla finiftra Ercole tiene la clava appoggiata in terra, e dietro lui è una grue, ovvero altro uccello. Le lettere fono guafte,

Tom. II.   Z   ma

(a) *Cod. Vatic.* 4104. *pag.* 327.

ma simili a queste ΗΤΨΙΑΣ. Desidero sapere, se V.S. ha visto altra simile, e con
quali lettere, ed interpretazione. Ho in
bronzo un'altra Medaglia, della quale penso
aver trovato una bella interpretazione, benchè essa non è bella, ma brutta, e mal con-
servata. Da un canto è la testa di una donna più onesta, che bella. Dall'altro canto
portano due giovani due persone sopra gli
omeri. Io credo, che sia moneta di Cata-
nia, e la testa della Pietà, e li due giovani
quelli due fratelli, che portarono suoi padre, e madre fuora della terra in un'incendio; de' quali fa menzione Pausania lib.x.,
e Virgilio, ovvero altro autore nell'*Aetna*
alla fine: *Namque optima proles Amphion,*
fraterque pari sub munere fortes &c. Credo, nelli nomi fosse varietà fra gli Storici.
V.S. mi farà grazia di chiarirsi e con Medaglie, e con Libri, se sono fuor di strada,
ovvero in essa. Fra le Medaglie dei Siracu-
sani, ho alcune con una testa, come di Giove, ma molto più bella, che le ordinarie,

con

con queſte lettere ΖΕΤΣ . ΕΛΕΤΘΕΡΙΟΣ .
dall'altra parte è un fulmine . Penſo , che
ſi ritrova in Ariſtotele *lib. v. Politicorum* ,
che morto Gerone li Siracuſani fecero una
ſtatua d'oro a queſto Giove , per eſſergli
tolta la ſervitù delli delatori del tiranno .
Coſì interpreto un'altra con queſte lettere
nella teſta ΔΙΟΣ . ΕΛΕΤΘΕΡΙΟΤ , e dietro
un'Aquila con un fulmine ΣΙΡΑΚΟΣΙΩΝ .
Ed un'altra colla teſta di Diana ΣΩΤΕΙΡΑ ,
e con un fulmine di roveſcio , volendo dire ,
che Diana , e Giove gli aveſſe liberati ; e che
Diana foſſe Nume tutelare de' Siracuſani . Credo , che lo dica Diodoro Siculo
libro vι. , dove dice delli peſci della fontana
di Aretuſa ſacri a Diana , e dell'Iſola Orti-
gia , la quale era una parte della Città di
Siracuſa appreſſo Cicerone , Virgilio , Livio ,
ed altri . Queſti peſci credo , che ſiano
quell'iſteſſi , che ſi vedono nelle belle Medaglie Siracuſane di argento attorno di una
teſta di donna colla quadriga a roveſcio .
Silio Italico lib.xιv. v. 5 3. *Hic Arethuſa*
ſuum

ſuum piſcoſo fonte receptat Alpheon ſacrae
portantem ſigna coronae. E perchè ho una
Medaglia, e forſe più (per parlar più a guſto
di V. S.) dove è una teſta di una bella donna coronata di foglie di canna, con un toro
di roveſcio con due peſci ΣΤΡΑΚΟΣΙΩΝ ,
avendo letto, che li fiumi ſi facevano come tori nella favola di Acheloo, ed Ercole, ed altrove, ſono in penſiero, che ſia
la teſta di Aretuſa, ed il toro, Alfeo piſcoſo.
Non voglio tacere un'altra fantaſia di altre
Medaglie pur Siracuſane con un Pegaſo di roveſcio, le quali in argento, e rame ſi trovano
molte in Roma, e quà, ed io ſeguendo Giulio
Polluce, quelle, che non avevano lettere,
l'interpretava Medaglie di Corinto. Ora
vedo, che Bellorofonte, ed altri Corinti
vennero con Archia, e fondarono Siracuſa,
come trovo ſcritto da uno Storico moderno,
il quale cita Tucidide libro vi., Strabone
lib. viii., Dioniſ. Alicar. libro I., e l'interprete di Teocrito, ma non dice dove.
V. S. mi faccia grazia di vederlo, dove parla
Teocri-

Teocrito di Bellorofonte. Queſto Archia,
dicono, che foſſe delli deſcendenti di Alceo
figliuolo di Ercole; e per queſto penſo, che
in alcune Medaglie di Siracuſa ſi trova una
teſta di un giovane con l'exuvie d'Ercole,
la qual teſta io credeva, che foſſe di Aleſſandro. Non sò, ſe ho ragionato a guſto
di V. S., pure avrò dato occaſione, che
mi riſponda, e che mi faccia ſapere, ſe il
Sig. Annibale Caro ſi trova in Roma, al
quale dia li miei ſaluti ſtrettiſſimamente,
e profit l'affinità con Sua Santità, e Ca-
merino. Addio. Da Palermo alli 3. di
Giugno del M. D. LX.

Di V. S.   A. A.

LETTERA III.
Del medeſimo ad Onofrio Panvinio (a).

Reverendo Padre ſingolariſſimo.

LA voſtra delli 10. di Decembre mi trova
fuor di Lerida nella Viſita, dove non ho
Medaglie, nè Libri per ſatisfar al deſiderio

Z 3   di

(a) *Cod. Vatic.* 6412. *pag.*246.

di tante cofe , come ad un tempo volete.
Il peggio è, che non ho ivi defignatore , fe
non certi, che depingono nel muro per ec-
cellenza una battaglia di φrιζι (*), e gatti,
e qualche fcimiotto, o papagallo . Pure con
parole cercherò di fatisfarvi , benchè fiate il
Maftro di tutto quello , che vi potrò dire ,
ed in Roma ci è ogni cofa, e il microcofmo,
come dice non sò chi Greco . Delli Libri
di Medaglie ho fmarrito il Libro delli xII.
Cefari del Vico , ho bene il Cefare Dittato-
re , e le Augufte . Ho ancora l'Erice , ed
il Francefe Choul , il Golzio non ho vifto,
ma intendo , che finifce nelli percuffori di
Cefare, e che non è affai copiofo delli fu-
periori . Quelli , che ho vifto , mi pare
fi gabbino in molte Medaglie finte, che effi
pigliano per vere , ed alcune vere dichiara-
no male , ed altre difegnano etiam male ,
in alcune cofe comuni fi ftendono , le difficili tralafciano , come molti interpreti di Libri ; e qualche volta nelle comuni vanno
a capi-

(*) Così fià nel Mf.

a capitolo, come fa l'Erice in provare, che
le Medaglie non furono mai monete, con
argomenti, che provano appunto, che furono. Pure alli princ·pianti giovano tali
Libri, ed a chi non ha modo di aver le Medaglie istesse. Desidero, che l'Istoria vostra
Ecclesiastica vada innanzi, la quale vi può
immortalare più, che queste altre ciance,
benchè siate atto per cicalare di ogni cosa
bene. Questa estate messi in ordine certe
famiglie Romane, e nelli vostri Fasti trovai
alcune cose, che potrebbono mutarsi, e vorrei mandarvele. Come ritorno dalla Visita,
che farà fra un mese, ve li manderò con
queste altre baie, che volete, se avrò un
poco di ozio. Ma se il vostro Padrone ha
i Libri del Pirro nostro, lì troverete ogni
cosa a tutto pasto, ed a merenda, e cola-
zione. Interim vale, mi Panvinie, (pane,
& vino dulcior). Dat. in Tamarid alli x.
di Febraro del M. D. LXVII.

Di Vostra Magnificenza
A. A. Ilerd.

Z 4   LETTE-

LETTERA IV.
Del medefimo a Fulvio Orfino (a).

Sig. Fulvio mio fingolariffimo.

HO differito di rifpondere a una di V.S.
data alla fine di Settembre, ricevuta
in Barcellona dal mefe di Ottobre, penfando
in breve ritornare al mio nido. *Tandem
aliquando huc pervenimus* tre dì fono, ed
eccevi la rifpofta *non cumulatiore cumulo*,
Efiodicamente, ma come poffo. Dite, che
avete perfo gli Antiquari Onofrio, Egio
morti, e Pirro, e Manuzio affenti; mi con-
doglio con effo voi, *fed quoufque?* Così
fi vive morendo, il tempo vola, e tutti cor-
remo pigliando per un piacere cento faftidi.
Promettete di fcrivermi fpeffo, e fete non
più, che li Parti, e Peni verace. Della Ta-
vola Greca, e Latina mi rallegro, ma che
afpettate a pubblicarla? Il Confolato di Ca-
tulo, e Lepido fu principio dell' Iftorie di
Salluftio, come fi vede nelle parole relate
da

(a) *Cod. Vatic.* 4105. *pag.* 70.

da Prifciano, e Rufino, come credo *de nu-*
meris . L. Cornelio Sifenna fcriffe la guerra
Italica , ed il Civile fotto Silla *non fatis li-*
bero ore , come nota effo Salluftio nel Iugur-
tino . E' lodato magramente da Cicerone
in più luoghi . Ho raccolto gli Autori da
me notati in un' altra carta, che fanno menzione di Sifenna . In Medaglie trovo in argento CN. CORNEL. L. F. SISENA , ed in
bronzo dal tempo di Augufto APRONIVS.
MESSALA . III. VIR. , SISENNA . GALVS . A. A.
A. F. F. , ed in altro SISENNA . MESSALA .
APRONIVS . GALLVS . III. VIR. A. A. A. F. F. ;
ed in altro SISIINA. PR. COS. L. SÆI. ... Ho
vifto quella fcrittura II pro E in alcune ifcri-
zioni , ed ho giudicato effer nota di H per
diftinguere le vocali lunghe dalle brevi, ma
in Plutarco Sifenna fi fcrive per ξ. SÆI. ...
interpreto *Statili*. La Pretura di Sifenna in
quel Confolato mi fa ricordare, che non sò,
come poffa accordare le parole di Cicerone
con quelle di Paterculo . Fa Cicerone menzione dell' Iftorie di Sifenna in bocca di Antonio

ronio molti anni avanti della guerra Civile
di Silla ; e Paterculo dice, che scrisse le Istorie molti anni dopo essendo vecchio . Questo scriveva fidatomi della memoria , e pen-
sando la soluzione di questo argomento ,
vidi , che pigliavo errore , che Antonio non
fa menzione di Sisenna , se non di Celio
Antipater . Ma nell' Orazione pro Cornelio
nelli fragmenti salvati da Asconio si fa menzione della Pretura di esso Sisenna , e Plutarco nella vita di Lucullo nota , come Sisenna Istorico , ed Ortensio Oratore fecero , come per burla , che Lucullo giovane scrivesse
il Bello Marsico in Greco , e non sò , se sia
vero quello , che afferma Seb. Corrado nel
Bruto , Plutarco aver detto , che Sisenna
scrisse in Greco , come nell' interpretazione
delli versi di Ovidio , non intende essere altra Opera le *Milesiae Fabulae* tradotte da Ari-
stide dell' altre Istorie . E così io trovo in
Nonio , ed altri , citati luoghi latini dell'Istorie , dove sono cose chiare del Bello Marsico , ed altri luoghi delle Milesie . Quanto
alli

alli tre Greci onorati nella voſtra Favola,
non ho coſa a propoſito; ſi potrà cercare
nell'Iſtorici di quelle guerre. Eſſendo chiaro,
che lo Storico foſſe Lucio, facilmente ſi
potrà credere eſſere ſuo figliuolo CN. il mo-
netale, eſſendo L.F., e forſe inſieme con Meſ-
ſala, e con Apronio Gallo al tempo di Au-
guſto, e così il medeſimo figliuolo fu Pro-
conſole, e ſuo Queſtore, o Proqueſtore quel
Statilio dell'altra Medaglia. Quanto alli due
nomi di Sulpizio Iuriſconſulto, non ho coſa
certa, nè credo ſi poſſa dimoſtrare in anti-
chità; li moderni pigliano de' granchi ſpeſ-
ſo. *Ser. Sulpicius Q. F. Lemonia Rufus*, ſi
trova nelle Filippiche parlando con parole
di S. C. ſopra la ſtatua di eſſo Sulpizio. Ed
in una Medaglia di argomento SER. SVLPI-
CIVS . RVFVS III. VIR., M. BIBVLVS IMP., la
qual moneta credo foſſe fatta dal figliuolo
del Iuriſconſulto, eſſendo Bibulo Imperatore
in Siria, o Aſia, ſe non m' inganno, al tempo del Proconſolato di Cicerone in Cilicia.
La voſtra, dove ſi legge *L. Servius Rufus*,
                                        è for-

è forſe errata per dire *L. Servilius* , ovvero
L. Sergius Rufus ; ovvero diremo , che foſſe
nome di famiglia *Servius* in ſola queſta
voſtra Medaglia . Il luogo di Nepote *in vita
Attici* è guaſto , e credo ſi debba levar via
la parola *Servio* , e che reſti *M. fratri Sul-
picii* : e credo , che qualcuno ſcriveſſe Servio in margine , credendo , che parlaſſe
del Iuriſconſulto . Ed avvertite , che gli Ruſi
erano Patrici , come dice Cicerone *pro Mu-
raena* ; e queſto Marco era fratello di P. Sulpicio Trib. Pl. , e così plebeio . Dunque
tutti i Sulpici patrici , e plebei ſi dicevano
Servii ? non lo crederà Marſodio . Trovo
in Plutarco nella vita di Galba , (il quale era
Sulpicio , e Patricio , non Sergio , come
il volgo crede) , che era delli *Servii* . Ecco
dunque un' altro ſcrupolo ; tuttavia mi per-
doni Plutarco col ſuo parlare improprio ,
che volendo dire eſſer nobile patricio per
padre , diſſe la nobiltà de' *Servii* , inten-
dendo per il pronome la famiglia ; come
ſe voleſſe dire uno delli Claudi , e diceſſe
degli

degli Appii, perchè come nelli Claudi fi
trova il pronome di Appio fpeffo, e non è
frequente in altri, così degli Sulpici è fa-
miliare *Servio*. *Hoc placet*. Ricordatevi
di Cicerone, che fcrivendo ad Appio Claudio, ufa di Appietate, e Lentuliate per dire
quelle voftre nobiltà di fumo, non perchè
Appio fia nome di famiglia, ma perchè
fi ufava nella Claudia fpeffo. Nel numero
di più fi potrà comportare m. ser. svlpicii.
rvfi, per dire Marco, e Servio Sulpici
Rufi.

Vengo al fragmento delle Ferie Latine
in Monte Albano, gioia degna di effere confervata. Solamente dirò aver notato in Dio-
nifio lib. iv., e nel fine del fefto, come
fi facevano tre giorni dette Ferie, (nel faffo
fi nota il primo giorno delli tre), il primo dì da Tarquinio introdotto, il fecondo
exactis Regibus, il terzo reconciliatafi la
plebe con li Patrici. E nel libro viii. dice, che li Tribuni non potevano pernotta-
re fuori di Roma, eccetto, che per quefte
Fe-

Ferie , andando con tutti li Magistrati al
Monte Albano : e per questo restava in
Roma un Prefetto *Urbis Latinarum Feria-*
rum caussa , del quale parla Pomponio nel
titolo *de origine Iuris* .

Della Colonna di Duilio non ci ho
considerato altro di quello, che allora scrissi
al q. F. Onofrio .

Delle monete di Caio Mario Pro III.
Viro del tempo di Augusto , non ci ho al-
tra considerazione , che, come si trova Pro
Cos., Pro Pr. , e Pro Quaest. , così Pro III.
Viro . Chi fosse costui non mi sovviene .
Di tre di questo nome sono chiaro , che
avanti Augusto furono C. Mario VII. Cos. ,
ed il figliuolo morto in Preneste , il terzo
fu il finto nipote, del quale nelle Epist. Fam.
ci è menzione . Si trova in argento C. MARI .
C. F. CAPIT. S. C. — C. MARIVS . C. F. C. N.-
C. MARI . C. F. — M. MAR. Il Libro *de Ludis*
Circensibus vederò volentieri , e li Commen-
tari di Cesare . Di Medaglie dette Conso-
lari ho visto poche in Ispagna , ed ho fatto
poco

poco studio in esse , solamente ho considerato sopra l'interpretazione di quella del fratello di Africano, L. Scipione ASIAG, al quale tutti dicono Asiatico , come a' posteri , de' quali fu uno Console an. 670. U. C. , che nelli Fasti Capitolini tanto esso Lucio, come quell'altro sono detti Asiatici , e si trova (non appresso me) una Medaglia di argento così inscritta L. SCIPIO . ASIATIC. Tuttavia quella più frequente non è ben copiata dal curiosissimo Uberto Golzio , il quale scrive ASIA . a. Io ho visto molte così scritte L. SCIP. ASIAG. , e dubitando dell'interpretazione mi sono risoluto in *Asageta* , ovvero *Asagetes* , ed ho in mio favore un solo verso di Sidonio Apollinare assai guasto , e corrotto . Scrive questo Autore :

Vae mihi qualis eram , cum per mea
    iussa iuberet

Sylla , Asiae gentes , Curius , Paullus ,
    Pompeius ,

Tigrani , Antiocho , Pyrrho , Persae , Mithridati

Fa-

Pacem, regna, fugam, vettigal, vincla,
venenum .

Intendo, che in Libri antichi pro *Afiae*
gentes fi trova *Afiagenes* , a me piace *Afia-*
getes , ed è molto vicino alla fcrittura ,
e la fentenza ricerca , che fi parli di Lucio
Afiatico , che vinfe Antioco , come Silla
a Tigrane , Curio a Pirro , Paulo a Perfa ,
Pompeio a Mitridate . Di Apolline Arca-
geta fi trova una Medaglia appreffo me
TATPO MENITAN — APKATETA , ed in
Tucidide lib.vi. fi trova quefto cognome ,
ma per H . Refta una difficoltà , ed è la
quantità della fillaba *ge* in *Afiagetes* , ed
in *Afiagenes* , che effendo breve il verfo
defidera E longa . Di quefto fcrupulo defidero effere levato , o diremo , che Sidonio
usò libertà in quefta fillaba , come Pru-
denzio , ed altri in molti nomi Greci .
V. S. mi dirà fuo parere . Item in quefto ,
che tutti i moderni Poliziano , Budeo , Al-
ciato , ed altri diciamo *Pandettae Floren-*
tinae , e tutti gli antichi li danno articolo
mafco-

maſcolino, declinando ὁ πανδίκτης, τȣ πανδίκτȣ . Si trova in Suida τοῖς πανδίκταις,
benchè non dica il nome dell' Autore .
V. S. mi faccia grazia di vedere , ſe potrà
indovinare chi ſia , e ſe ha oſſervato in altri Libri queſto nome . Io ho trovato Iſcri-
zione di un Teologo detto Antioco , del
quale deſidero le parole del teſto , che
non l' ho Greco, ma l' interprete uomo dotto , ſe ne accorge di queſto abuſo de' moderni . Item Tullio Tirone fece un Libro
così detto , come riferiſce Gellio , e Ca-
riſio . Trovaſi nel Prologo di Plinio , e nel
Libro de' Digeſti Fiorentini , ed in Teofilo,
ed in Apicio corrotto . Tutti i Leſſici moderni errano nell' articolo , nell' accento ,
e nella declinazione , ed uno cita a Teofilo
τῷ πανδίκτῳ falſamente , perchè in Teofilo tre volte ſi legge τȣ πανδίκτȣ , e non
altrimente . *Sat prata biberunt* . *Vale* .
A' 24. di Febraro 1571. in Lerida
   Di V. S.
               A. A. Ilerden.
Tom.II.   A a   LETTE.

LETTERA V.

Di Matteo Bruno a Francesco Bolognetti del Reggimento di Bologna (a).

Molto Magnifico Sig. mio Ossmo.

E' Ben vero, che le Leggi non hanno conformità alcuna con la Poesìa, pure io trovo, che alcuna volta i Leggisti hanno fatto professione ancora di quella, come si legge nelli argomenti di Virgilio, ed anco il Petrarca il dimostra in quella sua Canzone, che comincia: *Quell'antico mio dolce empio Signore*. Ed alcuna volta noi altri per fuggire la noia, e travaglio di questo studio, e per pigliare qualche dilettazione, ci dilettamo di legger queste Poesìe volgari, però ho voluto con l'altra mia pregar V. S.

(a) Dall' originale, che stava in Ca a Bolognetti, ove si trovavano ancora altre iv. Lettere del medesimo scritte allo stesso nell' anno seguente sopra il Nipote Giovanni, che stava a studio in Bologna; siccome altra pure ve n' ha del suddetto Giovanni scritta al Bolognetti. ma sì questa, che quella non contengono, che cose di poca importanza. Ora stanno presso Monsig. Giuseppe Garampi.

V. S. a farmi un dono di quelle sue Rime,
come altre volte Ella me ne fece di quelle,
che scrisse sopra gli ornamenti delle Donne,
e di quelle, che scrisse al Sig. Girolamo Fo-
cari, ed al Sig. Emilio Malvezzi, ed aven-
domele ora mandate con la sua, le ho ac-
cettate molto volentieri, e ne ringrazio V.S.
infinitamente, e già le ho date al legatore
per legarle, ed avutole, mi forzerò vederle
con qualche comodità, e dipoi darò avviso
a V. S. di quel, che ne sentirò; benchè
non avranno bisogno di mia sentenza, perchè io non atto a dar giudizio delle cose
sue. Ringrazio V. S. ancora dell' avviso da-
tomi di Monsig. Illmo Paleotto, e la causa,
perchè non ho avuto risposta della mia da
sua Illma Signoria. Io me ne starò con
questa amorevolissima offerta, e quando
mi farà bisogno, me ne prevalerò, sendo
io sicuro, che sua Illma Signoria non mi
mancherà di favore, quando mi occorre-
rà, come ha fatto per il passato. Mi è
stato grato ancora intendere del Sig. Al-

ber-

berto (a) ; prego ben V. S. , che quando
li scriverà , si degni mandarli in mio nome
infinite raccomandazioni , e con questo fine
di cuore bacio la mano di V. S. , e la prego
a conservarmi nella buona grazia di Monsig.
Illmo Paleotto , e del Sig. Cammillo suo
fratello con baciarli le mani in mio nome.
Da Rimino alli XII. di Marzo del MDLXVI.

Di V.S. MM.   Affezmo Ser.re
                               Matteo Bruno.

LETTERA VI.
Di Gio. Batista Guarini a Francesco Bolognetti .

Molto magnifico Sig. mio Ossmo.

SOno stato così tardi a dar risposta alla
sua amorevolissima lettera aspettando di
far due colpi in un tiro , cioè mandarli
questa lettera direttiva al Sig. Carlo Sigoni
per un negozio , che non è stato in ordine
prima d' adesso . Ringrazio dunque senza fine
V. S.

(1) *Alberto Bolognetti Giu-* *indi Vescovo di Massa di Ma-*
reccon, uito Bolognese , fu Nun- *remma , Nunzio in Polonia ,*
zio a Firenze , e a Venezia ; *e Cardinale per pochi anni .*

V. S. della confolazione da Lei fentita del mio accomodamento col Sig. Duca, il quale come che per ogni rifpetto mi deva eſſer caro, mi farà nondimeno allora cariſſimo, che io conofca di poter fare qualche fervizio a V. S., alla quale fon tanto obbligato. Ebbi poi le tre belliſſime Epiſtole di Monſig. Rmo Campeggio, delle quali, fecondo l'ordine fuo, due ne difpenfai alli Signori Pigna, e Riccio, che ne baciano infinitamente le mani all'uno, e all'altro delle SS. VV., e la terza ho tenuto per me, e letta con mio grandiſſimo guſto. Con l'inclufa lettera del Sig. Sigoni, la quale mando a V. S. perchè fia Ella l'appreſentante, farà una Orazione fatta da me nell'Ambaſceria, che a' dì paſſati mandò il Sig. Duca mio Signore a Venezia per rallegrarſi col nuovo Principe della fua creazione, la quale avendo io recitata in quel Senato, piacqui per mia ventura a molti, che l'udirono, ficchè fono aſtretto a mandarla alla ſtampa. Ora io la invio al Sig. Sigoni,

per-

perchè, come oro, che nel fuoco affina,
pigli qualche parte di perfezione dal suo
molto giudizio : ma mi è parso di fare,
che V. S. sia quella, che la dia, ed insieme
colla sua autorità l' astringa a servirmi,
com' è dovere in questi casi di servir gli amici, non per adulazione, ma per verità. Il
soggetto è da sè aridissimo, avendo avuto
per mia sventura a parlare di un Principe,
che nè mai seppe, nè mai fece nulla, e pure
è stato forza a lodarlo. Desidero, che Sua
Signoria mi spedisca prestissimo, perchè io
sono assai importuno, e però così prego
V. S., che procuri la prestezza, come il
servizio medesimo. Appresso il giudizio del
Sig. Carlo, sò bene, che non può se non
giovare anco quello di V. S., la quale se
anco in questo mi gioverà, come il servizio sarà maggiore, così l' obbligo riuscirà
duplicato. E con questo fine le bacio le
mani, e desidero saper nuova del suo mi-
rabilissimo figliuolo, del quale non ho udi-
to parola, poichè lo lasciai partendo a Bologna.

logna. N. S. Dio la profperi lungamente.
Mando queſt' uomo a poſta, acciocchè ſerva
per memoria a V. S. di rimandarlomi quanto prima eſpedito. Di Ferrara li v. di Gen-
naio MDLXVIII.

    Di V.S.   Gio. Batiſta Guarini.

LETTERA VII.
Del medeſimo allo ſteſſo.

Molto magnifico Sig. mio Oſsmo.

Icevuta che io ebbi la lettera ſua, trovai ſubito lo ſtampatore, e con lui lungamente diſcorſi del ſervizio di V. S., il
quale mi riſolſe in poche parole, che per
aver egli ſpeſo aſſai nel Volume dell' Iſtoria,
che fa ſtampare il Sig. Duca noſtro, la quale
ha tolto a fare a tutte ſue ſpeſe, non può
gravarſi di maggior ſomma, ma che pia-
cendo a V. S. di far la ſpeſa, e pagare a lui
l'opera, l'accetterà molto volentieri. E'ben
vero, che del prezzo non ha voluto reſtar
d'accordo meco, deſiderando egli ſaper prima di quanti fogli ſia l'Opera, e quanti vo-

         lumi

lumi Ella ne veglia ; le quali condizioni
(quando pur fi rifolva a quefto partito)
mandando V. S. a me , fpererò , che fia per
efer compiaciuta , e fervita con quel maggior vantaggio, che farà poffibile. E perchè
fia beniffimo informata di ogni cofa, le mando una moftra di caratteri, acciocchè fcielga
qual più le piaccia per far queft'Opera. E fe
in altro la poffo fervire mi comandi, come
a perfona defiderofa , e obbligata a farlo.
Baciole la mano, e prego Dio, che lungamente la confervi. Di Ferrara li xv. di Gen-
naio MDLXVIIII.

   Di V.S.   Gio. Batifta Guarini.

M. VA-

M. VALERII MARTIALIS,
S. DAMASI PAPAE
ET
VALERIAE FALCONIAE PROBAE
CARMINA ANECDOTA
EX VARIIS MSS. CODD.

NUNC PRIMUM EDITA

Additis etiam pluribus variantibus lectionibus
ex iifdem Codicibus excerptis.

IOHANNIS CHRISTOPHORI AMADUTII
AD DOCTISSIMUM AC NOBILISSIMUM VIRUM
CAROLUM MOSCAM BARZIUM
EQUITEM COMITEM ET MARCHIONEM
PRAEFATIO.

Quos nunc primum profero, quosque in instructissima Pisaurensi Collectione omnium Poematum, Carminum, & Fragmentorum Latinorum (a) edendos versus, si tunc mihi innotuissent, ad te, Eques nobilissime, qui ipsam ingenti sumptu, & magnanimo consilio curasti, vel ad Paschalem Amatium Popularem meum longe eruditissimum, cuius egregia opera in tanta re perficienda utebaris, misissem, ut alia etiam non pauca tunc temporis communicavi, smas nunc modo tuo inscriptos nomini, ac tuae commendatos clientelae in Eruditorum lucem prodire. Commode Vir Cl. Iohannes Aloysius Mingarellius Abbas, & Procurator Generalis Canonicorum Regularium S. Salvatoris pro sua in me humanitate, ac munificentia sane non vulgari communicavit Epigramma M. Valerii Martialis ex Cod. Ms. membranaceo saec. XIV. Bibliothecae S. Salvatoris Bononiae, quod est ad quemdam Trebonum, quodque temporis ratione primum locum sortitus est. Codex, quem diximus,

(a) Pisauri CIƆIƆCCLXVI. ex Amatina Chalcographia. Tom. VI. in 4.

mus , *Epigramma hoc exhibet libro* xi. *poſt Epi-*
gramma iii. , *atque in Codicis margine exaratum*
cernitur . Stilus ſane , & luſus a Martiale non
abhorret , ac forte ex vetuſtiori Codice petitum
Epigramma hoc ipſum dein Bononienſi Codici ac-
ceſſit . Deeſt quidem tum in omnibus editionibus ,
tum etiam in editione Cornelii Schreverii (a) , *qui*
xxi. *Epigrammata Martiali tributa ad calcem re-*
cenſuit . Habet inſuper laudatus Codex variantes
quaſdam Lectiones ſane non aſpernandas , quas ſub-
jungere in ima ora paginae non inutile duximus .
Hic accedit , eodem Mingarellio largiente , Sancti Da-
maſi Papae Epiſtolium , decem conſtans verſibus ,
ad quemdam Fratrem corripiendum , erutum ex Mem-
branis quibuſdam olim Bibliothecae ampliſſimi Car-
dinalis , & affinis tui Dominici Paſſionei , nunc
vero Angelicae Eremitarum Auguſtinenſium in Urbe,
cui dein ipſa adhaeſit . Tandem ex altero Paſſio-
neiano Codice nonnullos anecdotos verſus Falconiae
Probae doctiſſimae Feminae per laudatum Minga-
rellium exſcriptos exhibemus ; nec plures etiam
variantes Lectiones , quae ad eius notiſſimum Vir-
gilianum Centonem pertinent , quaeque in ſupraſcri-
pto Codice · proſtant , heic nunc deeſſe patiemur .
Codex hic ſcriptus apparet ſaeculo xv. , *ac pag.* 134.
habetur Prologus Sempronlae Probae Hortanae
Feminae doctiſs. ad Honorium Aug. Theodoſii
Magni F., & Arcadii Aug. Fratrem in ſuum
Virgilio Centona , repertus a Petro Seb. Florentiae . *Prologus tamen ſcriptus eſt ſaeculo* xvi. ,
hicque

(a) *Lugduni Batav.* 1656. *pag.* 787.

*hicque a nonnullis tributus est C. Sedulio Presby-
tero , tamquam eiusdem ad Theodosium Augustum
dedicatio .* Ast ipsum *Fabricius , qui edidit , Sedulii esse negavit , ac Falconiae Probae restituit .
Ceterum inter Sedulii Carmina ipsum locavit Amatius noster* (a) *, secutus editionem , quam sibi pro-
posuerat .* Prologum , quem diximus , in laudato
Codice *sequitur Iohannis Boccaccii fragmentum* de
Proba Adelphi Coniuge ; *tum Carmen ipsius Probae , quod sic inscribitur* : Incipit praefatio in Virgilio Centonam Probae ingeniosissimae feminae
gentilium Carmina ad obsequium fidei retor-
quentis . *Ad calcem vero haec habentur* : Expli-
cit Virgilio Centona Probae , cuius Homero
Centonam non habet latinitas , sicut Virgilio
Centonam eius non habet graecia ; studuit
enim utramque gentem ad fidem Catholicam
invitare priorum documentis Auctorum . *Mingarellius noster contulit haec Probae Carmina cum
Bononiensi editione* (b) *peracta a Thoma Simeonio ,
& ad eius tramites exstantiores notavit lectionum
discrepantias ; at nos rursus eius apographum cum
Pisaurensi tua editione* (c) *contulimus , in qua
cum earum multas receptas deprehenderimus , eas
idcirco consulto omisimus , dum ceteris in ima ora
locum fecimus . De Falconia Proba quid dicere
praestat post Fabricium , qui ipsam illustravit in
utraque Bibliotheca , scilicet in latina vetere , &
in altera mediae , & infimae latinitatis , tum etiam*
post

(a) *Tom.* v. *pag.* 331.   (c) *Tom.* v. *pag.* 160.
(b) *Anni* cIↃIↃcXcLIↃ 4.

poft *Praefulem Cl. Iuftum Fontaninium*, qui in Antiquitatibus Hortae (a) *de eadem pleniffime differis*? *Tibi*, *qui ita comparatus es*, *ut profanorum*, *ac incredulorum Mathematicas difciplinas in Fidei*, *ac Religionis noftrae propugnaculum converteris* (b), *quibus ad illarum myfteria tum guftanda*, *tum reverenda eorumdem ftudiis*, *quae non ita ftatim refugiant*, *ac faftidiant*, *invitares*, *gratum praefertim erit praeeuntem quodammodo in hoc ipfo confilio nunc cernere doctiffimam Feminam*, *quae nimirum Ethnicos ipfis veterum Auctorum Carminibus*, *quibus rapiebantur*, *ad Chriftiana dogmata allicere tentavit. Ofculaberis infuper pro tua pietate facros Sanctiffimi Pontificis Damafi verfus; nec pro tua eruditione afpernaberis quinetiam Valerii Martialis Epigramma*, *quod & antiquitatis pretio*, *& modeftiae*, *a qua ipfe faepe aberrat*, *commendatione pluris fane aeftimandum venit. Quare haec omnia a te facile impetrabunt*, *ut parumper a Mufis feverioribus*, *quas colis*, *abfcedas*, *ac graviffima purioris Philofophiae ftudia abrumpas*, *quibus ornandis*, *amplificandifque operam adeo & fedulam*, *& ftrennam navas*, *ut novo etiam*, *atque eo fine ingeniofiffimo fyftemate veluti manu monftrandum illud phaenomeni myfterium aggreffus fueris*, *cuius cognofcendi*, *explicandique defperatione Ariftotelem olim fe in Euripum praecipitaffe vulgo*
circum-

(a) *Lib.* II. cap. 1., & *Tom.*VIII. *Thefaur. Scriptor. Ital. Part.*III.

(b) La Matematica fatta guida per credere, Lettera fcritta ad un' Amico dal Cav. Carlo Mofca Barzi. In Roma 1772. In 4.

t

circumfertur (a) ; *neque etiam universalem Noachi-
cum Cataclysmum tuis intactum illustrationum ten-
taminibus reliqueris* (b) . *Erunt haec etiam , per me
nomini tuo dicata , quantulacumque ea demum sint,
argumentum sane luculentissimum , certissimumque
meae in te observantiae , ac benevolentiae , quam
quidem non fucatam te iam agnovisse confido ,
tum etiam ingenuum grati erga te animi mei monumentum , non id certe , quod deberem , ac vellem , sed quod hoc tempore , atque his viribus
unice possum . Erunt praeterea etiam alia , & quidem edita , quae tibi in Collectione tua omnium
Poematum praetermissa , expletis mancis & ipsis
Stephani Marchesellii , quae nosti , paralipomenis ,
ostendam* (c) . *Illud vero interim tibi persuadeas
velim , tua in me praestantissima merita , ac be-
nefacta tum sempiterna memoria me coliturum ,
tum etiam perenni laude , & commemoratione
exorna-*

(a) Saggio di una nuova
Spiegazione del flusso , e ri-
flusso del Mare &c. del Cav.
Marchese Carlo Mosca Barzi .
In Pesaro 1764. Nuove Ra-
gioni sopra il Saggio suddetto.
In Pesaro 1764. Utrumque
Opus deis excusum est in al-
tero eius Volumine inscripto :
Pensieri Filosofici &c. In Pe-
saro 1769. in 4.

(b) Lettera scritta al Sig.
Marchese Gio. Paolucci sopra
una Dissertazione spettante al
Diluvio dal Marchese Cav.
Carlo Mosca Barzi . Seconda
edizione . In Venezia 1770.
in 4.

(c) Esame del P. Stefano
Marcheselli sopra la Raccolta
Pesarese di tutti gli antichi
Poeti Latini diviso in cinque
Lettere . Tom. XXI. , e segg.
della Nuova Raccolta d'Opu-
scoli scientifici , e filologici ,
stampata in Venezia , e con-
tinuata dal Ch. P. Lettore
Don Fortunato Mandelli .

exornaturum. Tandem hoc unum reftat modo, ut
tibi faufta omnia adprecer, atque infuper, fi in re
feria, ac facra quinetiam licet iocari, pudicae Ve-
neri verticordiae votum folvam, ut blando eius
numine te priftinae quieti, ac tranquillitati refti-
tutum tandem aliquando intelligam. Verumtamen
eft, ne defperes, feverae faltem Nemefis auctoritate, & imperio aliquod tandem follicitudini, qua
angeris, importari poffe levamen. Haec, immi-
nente falutifero Chrifti Servatoris noftri Natali,
fint felicitatis omina, quae a me nunc exfpectes.
Vale.

    Datis Roma Idibus Decembris anno Gratiae
CIƆIƆCCLXXIII.

M. VA:

M. VALERII MARTIALIS
EPIGRAMMA ANECDOTUM
AD TREBONUM

Ex Cod. Ms. Membranaceo Bibliothecae
Sancti Salvatoris Bononiae.

Dispensator eris per tempora multa, Tre-
bone,
Unum qui leporem multiplicare sapis.
Unus quippe lepus vix uni sufficit: at tu
Servando veterem mille facis lepores.

VARIANTES LECTIONES EX EODEM COD. MS.

Edita exemplaria habent	Codex habet
Lib.I. Epigram. 5. *abit Heline*	*abit Thymele.*
Lib.I. Epigr. 109. *pro me dicat avere Liber*	*pro me dicet avero Liber.*
Lib.II. Epigr. 60. *tantum dum puerile times*	*tantum nec, puer Hylle, times.*
Ibidem: *Vae tibi, dum ludis*	*Vae tibi, qui ludis.*
Lib.II. Epigr. 81. *Dum tamen haec tua sit, Zoile, sandapila*	*Cum tamen haec tua sit, Zoile, sandapila est.*
Lib.IV. Epigr. 10. *Dum novus est, neque adhuc rasa mihi fronte libellus.*	*Dum novus est, & adhuc non rasa fronte libellus.*
Lib.IV. Epigr. 55. *Haec tam rustica malo, quam Butuntos.*	*Haec tam rustica malo, quam Erlatanos.*
Lib.IV. Epigr. 56. *Munera quod scribas, viduisque ...*	*Munera quod scribas, retulisque.*

Tom. II.   **B b**   *Lib. VI.*

Lib. VI. Epigram. 21. Codex habet : *Atlantide* pro *Tantbide*, versu primo. *Exitiosa* pro *exitiose*, versu quarto, *Essa* pro *issa*, versu sexto. *Sed te iam Dea parte Dei* pro *Sed te iam Dea caede*, versu ultimo.

Lib. VII. Ep. ultimo : *Casaxa la- Usus ear fertilla*, adem. *Hic*, edam

Libro VIII. Epigramma 71. penes Codicem in duo dispescitur. Primum versu 4. terminatur ; alterum incipit : *Cynthia te vacas* &c.

VER-

VERSUS
SANCTI DAMASI PAPAE
AD QUEMDAM FRATREM CORRIPIENDUM (a)

E Membranis Bibliothecae Passioneiae, nunc
Angelicae Eremit. Augustinensium (b).

Tityre, tu fido recubans sub tegmine
    Christi
Divinos apices (c) sacro modularis in ore,
Non falsas fabulas (d) studio meditaris inani:
Illis nam capitur felicis gloria vitae,
Istis succedent poenae sine fine perennes.
Unde cave, Frater, vanis ne te subdere curis,
Inferni rapiant miserum ne tartara taetri.
Quin potius sacras animo spirare memento
Scripturas, dapibus satiant quae pectora ca-
    stis.
Te Domini salvum conservet gratia semper.

        B b 2   *VER-*

(a) *Ita inscribitur a Li-*
brario hoc Epistolium.
(b) *Cod. Ms. membran.*
saeculi XI. fol. 31., sign.
num. 87.

(c) *Psalmos, ut puto, de-*
notat.
(d) *Haud eleganter pri-*
mam vocis fabulas syllabam
corripit.

VERSUS NONNULLI ANECDOTI

VALERIAE FALCONIAE PROBAE

HORTANAE FEMINAE DOCTISSIMAE

Ex Codice Ms. Bibliothecae
Paffioneio-Angelicae.

Poſt verſum 42.

UT liquidiſſimus ignis, ut iis exordia
primis,
Terrarumque animae, polique, marifque
fuiſſent.

VARIANTES LECTIONES EX EODEM COD. MS.

Spectantes ad Prologum ad Honoriam Aug. Theodofii Magni F.,
& Arcadii Aug. Fratrem, qui ab aliis tribuitur
C. Sedulio Presbytero.

Editio Piſaurenſis anni 1746.	Codex Paſſion. Angelica
Verſ. 2. Roma, qui regna tenet.	Rem, qui regna regit.
3., & 4. — dignare Maronem.	..... dignare, Marone.
Malatum.	Murato.
5. Scribendum famulo, quem	Scribendum famulo, qui iuſſerat .
inſiſti.	

Sequuntur aliae Lectiones variantes spectantes
ad Centonem ipſum Virgilianum.

Editio Piſaurenſis anni 1766.	Codex Paſſion. Angelic.
Verſ 4. pollutos carde .	pollutos carde .
6 confperfos tulerat ,	confperfos tulerit .
Ibid. quod fama triumphos .	quae Roma triumphos .

Verſ 70 ...

Vnf 7. Innumeris totius.	Innumeros totius .
9. Sacrum precor.	Sanctum precor .
10. aeternumque tui .	aeternimque tui .
11. possim Vatis proba .	possim Vates Proba.
14. nec libet aeuis .	non libet aeuis .
15. lapsi nexus persuadeat horror.	lapsi magnus persuadeat error .
16. Laurigerosque sequi .	Laurigerosque sequi .
17. Iurgantesque Deas .	Iurgantesque Deos .
21. sanctae libramina pacis .	sacrae libramine lucis .
24. repetens ab origine prae dam.	repetens ab origine pergam .
25. sique fides animi .	sique fides animi .
26. & toto se corpore .	& magno se corpore .
29. o pater, o hominum .	o pater, oque hominum .
36. Iam pridem memini vete rum monimenta virorum .	Nam memini veterum voluens mo nimenta sacrorum .
37. Musarum ante omnes totum .	Musarum ante alios nostrum .
38. fuerint, & quae minora .	fuerint, quae non minora .
41. Unde hominum .	Inde hominum .

Vid. superius in textu duo versus, qui sequuntur. In Codicis margine ad latus versiculi : Vt liquidissimus Os. scriptus est hic versus : Et si quid simul ignis habet, vel mobilis humor , qui est in edi tione .

| 44. crescentis origine . | crescentis imagine . |

De quatuor temporibus anni.

Vers 5. pag. 74. ut certis possimus .	ut certis possimus .

Dies primus.

Vers. 5. Et variae pelagi facies, im mensa orbe .	Tunc variae Comitum facies, im mensa orbe .
7. circuibant aequora .	circuibant humida .
8. Iam sole infuso .	Iam caelo infuso .
9. rerumque simul dispergit .	rerum late dispergit .

Dies secundus.

Vers. 2. Fudit humus ,	fundit humus .

Dies tertius.

Vers. 4. cessabat tortor .	cessauit tortor .

Dies quintus, & sextus.

Vers. 3. genitor perfectis ordine re bus .	genitor diversis orbibus orbes .
5. Terrarum, tractusque .	Terraeque, tractusque .

Bb 3

De

De formatione primi hominis.

Verf. 5. *Proceffit nova* .   Procedit nova .
Ibid. *pulcherrima rerum* .   pulcherrima primam .
   6. *fimilis , cum mentem, ani-*   fimilis mentemque , animumque .
     mumque .

De formatione Evæ .

Verf. 9. *clara cum luce* .   claraque in luce .
   10. *Infignis facies , & pulchro* .   Infignis facieque , & pulchra .

Deum protoplaftum , & Evam benedixiffe .

Verf. 3. *Iuffit : eo dicente* .   Iuffit : eo dicente .
   4. *Interque virentia rura* .   interque oftentia rura .

Quid prohibitum primis Parentibus.

Verf. 3. *brachia tendens* .   brachia pandens .
   9. *liceat te voce* .   liceat nec voce .
   10. *nec te ullius violentia* .   nec te unquam ullius violentia .

De deliciis Paradifi .

Verf. 4. *fub limine folis , & ortus* .   fub lumine folis adorti .
   11. *croceis halantes floribus* .   croceis pallentes floribus .

Tentatio per ferpentem .

Verf. 5. *ramo frondente* .   ramo florente .
   7. *Iræque , invidiæque , & no-*   Iræque , infidiæque , & crimina
     xia crimina .   noxia .
   19. *Varia superftitio* .   Una superftitio .

Verfus alter anecdotus poft verf. 19.
tit: *Tentatio per ferpentem* .

Quo vitam dedit æternam , cur mortis
adempta eft
Conditio &c.

Sequuntur variantes lectiones.

Eva fedocta feducit virum .

Verf. 3. *fubiiciunt oculis oculi* .   fubiiciunt oculis ollis .

Vident fe nudos &c.

Verf. 5. *hominum fator , atque deo-*   hominum , rerumque repertor .
     rum .
   6. *Obfervans oculis* .   Profpiciens oculis .
   7. *æternumque furens* .   Noviitque furens .

Adam

Adam abscondit se.

Verf.1. Dira frementem.	Dura frementem.
3. filuesque, & scrubi.	silvas, & scrubi.
4. lucemque, nec auras.	luciſque, nec auras.
5. Reſpiciens.	Deſpiciens.

Increpat Adam Dominus.

Verf.1. creber ad aures.	creber ad auras.
2. per umbram.	per umbras.
3. Talibus affatur.	Talibus alloquitur.
5. furor ille.	furor iſte.

Poſt verſum ſextum in Codice ſic legitur: Maturate fugam, toto-
que abſiſte luco. Diſite, quæ regnis miſeris tam dira cupido.
Nec revocare &c. Qui in Ellito præcedit verſus, in Codice
ſubſequitur.

Adam se excuſat.

Verf.2. Memi, nec deprecor.	memini, nec deprecor.
4. monituſque ſiniſtri.	monituſque ſiniſtri.

Maledictum serpentem.

Verf.5. Mala gramina paſtus.	mala ſemina paſtus.

Maledictum Adam.

Verf.8. exſpectabis acerrumus.	ſpectabis acervum.
11. & dira rapis.	& durus rapis.

Maledictam Evam.

Verf.1. o ſacriſſima coniux.	o ſanctiſſima coniunx.
2. commiſſa tibi : bos.	commiſſa tibi eſt : bos.
5. quod tota verute.	voto quod verute.

Expulſos Adam, & Evam &c.

Verf.4. feſtinant rapidis, iuſſuque.	feſtinant iuſſi, rapidiſque.
7. veſtigia figunt.	vaſtigia figunt.

Evam peperiſſe duos filios.

Verf.5. gramina toto.	gramine toto.
7. adoque ducens indeſcere. fuere.	adoque ducens molleſcere libro.

Abel a fratre occiditur.

Verf.1. adolens.	adoles.
2. Alter, & alterius.	alter in alterius.

Poſt occiſum Abel, Deus &c.

Verf.5. frumenti labor.	frumenti labor.

Verſus

Verſus alter anecdotus poſt verſ.6.
tit: *Poſt occiſum Abel &c.*

Tunc almos primum fulvi ſenſere carinas.

Sequuntur variantes lectiones.

Verſ.10. *paulatim decolor.* *paulatim, ac decolor.*
De diluvio.
Verſ.2. *Telluræ effudit.* *Tellurem infudit.*
  3. *diluvio miſcent.* *diluvium miſcens.*
Noe ſervatur.
Verſ.2. *qui fuit in terris &* *qui fuit inventus &*
  3. *tantis ſurgentibus.* *terris fulgentibus.*
Poſt diluvium Deus &c.
Verſ.3. *quid murmuro.* *quid numerem.*
 Ibid. *facta tyranni.* *facta tyrannum.*
  8. *magna virum.* *magna viri.*
  9. *Sacerdotes adſint.* *Sacerdotes adſunt.*
De Novo Teſtamento &c.
Verſ.8. *adventumque Dei, cum* *adventumque tui quo*
  11. *ſed quia terrifico.* *ſacraque terrifice.*
De Nativitate I. C.
Verſ.3. *miſſa ſub imperio.* *miſſus in imperium.*
  4. *miſta Deo ſabia.* *magna Deo ſabia.*
De ſtella, & Magis.
Verſ.2. *magna cum luce refulſit.* *multa cum luce evexerit.*
  5. *proceres, cunctiſque reperte.* *proceres, cunctiſque reperte.*
  6. *novus veritatis, Chriſtique* *novus erat veritatis, & ipſi agnoſce-*
   agnoſcere vultum. *re vultus.*
Metuiſſe Herodem &c.
Verſ.1. *clamore ſervatum.* *clamore cruentum.*
  2. *magnaſque acuit.* *magniſque acuis.*
  4. *haud inſcia.* *haud neſcia.*
Herodes iubet occidi Inſantes.
Verſ.5. *arbens terroribus.* *arbens elanuribus.*

                 At in Cod.
Fugit Virgo cum Filio Mater Domini in Aegyptum
   in Aegyptum. ſeceſſit cum Filio.
Verſ.2. *ipſa manu prae ſe.* *ipſa ſimul prae ſe.*
 Ibid. *turbante tumultu.* *turbante tumultum.*

Verſ.3. *plena ad praeſepia.*	*media ad praeſepia.*
6. *Haec tibi prima.*	*Ille tibi prima.*

Chriſtus diſputat &c.	*In Codice nullus titulus.*
Verſ.3. *ante omnes animum geſtans tacitiſtis origo.*	*ante omnes animum,ut geſtus caeleſtis origo.*

Miratur omnes Chriſtum.	*In Codice nullus titulus.*
Verſ.5. ſic ſe habet in Codice: *Quis nolas, vociſque ſonos, vel greſſus curans.*	

	In Cod.
Teſtimonium Iohannis de Chriſto.	*Intendit de Iohanne B. cum dixit Ecce Agnus Dei.*

Chriſtus baptizatur à Iohanne &c.	*In Codice nullus titulus.*
Verſ.1. *mersfare ſalubri.*	*metſere ſalubri.*

Multos baptizatos cum Chriſto.	*In Codice nullus titulus.*

Vox de caelo audita eſt,	*In Cod.*
Ille eſt &c.	*De voce Patris ad Filium.*

Omnia rident, adveniente Domino.	*In Cod. nullus titulus.*
Verſ.6. *cadant,unum pro nomine.*	*cadent unum pro nomine.*

Verſus duo anecdoti poſt verſ. 7.
tit: *Omnia rident, adveniente Domino.*

Namque erit ille mihi ſemper Deus , illius
    aras

Cuncti obteſtamur , veniamque rogamus
    ab ipſo.

Sequuntur variantes lectiones.

Teſtatur Chriſtus: hic titulus in Edito ponitur poſt verba: omnia valles; ſed male.	*In Codice poſt verba: memorabile nomen, ponitur hic titulus : de tentatione diaboli in deſerto.*

Verſ.6.

Verf.6. *ferox, dictaque parentum.* | ferox, dominumque parentum.
7. *fancias, at ferpens.* | fancias at ferpens.
9. *qui noftra ad limina.* | quid noftra ad limina.

Chriftus diabolum alloquitur. | *In Codice nullus titulus.*
Verf.4. *nec dubites, nam.* | nec dubita, nam.
7. *corpore terrae?* | corpore terram?

Diabolus fugit, audito Chrifto &c. | *In Codice nullus titulus:*
Verf.3. *fe condidit umbris.* | fe immifcuit umbris.
 | *In Cod.*
Dominum elegiffe Difcipulos &c. | De electione Difcipulorum, & concurfu multorum ad Iefum.
Verf.1. *Interea magnas volitans in fama.* | Interea volitans fit maxima fama.
3. *urit pelago deducere.* | urit pelagi divertere.

Poft verfum 3.; nempe poft verba *ftipantque frequentes*, fequuntur in Codice feptem verfus, qui defunt in Editio. En illos:

Verfus feptem anecdoti poft verf.3.
tit: *Dominum elegiffe Difcipulos &c.*

Conveniunt, vitamque volunt pro laude pa-
 cifci,

Poftquam altos ventum in montes, aeterna poteftas

Iure dabat, legefque viris, operumque labores

Edocet, humanis quae fit fiducia rebus:

Admonet inmifcens cari praecepta parentis;

Spemque dedit dubiae menti, curafque re-
 folvit,

 Confpi-

Conspicit ecce alios, dextra, laevaque frequentes.

Sequuntur variantes lectiones.

Verf.7. Exstantum suscipis.　　exstantem conspicis.

Post versum 9. nullus in Edito titulus; sed in Codice hic legitur:
　De sermone Domini in monte.

Vers.1. Infernisque ciet.　　Inferiasque ciet.
　22. Supplicia expendunt.　　Supplicia expediunt.
　25. omnem Cocyto. ?　　omnem Cocyti.
verf.ult. Semper, & aeternò.　　Semper, & abdita.

　　　　　　　　In Cod.
Praecipitur, ne colantur Idola.　De eo, quod Dominus prohi-
　　　　　　　　buit sacrificium animalium,
　　　　　　　　quae res fidem laeserit.
Verf.3. robore natas.　　robore nota.
　4. mortalive manu effigies, nec　mortalique manu efficiet, nec tem-
　　templa deorum.　　pla sacri.
　5. Audire, & repetens.　　Audire, & repetens.
verf.penult. irrevocabile tempus.　inreparabile tempus.

De Iudicio venturo.　　In Codice nullus titulus.
Verf.4. excidium, vesta.　　excidium, & vesta.
　5. pariter rutilo miserrimo igni.　pariter venturo immisceris igni.

　　　　　　　　In Cod.
Quid sibi faciendum foret &c.　De adolescente divite, qui
　　　　　　　　dixit se omnia mandata legis
　　　　　　　　servasse.
Verf.1. Hunc super adventu cum　Hoc super adventu cum dira hor-
　　dicta horrenda moveret.　　renda moveret.
　3. Studiis florens.　　studii florens.
　4. quinque greges.　　quique greges.
　7. ore effatus.　　ore affatus.
　9. confugio, & supplex.　　confugio supplex.
　11. Eripe me his inimice.　　eripe me his inimice.
　13. superare labores?　　superare dolores?

　　　　　　　　Respon.

Respondit ei Dominus.	In Codice post v.10 , id est post verba reddidit heros , hic titulus ponitur: De responso Domini , & recessu iuvenis , quia Dominum suasu contemptum opum.
Verf. 4. tuasi mihi .	sua sit mihi .
8. si iungi hospitio .	si iungi officio .
verf. ult. gemens , seseque oculis .	gemens , seque ex oculis .

Post verba evertit , & ausert , sequitur in Cod. titulus : De tempestate orta in mari discipulis piscantibus , qui in Edito habetur inferius .

Verf. 3. sanda latum transferberat .	latum sanda transferberat .
8. & stustus ad sidera .	stustusque ad sidera .

Sequitur in Cod. titulus alter : De adventu Dei ad discipulos , qui in Edito inscribitur : Christum ambulasse super aquas , quique in Edito pariter inferius occurrit .

Verf. 3. & pelago decurrit .	in pelago decurrit .
4. praeterante carina .	percunte carina .
6. sarii , & magno clamore .	sarii magno clamore .
8. Hic vero horrendum , at visa mirabile fertur .	Id vero horrendum , & visa mirabile fertur .
11. nec dum stustus latera ardua torsit ,	nec dum stustus latera ardua torsit .
13. Ecce gubernaculo .	Ipse gubernando .
14. Intremuit malos .	Intremuit malis .
13. puppique Deus consedit in alta .	puppique Pater consedit in alta .
verf. ult. laeti nosæ advertuntur arenæ .	laeti piniæ advertuntur arenæ .

	In Cod.
Christus insedit asello .	De eo , quod pueri obvieverunt Domino sedenti super asinum .
Verf. 1. æstir agitatur .	æstir agitatur .
2. effulgens , tum plurima .	effulgens , cui plurima .
3. atque viri , patri .	atque viri , & patri .

Post versum 4. , seu post verba : contingere gaudent , hic sequitur titulus in Codice : De æstione vendentium , & ementium e Templo .

Verf. 5. Iamque propinquabat portis .	Iamque propinquabant portis .
6. Antiqua ex cedro centum .	Antiquae cedri centum .
	Chri-

Chriſtum ementes &c.	*In Codice nullus hic titulus.*
Poſt verſum 7., ſeu poſt verba, *inſcnis mutes*, ſequitur in Codice hic verſus : *Hæc nobis propriæ ſedes , hic tempore certo , Perpetuis ſcliti &c.*	
Verſ. 10. *obſtupuere animis* .	*obſtupuere anlml* .
	In Cod.
Diſcipuli periclitantur in mari .	De Coena Domini , & diſtributione Corporis , & Sanguinis Chriſti .
In Edito ſequuntur tituli , quos in Codice antepoſitos ſupra meminimus , utique De tempeſtate &c., & De alveum Dei &c.	In Codice ſequuntur verſus, qui in : Edito inſcribuntur : De Coena Domini .
Docet Sacramentum .	Codex nullum hic habet titulum.
	In Cod.
Praedicls ab uno ſe tradicum iri .	De eo , quod Dominus ſuam praedixit paſſionem , & inde proditionem ; qui tamen titulus in Codice eſt poſt verba : talia fatur.
Apoſtolos fugiſſe.	De principibus Sacerdotum, qui convenerunt , ut Ieſum caperent .
Poſt verba : *cura quietem* , ſequitur in Codice articulus, qui incipit : *Occanum imtres* , qui in Editione inſcribitur : *Sacerdotum cum populo &c.* Cetera occurrent inferius.	
Verſ. j. & *patribus, ſeriorque* .	*patribus*, ſcriſque. (forte ſcripſique).
Poſt verſum 7. ſequitur in Edito hic titulus ?	
Chriſtus hora ſexta &c.	*In Codice nullus titulus.*
Verſ. 1. *Tunc ſubito unae acciri omnes ,populoſque* .	*Cum ſubito accerſiri omnes , populoſque* .
4. *ipſe ſerat , praeclaraque tumidos* .	*ipſe ſerat , praeclara tumidis* .
j. *miſtus dolor , &* .	*mixtaſque dolor* .
6. *bruminos , tortam illudere* .	*bruminos , certaveſque illudere* .
	poſt

Post versum 6., nempe post verba *illudere caepit*, sequitur in Codice hic titulus : *De eo, quod Christus ligatur, & crucifigitur*.
Vers.10. *decisis undique ramis*.   *decussis undique ramis*.
11. *ligant ingentibus illum*.   *ligant insignibus illum*.

Post versum 14., seu post verba *ausuque potei*, sequitur in Codice hic titulus : *Verba Christi ad torvus*.
Vers.15. *impavidas, quo vincula*.   *impavidas, quae vincula*.
16. *Tanta ne vos generis tenuit fiducia vestri*?   *Tanta ne vos omnes tenuit fiducia nostri*?

                         In Cod.
Fit terraemotus, & Sol obscuratur.   *De terraemotu, & eclipsi, & aliis, quae evenerunt, Domino crucifixo*.

Christum descendisse ad inferos.   *In Codice nullus titulus*.
Vers.1. *Extemplo remotes erebi*.   *Extemplo commotae erebi*.
6. *Sol quoque & exoriens*.   *Sol etiam exoriens*.

Post vers.7., idest post verba : *ferrugine tinxit*, in Codice sequitur hic titulus : *De fuga discipulorum*. Et sequitur articulus incipiens : *Diffugiunt comites*, qui in Editione exstat superius pagina 368. col.1.
Vers.3. *horrem infesi pectore vultus*.   *horrem infesto pectore vultus*.
                         In Cod.
Conquestio Petri ad coodiscipulos.   *De clamore Domini, eo expirante*.
Vers.3. *ubi pascere foderis*?   *ubi pascere sedes*?

Christum tertia die resurrexisse.   *De resurrectione Domini*.
Vers.1. *Hosque inter motus*.   *Hos inter motus*.
3. *Corpus ubi examinum*.   *Corpus ubi examine*.
v.penult. *concussa est pondere tellus*.   *concussa est robore tellus*.
vers. alt. *Horror ubique animos, simul ipsa silentia terrent*.   *Horror ubique animi st ad ipsa silentia terret*.

Foribus clausis apparuisse &c.   *In Codice nullus titulus*.
Vers.1. *Ecce antequa prima voluerunt*.   *Et antequam voluerunt*.
Post versum 3. sequitur in Codice hic titulus : *De eo, quod Jesus intravit ianuis clausis*.
Vers.4. *ille gressus foribus sese ingerit arctis*.   *ipse gressus foribus sese inculit atris*.
8. *pietas, & vivida virtus*.   *pietas, atque havida virtus*.
                                     In-

Infirale Apoftolos.   In Codice nullas titulos.

Verf.8. *Mittit , iam refixit .* .   *Mittit , huc refixit .*

Chriftum Apoftolis pacem reli-   In Codice nullas titulos.
   quiffe .

Verf.2. *Pacem optate manu .*   *Pacem orate manu .*

    3. *Magnanimi , pacis folum*   *Magnanimi , pacifque olim invio-*
      inviolabile .   *labile .*

Poft verfum tertium fequitur in Codice hic titulus : *De oftenfione*
   vulnerum Chrifti , & gaudio Difcipulorum .

    5. *populataque peftem ferro .*   *populataque tempore ferro .*

    De Afcenfione Chrifti .   De die Afcenfionis .

Verf.1. *maftis fpiramen divorum*   *maftis fmo venena refident .*
     auras .

    2. *caeloque inveftis aperto .*   *caeloque inventus aperto .*

    4. *Inferi fe feptus mirabile mi-*   *In primoque refert feptus mira-*
     rabile .   *bile .*

    5. *Aft illam folio ftillantis*   *Atque illam folis ftillantis regina*
     gloria caeli .   *caeli .*

    6. *aeternamque tenet per .*   *aeternamque capit per .*

Poft verfum octavum , ideft poft verba *laboribus omnis* , fequitur hic
   titulus in Codice : *Finita narratione , auctoris depretatio , & ad-*
   monitio .

Verf.9. *I decus , i noftrum .*   *I decus , & noftrum .*

   11. *Et mor, & fua .*   *Et vos, & tua .*

v. penult. *coniux , & fi pietate me-*   *coniunx , & fi pietate fatemur .*
     remur .

APPEN-

APPENDICULA.

Exſtabant apud nos humanitate, & munere Cl. Mingarellii pauculae aliquot Variantes Lectiones ſpectantes ad Praefationem Claudiani, quae praecedit Panegyrim de ſexto Conſulatu Honorii Aug., quas ipſe exceperat ex Cod. Ms. membranaceo ſaec. XV. Bibliothecae Card. Dominici Paſſioneii, nunc Angelicae Auguſtinenſium, qui continet Claudiani Opera omnia. Quandoquidem pagina ἀ[.....] heic occurrebat, ne ipſa otiaretur, & ut impreſſionis concinnitati, & Lectorum bono proſpiceretur, viſum eſt heic ipſas apponere.

Editio Piſaurenſis ann. 1766.	Cod. Paſſion. Angelic.
Verſ. 2. Tempore ſopiti.	Tempore nocturno.
5. Venator defeſſa toro cum membra repoſuit.	Venator cum feſſa toro ſua membra repoſuit.
7. Forte gaudet amans.	Gaudet amans ferro.
11. Artibus aſſuetis.	Artibus aſſidua.
18. Hic ſubit Icarimen, hunc gravis Actna damat.	Hunc premit Icarimen, hunc premit Actna gravis.
19. Quam laetam &c.	Quam laetos &c.
23. Aequatur Olympo.	Atquatur Olympo.
26. Aliaque Vati.	Aliaque treati.

BASI-

BASINII PARMENSIS

EPISTOLA

VERSIBUS EXARATA

AD SIGISMUNDUM PANDULPHUM
MALATESTAM

ARIMINI DOMINUM

DE LINGUAE GRAECAE LAUDIBUS ET NECESSITATE

Quam nunc primum ex suo Ms. Cod. saec. XVI
in lucem edit

HIERONYMUS FERRIUS LONGIANENSIS

IN PONTIFICIA FERRARIENSI ACADEMIA

Eloquentiae , & Romanarum, Graecarumque
Antiquitatum Professor .

Tom. II.   C c

IOHANNI CHRISTOPHORO
AMADUTIO
VIRO CLARISSIMO

In Athenaeo Romano Graecarum Litterarum
Profeſſori

HIERONYMUS FERRIUS
MEMOR ET GRATUS.

UBI primum *tui amantium* conſilium a te coe-
ptum ſignificaſti, mecum ipſe ſtatui Epiſto-
las Baſinianas binas (a) e Codice noſtro exſcri-
bere, illudque ſimul rogare, ut ſuo in nomine
emitti ſineres. Cui enim donarem potius, quam
AMADUTIO, qui Latinas, Graecaſque litteras in
primis doctus, haſce alteras *CLEMENTIS XIV.*
Pontificis de Provincialibus ſuis optime meriti beneficio in iſta Sapientiae luce profiteatur? Et Scriptoris auctoritas, & res ipſa monebat, quae de
linguae Graecae praeſtantia, immo vero neceſſitate
ageret, quam fruſtra improbuli vellicant nonnulli
aetate, qua vivimus, rerum omnium optimarum
Studioſiſſima. Nihil enim in praeſentia dicam
de benevolentia in me tua, non otioſa illa quidem, & inerti, ſed fructuoſa admodum, & frugi-
fera;

Cc 2

(a) Harum altera, quae conſtaret, in Sylloge Epiſto-
proſa oratione exarata eſt, larum Latinarum num. III.
locum habuit, ut praeſtabi- pag. 300.
litas ordo horum Opuſculorum

gifera ; quae nullo non tempore praeflo fit , iifque
multis iuvet , quibus Urbs beata abundet , noftrae
egeant , quam quae maxime . Teftis Hadriani vita ,
in quam operam tantam contulifti , quantam monumenta per te eruta , & communicata teftantur :
quod ego numquam fatis praedicavero : praedicavero autem , dum vixero . Vale ; & de Aftrono-
micis ne defpera . Ad ceteras enim cauffas acceffit
Ferrarienfis conditionis neceffitudo , qua in Civitate
Brfinius Leonelli liberalitate invitatus , publice
docuit .

    Dabam XII. Kalen. Maias CIƆIƆCCLXXIIL

BASI-

BASINII EPISTOLA

AD MAGNANIMUM INVICTUMQUE REGEM

SIGISMUNDUM PANDULPHUM

MALATESTAM

In qua oftendit Poetas Latinos fine Litteris Graecis nihil omnino poffe.

QUis ferat indocti temeraria iurgia vulgi,
   Dum putat Aufonios Graecis fine pof-
  fe Poetas
Artibus e medio deducere vertice Mufas
Parnaffi? Quorum princeps Porcellius (a) omni

                          In

(a) *Porcellius, five Por-* *nem venit, more fuo, litte-*
celius, Neapoli natus, pa- *ris ad Antiquarium datis,*
rente, qui, ut fcribit Io- *profcidit, & dijicerpfit. Cor-*
vius De vita Magni Sfortiae *tefius in Dialogo de Homini-*
cap.LXXII.,ob translatos Cae- *bus doctis nec politos, nec fe-*
farem, & Salluftium honefta *ftivos Porcellii hexametros di-*
domo cum hortis donatus eft, *xit verfus, cui affenfus eft*
Poeta laureatus, & Hiftori- *Gyraldus. Iudices aequio-*
cus carminis condendi facili- *res, & probabiliores nactus*
tate commendatur a Ludovi- *eft Muratorium, & Quiri-*
co Fofcarinio, quo ufus eft fa- *num: quorum alter in Hifto-*
miliariter: neque Philelphi *ria contexenda elegantiam,*
teftimonio caruit, dum bene- *fermonis facilitatem, atque*
volam habuit, & amicum. *facundiam tribuit. Videatur*
Ubi enim hominis in fufpicio- *Praefatio Tom.XX. rerum Ital.*
                                   Scri-

In populo haec iactat, Graiae quin vocis egenum

Id

Scriptor. pag. 63. ad Commentaria Comitis Iacobi Picl-
mini . Alter suffragator ac-
cessit in Diatriba , quae Epistolas Francisci Barbari praecedit pag. LXXXVIII. Malatestio

Quidquid ab undecimo numeris depinximus anno ,
In decus , & laudes iussimus ire tuas .

Ipse cecinit tu libro de Amore Iovis in Isottam pag. 35. b.
Hunc excipiunt libri quatuor,
qui Isottaei inscribuntur :
quos , si nervos aliquot excipias , non dubitaverim & latine , ut ea ferebant tempora , & poetice scriptos ducere , dignosque propterea , qui
in numismate Sigismundi iussu
suo ELEGIAE nomine exhi-
berentur , cum D. Isottae capite . Edidit Simon Colinaeus
Parisiis an. 1539. prima diligentia eruditissimi viri Christophori Preudhomone Barro-
ducani . Ita enim praedicatur ; sed non eam facile di-
xerint , qui in dedicatione
legerint , Porcellium , Basinium . Trebannium homines
Florentinos , & Sigismundum

in primis carus ; cuius res
gestas domi , forisque Epistolis praesertim XII. , quas
praeclaras vocat Iacobus Philippus Bergomas , ad caelum
tollit :

Malatestam Ducem Florenti-
norum totam Etruriam , quae
Thuscia dicitur , optimam ,
& florentissimam Italiae partem summa virtute , & prudentia moderantem , Isottam
vero Principis Ariminensis fi-
liam . Ea sunt peccata in historia non minora , quam
quae peccaverat Vossius , &
Baillettius , qui Porcellium
Petrarclae aequalem fecerant.
Carminum inscriptiones ipsae
ostitantis Scriptoris negligen-
tiam evincunt ; qui ne verbum quidem addidit de Thad-
daeo Bononiensi , de Roberto
Flaminio , de Guarino Vero-
nensi , qui & ipsi versus habent ad calcem . Secundum
Sigismundum , Alphonsum
Aragonium , & Fedricum
Fel-

Id (a) Senecam stulto cogit sermone fateri .
O si Democritus nostrum remearet ad orbem,
Ederet hic risus quales ? o gaudia corda
Quae quaterent ? certe insanos nunc esse Poe-
  tas
Audiret, quamvis strepitus horreret & urbis.
Quos fletus alter, lacrimas quas ille cieret,
Aspiceret mancam cum sic se efferre pesim?
Haec ratio vulgi, vatumque haec verba no-
  vorum .

Cc 4   Ante

Feltrium coluit Porcellius, cuius vitam versibus enaravit,
ediditque Muratorius . Haec,
ceteraeque alia ad vitam, &
scripta pertinentia videre licet apud Apostolum Zenium ,
Historiae Litterariae parentem optimum , ad Vossianas
Dissertationes To.I. pag.15.
& seq. Non est praeterun-
dum, quod Muratorius Praefationis sub finem monuit loco
citato . Porcellii poetae cul-
tissimi opera quatuor Voluminibus comprehensa in Bibliotheca exstitisse Urbinate, quae
in Vaticanam commigravit .

  (.) Thomas Seneca Ca-
mers , quem insignem Magistrum vocat Blondus in Italia
illustrata , Aesii , Arimini ,
Bononiae , & Florentiae docuit ; non Latinis modo , sed
Etruscis litteris commendatus.
Imitatorem idoneum Petrarchae vocat Crescimbenius in
Hist. Ital. Poesii lib.3. p.214.
Quadrius meminit Vol. II.
pag.195. Latina habentur inter carmina illustrium Poet.
Ital. Floren. 1791. Tom. IX.
pag.39. Quemadmodum nota-
vit diligentissimus Lancilottus
noster ad Ludovici Lazzarelli
ver. 91 pag. 95. , & seq.
in Speciminae Pontanorum Aesii
edito an. 1766.

Ante quidem ad summum venit quam Lingua Latina,

Tunc opus auxilio nostris maioribus illo,

Utile tum fuerat sacrum vidisse Platonem,

Maeoniumque senem. Sed postquam Roma
supremo

Est elata gradu ad superos, caelumque pe-
tivit

Vertice turrigero, vicit Romanus, & artes

Abstulit egregias mediis bellator Athenis.

Dic mihiSisyphium lapidem qui vertice gestas

Tempore, quo tenuit fastigia summa Latina

Lingua, quis illorum praestantior? inclitus, inquis,

Arpinas. Vatum quis praestantissimus alter?

Virgilius. Bene habet. Quo fonte bibisse
feruntur

Tullius, atque Maro? patrione, an fonte
Pelasgo?

A tribus Isocratis, Demosthenis, atque Platonis

Fluminibus ne sitim sedavit Tullius, inquis?

Ille Syracusii, nec non ascraea secutus

Rura

Rura beata ſenis Smyrnaei , & carmen Ho-
    meri .

Argumenta, locos, verſus, totumque poema
Virgilius rapuit (a), Graio Romanus Homero;
Aeneaſque locum magni ſibi ſumpſit Ulyſſis,
Carthagoque fuit captis Phaeacia terris ,
Alcinous Dido , Scylla eſt eadem , atque
    Charybdis ,
Idem etiam Polyphemus . At hoc mutavit ,
    ut eſſent
Harpyiae nitidi pecoris cuſtodia patris
Lampetiae, atque ſoror Phaetuſa. Quid Ilias
    ipſa eſt ?
Qua variis volitans agitur victoria pennis ?
Pandarus Atridae violato foedere divum
Tela manu mittit: quae tela Tolonius augur
Reiicit in Teucros: legatos ipſe repulſos
A Diomede canit ; quos ante remiſit Achilles.
Barbarus interimit Pallanta hic Turnus, at illic
Dat letho inſignem Patroclum maximus
    Hector .

                   Iur-

(a) *Apage cum verbo iſto quid erit imitari ? Rectius
rapuit . Si hoc enim rapere , ſub finem dixerit iuvare .*

Iurgia Drancis enim , & Turni lis illa mole-
    sta est

Pelidae magni , & late regnantis Atridae .

At Turnum Aeneas stygias dedit ire sub um-
    bras ;

Hectora magnanimum letho dat magnus
    Achilles .

Singula ludorum posuit certamina uterque :

Nec mutavit enim quicquam , nisi forte,
    quod alter

Quatuor in currus pandas dedit ire carinas :

Res gestae regumque , ducumque , & tristia
    bella

Quo scribi possent numero , monstravit Ho-
    merus .

Inde monet Flaccus: „ vos exemplaria Graeca

„ Nocturna versate manu, versate diurna . „

Quod si forte viris imitari talia summis

Est visum , cur non sit fas & talia nobis

Tentare ? atque trabes silva vectare pelasga ,

Unde ferunt veteres magnas fabricasse carinas?

Virgilium ante ipsum Graios pater Ennius
    omnes

                         Vide-

Viderat ; at post hunc quicumque fuere
    Poetae ,

Statius, & duro Lucanus, & Annaeus (a) ore.
Cur licuit nostro Iuvenali cernere Graeca
Grammata ? cur pueros a Graio exordia iussit
Quintilianus enim sermone assumere rhetor
Maximus ? aut quare tantis Hieronymus
    ausis
Inseruit sese : quidnam Lactantius ? aut quid
Augustinus adit Graium tot scripta virorum?
Denique post Gothos , & tempora perdita
    luxu ,
Amissas & opes Graiorum Lingua Latina
Quo fuit in precio? nisi nunc ? quando opti-
    mus ille
Victorinus (b) opes gremio defudit aperto ,
               Guari-

(a) *Legendum omnino ae-
neus , praeterquamquod Annaeus , gentis nomen , carminis legibus repugnat , par-
ticula & redundaret .*

(b) *Victorinus Feltrensis
per annos tres , inquit Cor-
tesius pag.26. , toti Galliae
Transpadanae tradidit prae-*
cepta dicendi. *Theodorum
Gazam inter alios auditorem
habuit , & (quod notavit
Mannius ad Cortesium) ita
morum integritate excelluit ,
ut D.Antonino Florentino Archiepiscopo par virtute , ac
pietate haberetur . Iure igitur optimus dictus a Basinio .*

Guarinaſque (a) pater, nec non Leonar-
　dus (b), & omnis
Ante alios melior Theodorus (c), & ipſe (d)
　Philelphus,
Atque alii ſurgunt noſtro qui tempore va-
　tes.
Perottus (e), noſtrique decus Laurentius (f)
　aevi
Orator, noſtraeque ſimul facundia lin-
　guae

Pog-

(a) *Guarinus, ſive Vari-*
nius Veronenſis. Magiſter fere
omnium, qui noſtra aetate
in Humanitatis ſtudio florue-
runt, *vere ſcripſit Pius II.*
Comment. lib. II. Praeclara
de eo multa Corteſius ad
pag. 13., & ſeqq. Videantur
Iovius in Elogiis, Zenius ad
Voſſium.

(b) *Tres Leonardos habe-*
mus eadem fere aetate litte-
ris claros. Datum, Iuſtinia-
num, Arretinum: de quo po-
ſtremo loqui Baſinium nemo
dubitaverit.

(c) *De Theodoro Gaza*
praeter alios magnifice Pierius

Valerianus: Tantae erudiſio-
nis vir, quantae multis abhinc
annis nemo Graecorum, di-
cere auſim, etiam & Latinorum, fuit.

(d) *Illuſtrius Philelphi no-*
men, quam quod per nos or-
nari poſtulet.

(e) *Idem dicito de Nicolao*
Perottio, lucilento ad Mar-
tialis Librum primum Com-
mentario praeter alia de omni
Litteraturae genere optime
merito.

(f) *Vallam hic deſignari*
puto: De quo recte indicarunt
a Corteſio pag. 27., & a Ze-
nio ad Voſſium.

Poggius (a), & qui funt fub te, Sifmun-
 de (b), Poetae,

Dulce decus noftrum, Martis certiffima
 proles,

Magne virum victor, patriae fervator (c)
 avitae,

Cuius & aufpiciis & Graeca, & Lingua Latina

Floret Ariminea (d) magnis cum laudibus
 urbe.

Sci-

(a) *Poggii vitam edidit*
Iohannes Baptifta Recanatinus
Patricius Venetus , & Mebus
Florentinus , quos confulat ,
qui de ingeniofa hominis in
dicendo facultate promunciore
velit .

(b) *Sigifmundus Pandulf F.*
& litteris delectatus , & lit-
teratis hominibus ; quorum
alios apud fe habuit , alios
beneficiis auxit .

(c) *Sive Malateftios Ve-*
netulo Ariminenfis Dioecefis
oppido oriundos dicamus , five
Germaniae ab oris profectus ,
five alinude , Ariminenfes re-

tiffime appellaveris , qui
cum imperio , & poteftate tot
annos multos & Piceni , &
Galliae Togatae , & Infu-
briae , & Cenomanum urbes
tenuerint , femperque Arimi-
ni gens armis , opibus , gra-
tia florentiffima confederit .

(d) *Quo in honore fuerint*
litterae . Sigifmundo duce ,
ac aufpice , Arimini paffim
teftantur Hiftorici . Iuvat
verfus nonnullos afferre Por-
cellii in Epiftola Inclito Mili-
tum Imperatori , ac Poetarum
Deo SigifmundoPandulfoMal,
quae legitur ad pag.34. b :

Hic Cicero , hic Crifpus , hic fancti Mufa Maronis ,
Hic & virtutum praemia , & altus honos,

Arma

Scire velim , an fuerit quifquam , quicum-
    que fuere

Scriptorum , qui non Graiae commercia
    Linguae

Noverit . Ipfe putas , quod tu , Polypheme ,
    cavendum .

Quod fi fegnis , iners , & plumbeus ipfe
    fuifti ,

O uno (a) Polypheme oculo contente , quid
    audes

Deterrere alios ? ne difcant cognita prifcis

Vatibus . Ite alacres , Senecae ne credite :
    Graecas

Difcite litterulas : quod fi Porcelius obftat ,

Obturate aures conftanti pectore , & ipfum
                      Maeo-

Arma canit Vates Bifulus aere canoro .
   Et tua Smyrnaeo carmine fecta canit .
Valturius miris defunctum laudibus iftic
   Defcribit leges , furaque militiae .
Parleo quin etiam Graeco , & fermone Latino
   Enitet , orator clarus , & hiftoricus .

Praeterea *Juftus Comitius* ,	*callinm. quod una ne lingua*
Robertus Urfinus , Poetae ,	*contentus , tamquam uno ocu-*
& Iurifconfulti celeberri-	*lo , an quod reverta oculo tuo*
mi .	*caruerit ?*

  (a) *Poliphemum vocat Por-*

Maeonium , atque alios Graium perarate
    Poetas .

Illic invenies scribi quo more decebit

Nomina , & heroum genus immortale , vi-
    rumque,

Quod sine Graecorum auxilio nescire ne-
    cesse est .

Haud equidem invideo nostrae pulcherrima
    Linguae

Verba, sonosque graves, numerumque , aut
    tersa Latinus

Nomina , nec Graecam cupio praeponere
    nostrae :

Sed sine Graecorum auxilio Romana valere

Non multum semper docui , semperque do-
    cebo .

Nec laudamus equum , plusquam calcaribus
    illum

Qui ferit ; ast equitem sine equo nil posse
    putamus .

Ipse ego Maeonii Vatis , qui carmina nuper

Inspexi , atque libens , iterumque, iterumque
    relegi ,

                         Inve-

Invenio noftrum quantum iuvat ille Maro-
nem .
Quod fi laudis habent aliquid mea carmina , ab illo
Fonte mihi, & fluviis magni defluxit Homeri.

LA

LA DIFESA DELLE DONNE

CONTRO IL DIVIETO DEGLI ORNATI

CAPITOLO

DEL SENATORE

FRANCESCO BOLOGNETTI

AL CONTE

NICCOLO' LODOVISI

CAVATO DAL SUO ORIGINALE.

I.

ALLA NOBILISSIMA ED ORNATISSIMA DAMA

LA SIGNORA ANNA SERNINI

NATA CONTESSA TOMMASI

CORTONESE

GIOVANNI CRISTOFANO AMADUZZI.

VOI, Ornatissima Dama, che così volentieri
andate pascendo il coltissimo vostro spirito
colla lettura di buoni Libri, Voi, che così
gentilmente vi compiacete gradire la frequenza delle
mie lettere, non avrete ora a noia, che io vi com-
parisca d'avanti e con questo mio scritto, e con
un' altro Poetico ben degno della vostra attenzio-
ne. Sarà questo un Capitolo, che fa la difesa
del vostro bel sesso adontato per una legge pram-
matica spettante ai suoi ornamenti. Io ne dichiaro
francamente Autore il Senatore Francesco Bolognetti,
perchè una lettera di Matteo Bruno Giureconsulto
Ariminese al Bolognetti istesso ci dà sicuro argomento di ciò (a), e perchè il Ms., da cui ho tratto
questo Capitolo, fu da me veduto in quella Casa
Bolognetti di Roma fra altri Mss. del nostro medesimo Poeta. Anzi quattro altri Capitoli scritti di
pugno dell' Autore, e da lui in più luoghi corret-

D d 2   ti,

(a) Anecdot. Litter. Vol.I. pag.370., e segg.

ti , vi avrei voluto ora mandare , ma la loro lunghezza me l'ha vietato . Spero però , che in altra occasione potranno essi pure vedere la luce del pubblico , e meritarsi l'onore di venire nelle mani vostre . Sono questi sotto nome del Brusco Bidello , che io credo sicuramente un nome seudepigrafo , adottato dal Bolognetti istesso , e così affatto diversa da Giulio Bidelli di Siena , di cui voi favoriste procurarmi alcune notizie ; e sono questi insieme ad altro Personaggio , cioè al Sig. Don Federico Gonzaga indirizzati . Voi non ignorate il famoso Bando promulgato l'anno 1451. dal gran Card. Bessarione allora Legato di Bologna , in cui fu proibito generalmente a tutti , e a tutte l'uso delle vesti intessute d'oro , distinguendo poscia sei ordini di persone infra i Cittadini , a ciascun de' quali fu assegnata una certa misura , o limitazione nella foggia , e nella ricchezza del vestito , e degli abbigliamenti , massimamente donneschi . Era il primo ordine de' Militi , o Cavalieri ; il secondo quello de' Dottori ; il terzo de' semplici Nobili , co' quali i Notai , i Banchieri , ed i Mercatanti di seta , e di panni fini stavano del pari ; il quarto era di sei arti delle maggiori ; il quinto dell' arti minori ; ed il sesto de' Plebei , e de' Contadini . Figuratevi , se questo Bando pose di mal' umore specialmente le belle Ninfe del Reno , che fiorivano a quella stagione . Segno di ciò m'è un Opuscolo del celebre Matteo Bosso Veronese Canonico Regolare , scritto al Greco Porporato , per tenerlo fermo nella presa risoluzione ,

ne , e renderlo refiftente alle femminili querele ,
il quale io ho appunto veduto fra i Codici della Biblioteca Ottoboniana , ora Vaticana (a) . Quefto
fcritto avrà finito di fconcertare il fangue del bel
feffo di Felfina , la cui dolcezza tanto ci loda il
noftro Certaldenfe . Nel Tom.VIII. della Mifcellanea
di varie Operette , ftampata dal Lazzaroni in Venezia (b) , vi fono alcuni Atti fcelti delle cofe
oprate dal Card. Beffarione nella fua Legazione di Bologna , e di Romagna , e fono ivi regiftrate anche
quefte prammatiche providenze . Bifogna pertanto ,
che ne' tempi fuffeguenti , cioè circa l'anno 1559.
(che tal data porta la lettera dedicatoria del Bolognetti a Federico Gonzaga , precedente i quattro
Capitoli di fopra rammentati) foffe rinnovato , o confermato da altro Superiore quel Bando del fecolo
antecedente , onde s' impegnò il celebrato Autor
della Coftanziade con principi tutti oppofti a quelli
del Boffo a facetamente foftenere le parti delle
fue patrie Ninfe . Il titolo di Monfignore , che pri-
mieramente fi affegna ad un tal Riformatore , ed
il nome di Pietro , e di Donato , che dipoi in
ful principio fteffo del Capitolo fe gli fa apparte-
nere , ci fanno abbaftanza inftrutti per riconofcere

Dd 3   rino-

(a) Matthaei Veronenfis
Can. Reg. ad B. Card. Tufcu-
lanum , Boroniae Legatum ,
ne feminis Bononienfibus lu-
xuriofa ornamenta veftium

reddantur Libellus . Comincia : Prudentiam , pagg. 99.
Cod. Ottobon. Varic. num.
1196.

(b) Pag. 148.

rinovatore di tal divieto Monsig. Pietro Donato Cesi, che fu prima Vice-Legato, e poscia ancora Cardinal Legato di Bologna. Certamente il Bolognetti medesimo fioriva a que' tempi stessi; perciocchè egli tuttora viveva nell' anno 1566., come dal Bumaldi (a) s' impara; e voi ben sapete, ch' egli fu ancora Senatore Bolognese, Gonfaloniere, e Poeta insigne. Il Conte Mazzuchelli (b), il Quadrio (c), ed il Crescimbeni (d) ne dicono questo, ed il di più. Oltre il Poema Eroico del Costante, per cui fu posto al pari col Trissino, coll' Alamanni, e col Giraldi, e per cui meritò elogi più grandi ancora dal Cieco d' Adria (e) ed oltre le sue Rime stampate in Bologna (f) è certo, che si dilettò scrivere in quel metro di Poesia, che si dice Capitolo, come è il presente, e gli altri quattro, di cui vi parlo. Due ne mentovano appunto gli Autori sopra indicati, uno cioè diretto a Gio. Batista Giraldi, che è stampato (g), l' altro a Bernardo Tasso, con cui accompagnò il proprio Poema del Piacere in tante stanze,

(a) Biblioteca Bolognese cart. 91.

(b) Scrittori d' Italia Vol.II. Part.III. pag.1483., e seg.

(c) Storia, e Ragione d' ogni Poesia Vol.I. pag.58.

(d) Istoria della volgar Poesia Vol.v. a cart.100.

(e) Lettere famigliari pag.85. a tergo.

(f) In Bologna 1566. in 4.

(g) Dopo l' Ercole del Giraldi a cart. 349. colla risposta di questo a cart.351. In Modena presso il Godaldini 1557. in 4.

ze , e di cui però vive sólo la memoria nelle lettere dello Scrittor Bergamasco (a) . Sebbene voi ,
che superiore siete all' altre Donne in tante doti ,
e nell' indifferenza ancora degli abbigliamenti , in'
quali tanto contano le vanarelle fantesche di Cupido , non foste per far gran delitto nè al dotto
Card. di Trabisonda per il suo divieto , nè ad altri , che in appresso l' avesse confermato , tut-
tavolta non vi sarà discaro leggere questo scritto
di difesa per il sesso vostro , il quale ebbe sempre
grandi lodatori ; benchè sorto sia alcuna volta ancora qualche malinconico , o mal contento a dirne
in profa , e in rima li biasimi . Le cose , che
ci appartengono , anche in mezzo alla nostra indifferenza , per qualche parte c' interessano , e niuno
v' è così spogliato di umanità , che dell' umanità
non senta in sè stesso vestigio . L' eleganza del Com-
ponimento piacerà senza meno al vostro buon gusto ,
ed alla vostra rara coltura ; siccome la brevità
del medesimo sarà addattata alla circostanza vostra
presente , giacchè sempre e brevi discorsi , e poco
cibo insieme a' malati si convengono . I miei voti
ad Igia per il vostro ristabilimento sono incessanti ,
siccome è per essere immutabile , ed infinita la sti-
ma , che faccio , de' vostri talenti , delle vostre
virtù , e degli altri meriti vostri , che a tutti
vi rendono cara , ed amabile . Non minore è la
riconoscenza , che vi ho per la benevolenza , ed

D d 4   amici-

(a) Lettere di Bernardo Tasso Vol.II. pag.285.

amicizia, di cui m'onorate, ficcome non minore è
la corrifpondenza, che aver vi debbo in compenfo
di tanta degnazione. Io temo, e rifpetto, Orna-
tiffima Dama, per mio ftabilito fiftema il voftro
feffo, ma la voftra ben nota faviezza, ed il voftro
candore fanno sì, che lungi da ogni timore a voi
mi doni, e a voi mi raccomandi.

Roma addì 26. Dicembre 1773.

CAPI-

CAPITOLO
AL CONTE NICCOLO' LODOVISI.

L'Altro dì, Signor Conte, in Reggi-
    mento
Trattandosi, che il lusso si stringesse,
Io fei questo parlar, nè me ne pento.
Lodai pria Monsignor, che al fin volesse
Provedere agli abusi, ai gravi danni,
Alle gran spese, alle ruine espresse.
E dissi, ch'appò noi di qui a mill'anni
Di Pietro, e di Donato il nome a volo
N'andrìa con chiari, ed onorati vanni.
Poi ch'avrà la Città tutta non solo
Di superbi edificii, e vaghi adorna,
Pascendo ognor di poveri un gran stuolo.
Ma tronche al troppo lusso ancor le corna,
E racconcio il Torron sì ben, che a noi
In evidente beneficio torna.
Feci tre parti delle pompe poi,
Funeraria, Cibaria, e Vestiaria,
Ch'ognuna serba i dependenti suoi.
                E dissi,

E diſſi , che alla pompa Funeraria
    Eſſer non pur dovea tolta , e interdetta
    Col foco. l'acqua , ma la terra , e l'aria.
E come coſa iniqua , e maledetta
    Con ogni legge , e con quèl più rigore,
    Ch'uſaſſe mai Repubblica riſtretta .
Eſpreſſi la cagion , perchè l'onore,
    Che ſolo a Dio la Chieſa ha riſerbato,
    Come del tutto origine , e fattore ,
Far tutto il dì vedeaſi ad un privato ,
    Ma ſe pur fuſſe un' uom , per avventura
    Potrebbe eſſer permeſſo , e tollerato .
Per eſſer l'uom di Dio nobil fattura,
    Che ſopra il Ciel con l'intelletto paſſa ,
    E tien del ſuo Fattor forma , e figura .
Ma queſt' onor far veggio ad una maſſa
    Di carne , anzi di fetido terreno ,
    Priva d'ogni ragion , di ſpirto caſſa .
Della Cibaria poi diſſi non meno ,
    Che far doveaſi , e rigoroſamente
    Tenere il luſſo in queſta parte a freno.
Allegai la ragion ; perchè più gente
    Riman da tanti , e vari cibi eſtinta ,
                         Che

Che da coltelli, e spade, è più sovente.
Dissi, rispetto a questa, che la quinta
    Parte dannosa pur l'altra non era,
    Ch'empia, e dannosa in prima avea di-
      pinta.
E così discorrendo in tal maniera,
    La Vestiaria in due volsi partire,
    Che mal puossi acconciar restando intera.
L'una guarda degli uomini al vestire,
    E delle donne l'altra, e se allor bene
    Fu notato da voi, Conte, il mio dire,
Dissi, che si dovea con gravi pene
    Agli uomini interdir ricami, e fregi;
    Ch'ornarsi all'uom di fuor non si conviene.
Ma i nostri veri onori, e i veri pregi
    Dall'interna virtù nascon, che puote
    Sola farci tra gli altri al mondo egregi.
Quei, che tanti fior, fronde, e vasi, e ruote
    Portan sù i panni, son come dorate
    Scatole per di fuori, e dentro vote.
O come certe palle in dono date
    Spesso ai fanciulli, ch'han sol vento,
    o piuma

Den-

Dentro , e di feta, e d' or fon fuori or-
    nate .

Oltra, che il patrimonio fi confuma ,
    S' altera la natura , e Dio s' offende ,
    Nè giova il dirmi : quefto fi coftuma .

Ch' egli è un' abufo, il qual tanto più prende
    Forza , quanto più dura , onde s'abbaffi ,
    Che troppo in alto omai l'abufo afcende .

Non vuò già, che cader l' uomo fi laffi
    Dalla perfona i panni , o che vad' unto ;
    Tal, che la cofa in fordidezza paffi .

Ma parmi , che fi ftia nel mezzo appunto ,
    O verfo quello eftremo più fi pieghi ,
    Che da tal fordidezza è più difgiunto .

Ma , che la donna sì ftretta fi leghi
    Non lodo , lodo ben , foggiunfi allora ;
    Che il troppo luffo ancor' a lei fi nieghi .

E confermo il mio detto adeffo ancora ,
    Nè credo , che il giudizio mio fia vano ,
    Nè credo ufcir del cammin dritto fora .

Io diffi , che allargar fi dee la mano
    Alquanto più d'intorno a quefta parte ;
    Se non, che fora ogni noftr' opra in vano .

                            Non

Non può gir la natura , e meno l'arte
 Dall'uno, fenza il mezzo , all'altro eftre-
  mo ;
 E di ciò piene fon tutte le carte.
Diffi , ch'effer dovea gran parte fcemo
 Del femminile ornato , perchè in vero
 Già mi par giunto al colmo più fupremo.
Ma che a voler tutto levarlo intero ,
 Oltra , che mai durar non porria molto ,
 Sarìa troppo l'Editto afpro , e fevero .
Io diffi in fpecie , che dal collo tolto
 Non le foffe di perle un fol monile ,
 Ma sì ben quel , ch'hanno alle trecce
  involto .
Se l'ornarfi non è cofa virile ,
 Quel però della donna è proprio dono ,
 Che la rende più vaga , e più gentile .
E in teftimonio Dio chiamo , ch'io fono
 Fuor d'ogni paffion , ma quel , che parmi
 Onefto , e giufto , libero ragiono .
Ben nel giudizio mio poffo ingannarmi ,
 Ma , che il cuor fia diverfo alla favella ,
 Non è chi poffa tal calunnia darmi .

         Non

Non ho cugina, moglie, nè forella
  . Da portar perle, e quando ben l'avessi
  Per gratificar mai questa, nè quella
Non pensate, che in pubblico io dicessi
  Cosa, che nel profondo del mio petto
  Per vera, e ragionevol non tenessi.
Dunque di quel, ch'ho in tal materia detto,
  S'altri il nomina ben chimera, o sogno,
  Perchè Dio sà da chi nasca il difetto,
Non me ne pento, e non me ne vergogno.

FRAGMEN.

FRAGMENTUM PAPYRI

SAECULI V. VEL VI

CONTINENS DONATIONEM

S. RAVENNATI ECCLESIAE OBLATAM

QUOD

In Bibliotheca Gambalonga Civitatis Arimini
adſervatum

NUNC PRIMVM IN LVCEM EDITVR.

IOHANNIS CHRISTOPHORI AMADUTII

AD ERVDITISSIMVM VIRVM

ANDREAM IOHANNETTIUM

Abbatem Monachorum Camaldulenfium
S. Gregorii in Clivo Scauri

PRAEFATIO.

MONACHORVM ea fuit laus praecipua femper veteres Codices, Papyros, Chartas, ceteraque huiufmodi monumenta non fervare modo in Tabulariis, ac Bibliothecis, verum etiam obfervationibus naviter illuftrata litterarum bono, & emolumento in eruditorum lucem emittere. Maiorum exempla non ita pridem ante nos fectati ftrenue funt Mabillonius, Montfauconius, Van Beffelius, Martenius, Durandius, Pezius, Caietanius, Margarinius, Gattula, Bacchinius, Affarofius omnes ex Benedictinorum Familia Sodales longe praeftantiffimi, eofque dein per fummam laudem imitati funt noftra etiam aetate Touflainius, Taffinius, Gerbertius, Gallettius, atque ex tua praefertim Congregatione Alumni longe Cl. Mittarellius, & Coftadonius, ceterique, quorum nominibus nunc parco. Egregiis eorumdem vefligiis tu quoque infiftens, IOHANNETTI eruditiffime, Claffenfis Monafterii Ravennae Archivium tanta diligentia luftrafti, eiufque monumenta excuffifti, ut ampliffimi Monafterii iuribus tuendis nemo te aptior,

Tom. II.   E e   dum

dum illic degeres, exsisteret. Praetereo nunc Mu-
seum ipsum Classense a te Inscriptionibus, Figulinis,
Anaglyphis, ceterisque huiusmodi monumentis, tum
& Numismatibus abunde ditatum, & concinne dispo-
situm. Tueo quinetiam Vetera Monumenta ad
Classem Ravennatem eruta (a), & te curante
praecipue edita, & collatis cum aliis Sociis tuis
Mauro Fattornio, & Ferdinando Mingarellio studiis
illustrata. Addam vero, te heic quoque iisdem insiste-
re curis, atque easdem colere studia, qui nimirum &
veteribus monumentis comparandis assiduam operam
naves, & Gregoriani huius Monasterii, cui nunc
praees, iura, & praerogativas, ex antiquissimo
eiusdem Chartulario, tanta Scriptorum commemoratione laudatissimo, excerptis praecipuis notionibus,
proferre, quin & illustrare contendas. Cur non
gratum ergo obveniat nunc tibi hoc Papyri Fragmentum, quod in lucem proditurum tibi, quem facio
plurimi, & amo quammaxime, primum sistere
mihi visum est? Papyros certe est, cur ames, in
quibus Classenses res etiam serventur, cum nimirum
& donationis instrumentum anni DXXII. (b), & alterum venditionis in Agro Ariminensi anni DXCI. (c)
actum in Classe Ravennate deprehenditur. Verum
ad nostrum Papyri Fragmentum venire praestat.
Exstat hoc nunc in Bibliotheca Gambalonga Arimi-
nensium ex dono Cl., & eruditissimi Praesulis Iosephi Garampii Archiepiscopi Berytensis, & Nuncii
Apofto-

(a) Faventiae prid. Id.   (b) Maffei Istoria Diplo-
Novemb. 1756. excudebat Io-   mat. num.xv. pag.149.
sephus Antonius Archius.   (c) Ibid. num.x. pag.165.

Apostolici designati ad Aulam Vindobonensem , cuius in Patriam pietatem vel ex hoc uno quisque intelligas . Eius apographum ad nos pervenit humanitate Epiphanii Brunellii Ariminensis Ecclesiae Canonici , & eiusdem Bibliothecae Praefecti . Spectat hoc quidem ad aliud Fragmentum Chartulae donationis bonorum factae Ecclesiae Ravennati per honestum (*honorabilem*) Virum Bracursum (*Acatium*), eiusque coniugem Martinam , recognitae , & publicari iussae a Magistratu Civitatis Ravennae iuxta petitionem Defensorum eiusdem Ecclesiae Ravennatis , sedente in ea Petro Archiepiscopo ; *quod ex schedis ectypographis ex ipso Autographo penes V. C. Ioh. Bapt. Donium publici iuris fecit Antonius Francisc. Gorius ad calcem veterum Inscriptionum Donianarum* (a) . *Cuilibet sane & Donianum , & Ariminense Fragmentum conferenti id patebit ; siquidem saepe in Doniano usurpatur nomen Melminii, quod & in Ariminensi occurrit . Ceterum vel corticis vitio , vel legentis imperitia factum est , ut donaniis nomen apud Donium modo* Bracux *, modo* Bracursa *audiret , cum Garampio harum scripturarum peritissimo* Acatius *se in Ariminensi nostro exhibuerit . Certo uxor eiusdem in nostro* lin. 7. *, prima syllaba tantum incolumi ,* Mar. . . . *legitur , ut* Martinam *cum Donio salutare non pigeat . Donationis ratio in utroque etiam constat ; sic enim in Doniano* lin. 4. *, & 5 : per quam se donasse professi sunt eidem*

E e 2   S. Ec-

(a) Iohan. Bapt. Donii Inscriptiones antiquae , Florentiae 1731. Class. XIX. num. XIV. pag. 502.

S. Ecclefiae Civitatis Rav. m. b. Petrus Archiep. praeeſſe videtur, id eſt ſex uncias totius ſubſtantiae ſuae excepto mancipiis, ſed & ſeptem ſemis uncias fundi 55. , & quadrantes &c. *Praetereo cetera, quae facile quiſque deprehendat inter ſe mire convenientia. Mutuam vero utrumque Fragmentum ſibi fert opem, & coniurat amice; Donianum ſiquidem nobis Petrum Ravennae Archiepiſcopum exhibet, Ariminenſe vero Indictionem quintam praeſefert; ex quibus ſine exaratae Papyri tempus colligi poteſt. Saeculum v., & vi., quibus Papyrus convenire poteſt, quatuor Ravennae Praeſules Petri nomine tulerunt; quorum unus S. Urſo ſucceſſit anno Chriſti ccccxii., ut cenſet Cl. Bacchinius in Agnelli Pontificale, obiit dein prid. Kal. Auguſti ann. ccccxxv.; alter eſt S. Petrus Chryſologus, qui ab anno ccccxxxii. ad ccccxlix. Ravennatem Eccleſiam ſanctiſſime gubernavit; tertius eſt Petrus Iunior dictus, qui circa ann. ccccxcvi. ipſius Eccleſiae regimen obtinuit, ut fert laudati Bacchinii ſententia, obiit vero anno diii.; quartus tandem eſt Petrus Senior appellatus, qui Agnello ipſo ſucceſſit ann. dlxviii., deceſſit vero anno dlxxv. Quare cum Indictio quinta, ſingulorum procedente regimine contigerit, ſi primam heic uſurpatam velis, habebis annum ccccxxii., ſi alteram, habebis annum ccccxxxvii., ſi tertiam, erit annus ccccxcvii., ac poſtremo ſi quartam, annus erit dlxxii. Quare bene conſultum Ravennati Ecclefiae quiſque videt ex hac Fragmentorum collatione, quorum utrumque eiuſdem inſtrumenti, & contractus ſolemnitates, quae variae,*

riae,

riae , & diverfae pro actus firmitate intercedebant ,
nobis exhibet . Illud poſtremo nunc monemus , ad Ari-
minenſe Papyri Fragmentum provocaſſe Virum doctiſ-
ſimum , & Naturalis Hiſtoriae ſcientia ſpectatiſſi-
mum Comitem Franciſcum Ginannium in Diſſertatione
de Scirpo Ravennate (a) , qua illud evincit , ut Ra-
vennae papyraceam chartam ex Scirpo indigena con-
flatam dicamus . Tanti etiam fuit eiuſdem Diſſerta-
tio , ut in Vaticano Cubiculo , in quo Papyri omnes
ex auctoritate Sanctiſſimi Domini Noſtri CLEMEN-
TIS XIV. P. O. M. omnium ſcientiarum , bonarum-
que artium cultoris , & vindicis praeſentiſſimi-
coacti ſunt , Ravennatis Scirpi Planta admirando
Raphaelis Mengſii pennicillo expreſſa fuerit . Dice-
rem inſuper aliqua de altero Papyri Fragmento an-
no DLXXV. exarato , quod Pontifici Muſarum Patrono
dono dedit Eques nobiliſſimus , ac Philoſophus egre-
gius Marchio Carolus Moſca Barzius Piſaurenſis ,
utriuſque noſtrum amantiſſimus , niſi ſe exſtantio-
res eiuſdem reliquias in Ephemeridibus Litterariis
Florentinis huius anni a me editas vidiſſe ſci-
rem (b) . Ceterum & hoc ipſum ad Eccleſiam Ra-
vennatem pertinet , ut , perpaucis exceptis , omnes
fere ad eam ſpectant . Tu haec boni conſulas rogo ,
IOHANNETTI humaniſſime , quae etiam ut obſer-
vantiae , ac benevolentiae in te meae perpetuo du-

E e 3   *raturae*

(a) *Diſſertaz.v. pag.141.*   (b) *Novelle Letterarie*
Tom I. Saggi della Società   *di Firenze 1773. num.49.*
Letteraria Ravennate . In   *e 51. ſotto la data di*
Ceſena 1765.   *Roma .*

turae argumentum censeas, etiam, atque etiam
peto. *Vale*.

   Datis ex *Aedibus* meis xviiI. Kal. *Decembris*
anno *a Partu Virginis* cıɔıɔccʟxxıiI.

FRAGMEN-

FRAGMENTUM PAPYRI.

1. dofio vē atque melminus ve ... & Iohanne Iuñ: principalibus defenfores fcē Eccl.

2. hbfacax (a) eiufque coniux mar.... de id quod ipfius chartula donationis inferius ad fingula

3. eadem a competenti officio fufcipi ——— iubeatis legi, actifque indi deinde una nobifcum principales

4. ores dirigi iubeatis ita ut dum eifdem chartula donationis oftenfa relectaque fuerit fi a fe inante

5. Civ. Rav. fcribendam dictaverint & ipfi eadem manibus propriis figna impraefferit teftefque

6. feu quam habeant voluntatem his actis aedicere non morentur

7. fccē Eccl. Rav. offeratis & a competenti percorratis officio .... recitatum eft

E e 4) 8. ... Ind.

<hr>

(a) *In Doniano exemplari* Bracux *primum*, *dein* Bracurfa, *quod figlas male legerit*; *Interpretandae enim honora-* bilis Acakius. *Ex Donio fupple coniugis nomen heic truncatum*, *& lege* Martina.

8. .... Ind. quint. Rav. .... dominae fcē &
per omnia venerabili Eccl. Cathol. (a)
Rav. bonus uhbs (b) acatius &

9. offerenda nunquam funt periture . & ideo
hac confideratione conmoniti prefenti
vobis defenforibus

10. donamus concedimus tradimus ac man-
cipamus fex uncias totius fubftantiae
noftrae in mobilibus in immobilibus

11. erri ut dictum eft in rufticis urbanifque
praediis exceptis mancipiis & feptem
femis unciis fundi

12. liberum fortiamini ex noftro permiffo
arbitrium quae res nobis univerfe ob-
venerunt tam ex proprio

13. .... mus , huius Eccl. quemadmodum
& a (nob)is vel auctoribus noftris
conftat effe poffeffum .

KALEN-

(a) In Fragmento alio De-   pag.485. ipfa Ecclefia dici-
nationis factae Ecclefiae Ra- tur Catholica .
vennati apud Donium n. VI.   (b) Lege Vir honorabilis .

KALENDARIUM VENETUM

SAECULI XI

Ex Cod. Ms. Membranaceo Bibliothecae
S. Salvatoris Bononiae

A STEPHANO BORGIA

SACRAE CONGREG. DE PROPAGANDA FIDE

A SECRETIS

NUNC PRIMUM IN LUCEM EDITUM.

DIES EORUM, QUIBUS EXCEDUNT, ANNOTATE,
UT COMMEMORATIONES EORUM INTER
MEMORIAS MARTYRUM CELEBRARE POS-
SIMUS.

S. Cyprianus Epist. XXXVII.

ERUDITO LECTORI.

*K*ALENDARIUM, quod hic exhibemus, ad nostras devenit manus beneficio doctiss. Viri Ioh. Chrysostomi Trombellii Abb. Congreg. Rhenanae SS. Salvatoris, qui nobis illud communicavit, cum in nostra Beneventana Historia (a) de cultu ageremus Leonis IX. Pont. Max. eodem saeculo XI., quo migravit ad Dominum, inter Sanctos relati. Vetusto in Cod. servatur ad calcem Ritualis, quod videtur spectasse ad Venetam aliquam Ecclesiam seu Cleri Saecularis, seu Canonicorum Regularium, minime vero Monachorum, eo quod Episcopi tantum ibi fiat mentio, nulla autem Abbatis, aut Patriarchae Benedicti, cuius ne Missa quidem apparet. Quod huiusmodi Kalendarium saec. XI. in finem vergente conscriptum sit, illud primo suadet, quod idem Trombellius, cuius iudicium plurimi facimus, in hac est sententia; deinde quod nonnulla ibi desunt, alia vero addita in oculos legentium incurrunt, quae procul dubio posterioris sunt aevi. Et revera, quae in eo visuntur Dominici, Francisci, aliorumque nomina recentiori prorsus charactere sunt scripta, atque ob id ipsum a nobis asterisco notata. Quae autem desunt haec fere sunt: nullis prope nominibus praefixus Sancti titulus, quod magnam redolere antiquitatem nemo sane inficiabitur (b): S. Catharinae M. Alexandrinae festum in eo nullibi reperitur, quod omnes

no_

(a) Tom.II. p.44. e segg. lerium in Praef. ad Martyr.
(b) Vid: Iohan. Bapt. Sol- Usuardi.

norunt apud Latinos eo demum tempore celebrius
evasisse, quo milites nostri ad Loca Sancta recupe-
randa animos, ac arma verterunt. Nihil dicimus
de Octava Nativitatis, ac multo minus de Visita-
tione B. V., haec enim festa recentiora cum sint,
& ad saec. XIII., & XIV. pertineant, nullatenus,
ut quae supra, inservire possunt ad veterem Codicis
scripturam probandam. Superest nunc, ut quoniam
angusto spatio concludimur, pauca quaedam libemus,
quae Kalendarium hoc magis commendant. Ac primo
quidem notandum occurrit festum Agnae sec. in car-
ne, quo Virginis natalis dies in corpore, non autem
in passione intelligitur, quod festum In aliis Kalendariis natale de nativit., natale genuinum,
nativit. S. Agnetis &c. inscribitur. Observari etiam
debet primus dies saeculi postridie Id. Mart. nota-
tus, qui nil aliud indigitat, quam mundi creatio-
nem eo die factam, etsi Petavius (a), aliique illam
tempori autumnali, non autem veris initio at-
tribuant. Festum Transfigurationis Dominicae
huius Kalendarii ope suam vindicat antiquitatem
adversus Scriptores, qui eius originem Callisti III.
temporibus adscribunt. Denique animadvertenda
etiam sunt tum festum conceptionis Ioannis
Baptistae, quod apud Graecos etiam num viget (b),
tum initium Quadragesimae postridie Non. Nov.,
de quo vide Cl. Viros Muratorium (c), & Costado-
nium (d)   Vale.   KALEN-

(a) De Doctr. Temp. lib.9.   (c) To.Il. Anecd. p.265.
cap.6.   (d) Rosianum. sopra la
(b) Vid. Menolog. Basilii   giornata di S.Martino Tom.XX.
X. Kal. Octobr.   N. B. di Opusc. Venet. 1770.

KALENDARIUM

Ianuarius habet dies xxxi. Lun. xxx.

Luni prima dies , & septima fine timetur.

a Kal. Ian.　Circumcisio Domini. Ab op.(a) G.
b iiil. Non.　Isidori Conf.
c iil.　　　　Genovefae Virg.　　d il.
e Nonis .　　Simeonis Prophetae.　Vig.
f viil. Id.　　Epiphania Domini . Ab op.
g vii.　　　　Iuliani Mar.
a vi.　　　　Luciani Mar.　　　　b v.
c iiii.　　　　Pauli primi Heremitae .
d iii.　　　　Gregorii Nazianzeni. Eductio Do-
e il.　　　　　(mini de Aegypto.
f Idibus.　　Ylarii Ep. Pictavis. Octav.Theoph.
g xix Kal.Feb.Felicis Conf. in Pincis .
a xviil.　　　Abachuc Proph. Mauri Monachi .
b xvii.　　　Marcelli PP. & Mar.
c xvi.　　　　Antonii Monachi .
d xv.　　　　Priscae Virg. *Sol in Aquarium* .
e xiv.　　　　Marii & Marthae . Audifacis & Ab-
f xiii.　　　　Fabiani , & Sebastiani .　　(bacuc.
g xii.　　　　Passio Agnetis Virg. Ab op.
a xi.　　　　Anastasii Mar. , & Vincentii Mar.
b x.　　　　 Hemerentianae Virg. & trium Pue-
c ix.　　　　 Timothei Mar. Savinae V. (rorum.
d viii.　　　 Conversio S. Pauli . Ab op. G.
e vii　　　　Policarpi Ep. Smirnae Vir. ob. (b).

　　　　　　　　　　　　　　　　f vi.

(a) *Leg. ab opere, scilicet*　*me nescire, forsan virgo obiit,*
festum ab operibus immune .　*fuit enim discipulus Iohannis*
　(b) *Quid vir. ob. fateor*　*virginis .*

f vi.	Ioannis Grisostomi
g v.	Agnae. Sec. in carne .
a iiii.	
b iii.	Geminiani Conf.
c ii.	Inuentio corp.B.Marci Ev.(a)Ab op.

Februarius habet dies xxviii. Lun. xxviiii.

Ast Februi quarta est precedis tertia finem .

d Kal. Feb.	Severi Epifc. Brigidae Virg.
e iiii.Non.	Purificatio S. Mariae . Ab op.
f iii.	Ioannis Conf. & Blasii Mar.
g ii.	Depositio Symeonis Proph. (b) G.
a Nonis .	Agathae Virg. Ab op.
b viii. Id.	Vedasti Conf.
c vii.	Scolasticae Virg
d vi.	
e v.	Altonis Conf.
f iv.	Socheris Virg.
g iii.	a ii.
b Idibus .	Fufcae Virg.
c xvi.KaLMar.	Valentini Ep. & Mar.
d xv.	Faustini & Iovitae . *Sol in Pifces* .
e xiiii.	Iulianae Virg.
f xiii.	g xii. a xi. b x. c. viiii.
d viii.	Cathedra S. Petri Apoft. Ab op.
e vii.	
f vi.	Mathiae Ap. Ab op.*Hic locus bifexti.*
g v	a iiii. G. b iii. c ii.

Mar-

(a) *Contigit faec.ix. ante* *an.* 870. *Vid. cl. Senatorem* *Flaminium Cornelium de Ve-* *netis Ecclefiis* Dec.xiii. P. L.

(b) *Depofitioni numera* *recte in hoc Kalendario Con-* *fefforibus tantum tribuitur* .

Martius habet dies xxxi. Lun. xxx.

Martis prima necat, cuius si cuspide quarta est.

d Kal. Mart. Albini Ep. Donati Mar.

e vi. Non.   f v.   g iiii. G.   a iii.   b ii.

c Nonis.   Perpetuae & Felicitatis.

d viii.Id. Initium primae Lunae Paschalis hor.v.

e vii.   In Sebaste XL Milit.   f vi.   g v.

a iiii.   Depositio Gregorii PP

b iii.   Eufraxiae Virginis.

c ii.   Leonis Ep. & M. Longini.   d Idibus.

e xvii.Kal.Ap.Eugeniae V. Hellari, & Taciani.

f xvi.   Patricii Ep.

g xv.   Primus dies seculi. *Sol in Arietem.*

a xiiii.   b xiii

c xiii.   Transitus B. Benedicti. *Equinoctium*

d xi.   Locus Epactarum.   (*Vern.*

e x.   * Proculi.

f viiii.   Locus concurrentium.

g viii.   Annunciatio Dom. , & Crucifixio

a vii.   (eius. Ab op. (a)

b vi.   Resurrectio Domini.   c v. G.

d iiii.   Ordinatio B. Gregorii PP. (b)

e iii.   f ii.

Apri-

(a) Sicut a maioribus traditum suscipiens Ecclesiae custodit auctoritas, viii. Kal. April. conceptus traditur quo & passus. S. Augustin. lib. 4. de Trinit. cap. 5.

(b) Dies nempe, qua ad Romanam Cathedram ascen-

dit, quaeque dicebatur natalis Pontificis. Anastasius in vita Hadriani I. sic habet, Constituit, ut quatuor vicibus in anno ipsum pharum accendatur, idest in nativ. Domini, in Pascha, in natali Apostolorum, & in natali Pontificis.

Aprilis habet dies xxx. Lun. xxviiii.

Aprilis decima est undeno & fine minatur.

g Kal. Ap.   a iiii Non.   b iii.   c ii.
d Nonis.. Depos. Ambrosii Archiepisc.
e viii.Id. . f vii.   g vi.   a v.
b iiii.   Hezechielis Proph.   G.
c iii. ...   Leonis PP.   d ii.   e Idibus.
f xviii. K.Mai. Tiburtii. Valeriani , & Maximi .
g xvii.   Dormitio Helenae Virg.
a xvi.   b xv. *Sol in Taurum* .   c xiiii.
d xiii. .   Leonis Noni PP.   G.
e xii.   f xi.   g x.
a viiii.   Georgii Mar. Adelberti Ep.
b viii.   Liberalis Conf. Trium puerorum .
c vii.   Marci Evang. Ab op. Laetanie mai.
d vi.,   Cleti PP. & Mar
e v.   Pollionis Mar.
f iiii.   Vitalis Mar.
g iii.   Leonis Conf.   a ii.

Maius habet dies xxxi. Lun. xxx.

Tercius in Maio Lupus est, & septimus anguis .

b Kal. Mai. Philippi & Iacobi,& Ieremiae Proph.
c vi. Non. Athanasii Ep.
d v. .   Inventio S.Crucis . Alexandri cum
e iiii.   Floriani Mar.   (Sociis suis . G.
f iii.   Ascensio Christi ad Caelos .
g ii. .   Ioannis Ap. ante Portam Latinam.
a Nonis.
b viii. Id. Apparitio B.Michaelis Archangeli.
c vii. .   Tharasis Conf.
d vi.   Gordiani & Epimachi .

e v.

e v.   Chriſtoforis Mar. Cyriaci Ep. & M.
f iv.   Nerei & Achillei, & Pancracii M.
g iii.   Dedicatio S. Mariae ad Mar. (a)
a ii.   Barbarı Mar. Victor. & Coronae ,
b Idibus.   (Felicis, & Fortunati.
c xvii.Kal.Iun. Papia . Syri Conf.   d xvi.
e xv.   Sol in Geminos.
f xiv.   Potentianae Virg.
g xiii.   Euſtadii Mar. cum Sociis ſuis.
a xii.   *Helenae Virg. (b)
b xi.   Zoethae Virg.   c x.
d viiii.   Servuli Mar.   G.
e viii.   Urbani PP.
f vii.   g vi.   a v.   b iiii.
c iii.   Germani Ep. Maximi Ep.
d ii.   Petronellae V. Canci. Canciani.
                  & Cancianillae .
        Iunius habet dies xxx. Lun. xxix.
   Iunius in decimo quindeno edfinem ſalutat..
e Kal. Iun.   Nicomedis Mar. Theclae Virg.
f iv. Non.   Marcellini . & Petri . atque Eraſmi .
g iii.   a ii. Quirini Mar.
b Nonis.   Bonifacii Ep. & Mar.
c viii. Id.   Marcelliani Conf.   d vii.
e vi.   Primi & Naboris .
f v.   Primi & Feliciani .
    Tom. II.   F f   g iiii.

(a) De dedicatione , ſeu   gium in Martyrolog. Adonis
natali, ut in aliis Kalendariis, hac die .
& Martyrologiis legitur , Ec-   (b) In aliis Kalendariis
cleſiae S. Mariae ad Marty-   hac die notatur feſtum Hele-
res , vide Dominicum Geor-   nae matris Conſtantini Imp.

g iiiL.   Eufraxiae Virg.   G.

a iîi.   Barnabae Apoftoli . Ab op.

b iL.   Bafilidis.Cirini.Naboris,&Nazarii.

c.Idïbus .   Peregrini Mar.✱S.AntoniiPaduano.

d xviiiK.Iul. Helifei Proph.

e xviL.   Viti.&Modefti.&Crefcentiae.Ab op.

f xvi. G.   g xv. *Sol in Arietem* (a) .

a xiiiL.   Marci . & Marcelliani Mar.

b xiii.   Gervafii . & Protafi Mart. Ab op.

c xii.

d xi.   Albani Mar.

e x.   Translatio Iacobi Apoft. Alphei .

f ix.   Vig.

g viiL.   Nat. S.Ioannis Baptiftae . Ab op.

a vii.   ✱Apparicio S.Marci Evang (b) Ab op.

b vi.   Ioannis & Pauli Mar. Ab op.   c v.

d iiii.   Leonis PP.   Vig.

e iii.   Nativit.Apoft.Petri & Paull Ab op.

f ii.   Celebratio S.Pauli Apoft. Ab op.

      Iulius habet dies xxxi. Lun. xxx.

 · *Tredecimus Iulii decimo innuit ante Kal.*

g Kal. Iul.   Marcialis Conf

a vi. Non.   Proceffi , & Martiniani Mar.

b v.   Transl. Thomae Ap. Eliodori Conf.

c iiii.   Transl.S.Martini,vel ordinat.adEpi-

d iii.   Gabrielis .   (fcopat. eius.

e ii.   Octava Apoftolor. , & EfaiaeProph.

f Nonis.   Villibaldi Epifc.

g viii. Id.   Chillani. Cholomanni. Totmanni.

a vii.

                            b vi.

(a) *Leg.* Sol in Cancrum .   (b) *An.*1094. *facta traditur* .

b vi.	Septem Fratrum. Paterniani Conf.
c v.	Translatio Benedicti Abb. (a)
d iiii.	Hermachorae,& Fortunati Ab op.
e iii.	Hic inchoant. dies Caniculares. G.
f ii.	
g Idibus.	Quirici , & Iulittae matris eius.
a xvii. K. Aug.	
b xvi.	Marinae Virg.
c xv.	Rophilli Conf. *Sol in Leonem .* G.
d xiv.	Arseni Monachi.
e xiii.	Margaritae Virg.
f xii.	Praxetis Virg. G
g xi.	Mariae Magdalenae.
a x.	Apollinaris Mar.
b ix.	Cristinae Virg. Vig.
c viii.	Iacobi Apost. filius Zebedei. Ab op.
d vii.	
e vi.	Aermolai Sacerdotis. Ab op.
f v.	Nazarii. Celsi . & Pantaleonis Mar.
g iiii.	Felicis. Simplicii. Faustini . & Bea-
a iii.	Abdon & Sennen . (tricis.
b ii.	Tertullini Mart.

Augustus habet dies xxxi. Lun. xxix.

Augusti nepa prima fugat de fine secundi .

c Kal. Aug.	Passio Machabeor. Petri ad Vincu-
d iiii. Non.	Steph. PP.&M Ab op. (la.Ab op.G.
e iii.	Inv. Corporis S. Stephani Protom.

Ff 2 f ii.

(a) De translatione corpo-ris , seu reliquiarum S. Bene-dicti a Cassinensi Monasterio in Galliam ad Floriacense Ca- nobium , vide Baronium an. 664. , Henschenium ad diem 21. Martii ; Mabillonium v aliosque .

f	ɪɪ.	Iuſtini Presb.
g	Nonis .	* Feſtiv. B Dominici Conf. FF. Praed.
a	vɪɪɪ. Id.	Transfigur. Domini . Sixti Ep. Felicillimi. & Agapiti. Antimi. Ab op.
b	vɪɪ.	Donati Ep.
c	vɪ.	Ciriaci Mar.
d	v.	Firmi, & Ruſtici & Romani M Vig.
e	ɪɪɪɪ.	Laurentii Mar. Ab op.
f	ɪɪɪ.	Tiburcii Mar. Suſannae Virg. & M.
g	ɪɪ.	Transl. Hermacore, & Fortunati .
a	Idibus .	Yppoliti, & Caſſiani .
b	xvɪɪɪɪ. K. Sep.	Euſebii Conf. Vig.
c	xvɪɪɪ.	Aſſumptio S. Mariae . Ab op.
d	xvɪɪ.	Arnulfi . Ardoini Conf.
e	xvɪ.	Oct. S. Laurentii .
f	xv.	Agapiti Mar. *Sol in Virginem* .
g	xɪv.	Magni Mar.
a	xɪɪɪ.	Samuhelis Proph. Simproniani M.
b	xɪɪ.	
c	xɪ.	Timothei Mar.
d	x.	Hermogeni & Fortunati .
e	vɪɪɪɪ.	Bartholomei Apoſtoli . Ab op.
f	vɪɪɪ.	Geneſii Mar. Ruffi Mar.
g	vɪɪ.	Anaſtaſii Mar.
a	vɪ.	Pelagii Mar.
b	v.	Auguſtini Ep. Hermetis Mar. Danielis Proph.
c	ɪɪɪɪ.	Decoll. S. Io. Bapt. Savinae Virginis. Ab op.
d	ɪɪɪ.	Felicis & Adaucti . G.
e	ɪɪ.	Felicis Conf. Paulini Pontificis .

Septem-

September habet dies xxx. Lun. xxx.

Tercia Septembris vulpis ferit a pede dena.

f Kal. Sept. Prifci Mar., Verenae Virg.

g iiii. Non. Cofmae Conf.

a iii. Marini Conf. Eufinia. Dorothea.

b ii. (Tecla. & Herafma. G.

c Nonis. Quinti Conf.

d viii. Id. Zachariae Proph.

e vii. Sinotii Mar.

f vi. Nat. Mariae. Ab op. Adriani Mar.

g v. Gurgonii Mar.

a iiii. Hylarii PP.

b iii. Proti, & Iacincti.

c ii.

d Idibus. Ligorii Mar. & VII. Dormientium.

e xviii. K. Oct. Exalt. S. Crucis, Cornelii, & Cy-

f xvii. Nicomedis Mar. (priani.

g xvi. Eufemiae V. Luciae, & Geminiani.

a xv. Lantperti Ep. & Mar. *Sol in Libram.*

b xiv. Bonae Virg.

c xiii. d xii. Vig.

e xi. Matthaei Ap., & Evang. Ab op. G.

f x. Mauricii cum Sociis fuis.

g ix. Urfi Mar., Teclae Virg.

a viii. Conceptio S. Ioannis Bapt.

b vii.

c vi. Cypriani & Iuftinae Mar.

d v. Cofmae & Damiani & Maximi.

e iiii.

f iii. Dedic. Eccl. S. Michaelis Arch. Ab op.

g ii. Ieronimi Presbiteri.

October habet dies xxxi. Lun. xxx.
Tercius Octubris gladius decimum ordine tollit.

a Kal. Oct.   Remedii , & Germani .
b vi. Non.   Leudegarii Mar.   ⁖   c v. G.
d iv.   * Francisci Conf.
f iii.   Placidi . Eutici .   f ii.
g Nonis .   Marci PP. Sergi & Bachi (a) . & Iu-
a viii. Id.   (stinae Virg.
b vii.   Dionisii Ep. Domnini . Rustici .
c vi.   d v.   e iv.   f iii.   (& Eleutherii .
g ii.   Calixti PP. & Gaudentii Conf.
a Idibus .
b xvii. K. Nov. Galli Abb.   c xvi.
d xv.   Lucae Evang. Ab op. *Sol in Scorpion.*
e xiv.   Ianuarii . Sociorumque eius .
f xiii.   Undecim mill. Virg. in Colonia .
g xii.   Ylarionis . Sanctarumque Virg.
a xi.   G.   b x.   c ix.
d viii.   Crispini . Crispiniani . Chrisanti .
e vii.   Amandi Conf.   (& Dariae.
f vi.   Vig.
g v.   Nat Ap. Symonis & Iudae. Ab op.
a iv.   b iii.
c ii.   Vig. Omnium Sanctor. Quintini M.
   Novem-

(a) *Gratum Lectori putamus monumentum , forsan anecdotum , quod exstat in Ecclesia Diœcesis Scodrensis Deo in honorem SS. Sergii. & Bacchi dicata .* ✝ *Memia dne famule tue Helene Regine Servie Dyocilie Albanie Chilmie Dalmacie* & Maritime Regionis que una cum filiis suis Regib. Urosio & Stephano edificavit de novo hanc Eccliam ad honorem beator. martirum Sergii & Bachi & ad finem usq. coplevit anno. dni MCCLxxx. *De regib. Urof. Steph. v. Du Cang. de Fam. Dalm.*

November habet dies xxx. Lun. xxx.

Quinta Novembris acus vix tercia manet in urna.

d Kal. Nov. Mem. Omnium Sanctorum. Ab op.
                (Cesarii Diaconi.

e iiii. Non. Iusti M. Akindini M. cum Soc. suis.

f iii.   Inventio S. Fuscae Virg.

g ii.   Vitalis & Agricolae.

a Nonis.   G.

b viii. Id. Demetrii M.Initium Quadragesimae.

c vii.   Willibrordi Conf., Prosdocimi Ep.

d vi.   Quatuor Coronatorum.

e v.   Theodori Mar.   f iv.

g iii.   Martini Ep. Ab op., & Mennae M.

a ii.   Arsacii Conf.

b Idibus.   Antonini Mar. Bricii Conf.

c xviii. K. Dec.

d xvii.   e xvi.

f xv.   Gregorii. Florini Conf. *Sol in Sa-*

g xiv.   Platonis Mar.   (*gittarium.*

a xiiii.

b xii.   Stephani Conf.

c xi.   Mauri Mar.

d x.   Ceciliae Virg. SS. Theonisti .. Ta-
                 (brae . & Tabrathae.

e ix.   Clementis PP. & Mar. Felicitatis.

f viii.   Grisogoni Mar.

g vii.   Prosperi Mar. Loc. saltem secun-

a vi.   (dum Romanos hyems oritur.

b v.   c iiii.

d iii.   Saturnini Mar. Vig.

e ii.   Passio S. Andreae Apost. Ab op.
               F f 4   Decem-

Decemb. habet dies xxxi. Lun. xxix.

Dat duodena coors septem inde decemq. Decembris .

f Kal Dec.   Candidi . Longini .

g iv. Non.   a iii.

b ii.   Barbarae Virg. .

c Nonis .

d viii. Id.   Nicolai Conf. Baffi Mar.

e vii.   Ambrofii Archiep.   G.

f vi.   Zenonis Ep.

g v.   Proculi Conf. Siri Conf.

a iiii.   Melciadis PP. Eulaliae Virg.

b iii.   Damafci PP.   c ii.

d Idibus .   Luciae Virg.

e xix. Kal. Ian.   f xviii.   g xvii.

a xvi.   Ignatii Mar.

b xv.   Vinnibaldi Abb. *Sol in Capricornum.*

c xiv.   d xiii. Vig.

e xiii.   Thomae Apoftoli . Ab op.

f xi.   G.   g x.

a ix.   Vigilia Nat. Domini .

b viii.   Nativit. Domini noftri Iefu Chrifti.

               (& Anaftafiae Virg.

c vii.   Stephani Protomar. Ab op.

d vi.   Ioannis Ap. & Evang.   Ab op.

e v. .   Innocentorum (a) Mar.   Ab op.

f iv   Ordinatio Epifcopatum Iacobi

g iii.   Liberalis Conf   (Ap. (b) Ab op.

a ii.   Silveftri PP., Columbae Virg.

                             STYLLO-

(a) *Leg. Innocentium .*   primus ex Iudaeis Ierofolymis

(b) *Leg. In Epifcopatum ,*   eft Epifcopus ordinatus .

quando fcilicet ab Apoftolis

SYLLOGE

INSCRIPTIONUM VETERUM

ANECDOTARUM.

ANTONIO . LVDOVICO . ANTINORIO
AQVILANO
OLIM . ARCHIEPISCOPO . ANXANENSI

DEIN . ACHERVNTINO . ET . MATERANENSI

NVNC . ABBATI . ECCLESIAE . S. PETRI . AD . ORATORIVM

IN . OPPIDO . CAPISTRANI

VIRO . MORVM . INNOCENTIA

VITAE . PROBITATE

ET . MVLTIPLICIS . LITTERATVRAE . LAVDE

OMNIBVS . SPECTATISSIMO

CVIVS . DILIGENTIA . ET . STVDIO

ANTIQVITATES . AQVILANAE . MEDII . AEVI

EDITIS . ILLVSTRATISQVE . PLVRIBVS . CHRONICIS

INNOTVERVNT

ET . CVIVS . DEMVM . SEDVLITATE . ET . BENEFICIO

THESAVRVS . MVRATORIANVS

VETERVM . INSCRIPTIONVM

MVLTIS . EGREGIIS . MONVMENTIS

AB . IPSO . COMMVNICATIS

AVCTVS . CIRCVMFERTVR

IOHANNES . CHRISTOPHORVS . AMADVTIVS

OB . MVLTA . IN . SE . BENEVOLENTIAE . ARGVMENTA

PVBLICE . TESTANDA

PRAESVLI . ERVDITISSIMO . PIENTISSIMOQVE

SYLLOGEM . INSCRIPTIONVM . VETERVM

ANECDOTARVM

LIBENS . MERITO . D. D. D

INSCRIPTIONES
VETERES.

1.

In loco Cerdomari Agri Sabinensis
ad Rivum aquae .

SILVANO . SANCTO . . .
INPERATVM . FECI . . .
PROBVS . VILIC . . . . .
. . . FLAVI . SA . . . .
. . . EROS . . . .

Exfcripfit Venantius Lupacchinias Vir Cl , &
communicavit Praeful Cl. Antonius Ludovicus Antinorius .

2.

Perufiae apud Nob. V. Francifcum de Soccis Civitellae .

FORTVNAE
SACRVM
C. DOIVS . C. F. CHORON. EX . AVRI . P. 7. V V. I. M

Communicavit Iulianus Genghinius ICtus Ariminenfis . Siglas non affequor , quae forte non
omnino accurate exfcriptae .

3.

Extra Moenia Civitellae Socci Agri Perufini .
In Cippo.
POLYTIMVS
POPPAEAE . AVG

DISPEN-

DISPENSATOR
FORTVNAE
V. S
Communicavit idem Genghinius.

4
Tuderti in Fovea Viae Pianae sub Moeniis
Columella effossa Non.Septemb. anni 1770.,
in cuius fronte patera cum manubrio.

LA . RI . BVS
C. CANTI   A latere:
NIVS   MAG. C
VENVSTI .   D. D
NVS
Exscripsi ego ipse.

5.
Dalmatiae in Cippo detecto anno 1770.

IMP. CAES
MESSIO
QVINTO . TRA
IANO
DECIO . P. F. AVG
P. M. TR. POT
COS. L AB
P. P. RESP. ANDAVT. DD

Andautonium Pannoniae superioris Oppidum.
Vid. Ptolem. lib.L cap.15., Antonin., Ortel.,
aliosque. Sed Andecriam, seu Andetrium Oppidum Dalmatiae, de quo Boudrandius. Num
hoc potius heic reponendum?

Re-

6.

Romae. Nomina septem testium exscriptorum in Tabula aenea Honestae Missionis indultae a Domitiano Imp., quae nos ipsam afferentes superiori Volumine n.4. pag.460., & seqq., utpote tunc obducta rubigine, heic allaturos recepimus.

A. CALPVRNI	IVSTI
C. IVLI	MAXIMI
P. SERTORI	CELSI
. . . AV . . .	MACRI
. . i VLI .	LELENI
. . CORNELI . . .	ACATI
. . . MERI	sa PITONIS

7.

Allimi in Agro Perusino. Tabula marmorea inventa anno 1765. alta pal. 2., lata pal. 1. $\frac{2}{6}$

C. ALLIO. L. F
LEM
CENTVRIONI
LEG. XIII

Communicavit Franc. M. Galassius Bononien. Monachus Casinen., Prior Ecclesiae S. Constantii Perusiae.

8.

Romae apud Iacobum Bellottium.

D. M
P. CIPI. CRESCENTIS
MIL. COH. VI. VIG

Exscripsi ego ipse anno 1769.

Ro-

9.

*Romae in Museo Clementino Vaticano . Lapis praegran-
dis nuper inventus , in quo exsculptus Miles
stans , & loris equum tenens . Inferne Inscriptio .*

AVR. SATVRNINO . EQ. COH. VIII. PR. 7
VERISSIMI . MILITAVIT . IN . LEG. SE-
CVNDA . ITALICA . TESSERARIVS . ANN. VI
QVI . VIXIT . AN. XXVIII. AVR. OPTATIANVS
EQ. FRATRI . BENEMERENTI . POSVIT

Exscripsi ego ipse.

10.

*Romae in Vinea , quae dicitur Macao , non longe
a Thermis Diocletiani , ubi fuerunt Castra Prae-
toria , lapis inventus mense Decembri anni 1767.,
nunc in Ambulacro Vaticani Palatii .*

VEX. L. LOCERIVS . L. F. SAB. CONSTITVTVS . VO-
LATERRA

OPT. C. IVLIVS . C. F. CAM. PRIMINVS . RAVEN-
NA. P. AC. 7

SCOLAM . VETVSTATE . CORRVPTAM . PECVNIA . SVA . RE-
FICIENDAM

.... EM. AED. .... AM . DE . SVO . MARMORE . ADOR-
NARVNT

11.

*Neapoli in Pompeiano ad Theatrum .
Invent. anno 1769. circa finem .*

C. QVINCTIVS . C. F. VALG
M. PORCIVS . M. F
DVO ; VIRI . DEC. DECR.
THEATRVM . TECTVM
FAC. LOC. EIDEQVE . PROB

Com-

Communicavit Vir Cl. Matthias Zarillius Academicus Herculaneniis , & Etruſcus Cortonenſis : Quidam de *Velario* heic rem eſſe cenſuerunt ; aſt provocatur ad Ambulacrum , quod ad verticem Theatri erat , columnis fultum , & tectum . De Theatro tecto vid. March. Scip. Maffeium de Amphitheatro Veronen. lib.1L cap.xii. Ultimae lineae ſiglas lege : ꜰᴀᴄɪᴜɴᴅᴀᴍ . ʟᴏᴄᴀᴠᴇʀᴜɴᴛ . ᴇɪᴅᴇᴍᴏᴠᴇ . ᴘʀᴏʙᴀᴠᴇʀᴇ .

1 2.

Velitris In Aedibus Decurionum . Repert. Ciſternae
hoc ann. 1773.

ABDEM . RO . . . .
AVGV . . . . .
ORDO . VLVBRA . . . . . .
SVO . RE . PECVN . . . .
VETVsTATE . D . . . . . .
A . FVNDAMENTI . . . . . .
C . SERIO . AVGVRIN . . . . . .
C . TREBIO . SERGIAN . . . . . .

Exſcripſi ego ipſe otio autumnali huius anni 1773. Duumviros Ulubrae heic deſignari cenſeo ; in Faſtis enim Conſularibus ea nomina deſiderantur , Vid. inferius n. 17.

1 3.

Ibidem .

. . . . . IIVS . ZOSIMVS
. . . . . AS . VTRASQVE . CVM
. . . . . MENTIS . IMPENSAS . P . C
. . . . . AQR . MVNIFICENTIA . IMPEN

. . . . . SELLIVM . DECREVIT
. . . TINO . P. III
. . . . O . II   IIVIR. QVINQ

Exſcripſi ego ipſe .

14

Ferentini inter Hernicos in Latio , ſupra portam ex-
teriorem , quae ad Orientem ſpeꞔat , Arcis an-
tiquiſſimae Etruſci operis , cui nunc innititur
Epiſcopium .

M. LOLLIVS . C. F. A. IIIRTIVS . A. F. CES. PVNDA
FACIVNDA . COERAVERVNT . EIDEMQVE . PROBAVERE
Exſcripſi ego ipſe Kal. Novembris huius an-
ni 1773. Ceteras Inſcriptiones , quae in hoc
Aedincio ſparſim leguntur , habes apud Gru-
terium pag.165. num.3. Haec omiſſa fuerat .
Conſules ſpeꞔant ad ann. Urbis conditae 734

15

In Oppido Prezzae , inter Corfinium , & Sulmonem ,
ad Aedem ſacram Divae Luciae .

L. STATIVS . CN. F. CHILO
L. PETTIVS . C. F. PANSA
C. PETTIVS . F. F. GEMELLVS
L. TATTIVS . F. F. COX
MAGISTRI . LAVERNEIS
MVRVM . CAEMENTICIVM
PORTAM . PORTICVM
TEMPLVM . BONAE . DEAE
FAOL. DECRETO . FACIENDV *m*
CVRAVERVNT . PROEAEVNTQ *ue*
Communicavit Praeſul CL. Antinorius .

Sermo-

16.

Sermonetae in Cavaedio Domus Ecclesiae Collegiatae S. Angeli.

C. OPPIVS
SP. F. COL
RVFVS . PAG
MAGISTER . IDEM
PRAEFECTVS . VLVBRI
IVRE . DICVNDO
MALVS . EST . MALE . .. FAT ...

Exfcripfit, & communicavit Vir Cl. Iofephus Regius Bibliothecae Comitum Praefectus. Habet Reinefius *Syntag. Veter. Infcr.* Claf.VI. num.72. pag.434. ex Manutio ad Cic. lib.VII. epift 71., fed parum accuratam & quoad linearum ordinem, & quo ad voces nonnullas, tum etiam ultima linea carentem. Vid. fuperius n.13.

17.

Romae in Villa Bravettae, Gentis Bichiae Senenfis, extra Portam Aureliam, IV. ab Vrbe lapide.

DIs . MAN
L. FABI. L. F. GAL
POLLIONIS
QVAESTORIS . IMP
LEG. . . . . .
TRIB. PLEBIS
PROC
PROVINC. . . . . .

Exfcripfi ego ipfe menfe Maio anni 1770.

G g 2   Re-

18.

Romae In Vinea Caroli Simonis Neronis ICti Ripani
extra Portam Capenam, ad Sepulcrum Scipionum.
Tab. marm. nuper inventa.

D.   m

SILVI. . . . . . Tel

ESPHOR o . . . DO

MITIVS . APOLLONIVS
PATER . DO. FORTVNATA
MATER . SILVANVS . ENA
TER . IVLIVS . TELESPHOR
TATA . CORNELIA . SERS
MAMMA . THREPTVS
TATVLA . DVLCISSIMAE
ET . PIENTISSIMAE . ANI
MAE . INNOCENTISSIM
AE . FECERVNT

Exſcripſi ego ipſe.

19.

Romae extra Portam Capenam. Invent. anno 1771.

D.   Ɔ   M

BRVTTIAE . PEREGRINA E
PIISSIMAE . QVAE . VIXIT . AN . . .
MENSIBVS . DVOBVS . DIE . . . .
C. BRVTTIVS . PEREGRINVS . ET . BRVE
TI XX . EVPHROSYNE . PARENTES
(ſic)
BENEMERENTI . ET . SIBI . . . . .
LIBERTABVS . QVE . POST . . . . .
B O R V M

Comᵔ

Communicavit Vir cl. Andreas Iohannettius
Abbas Monafterii S. Gregorii in Clivo Scauri.

20.

Romae extra Portam Capenam in Vinea Bernardi Oli-
verii . Sarcophagus nuper inventus cum pueri
flatus iacente , Bacchi fymbolis ornata , capite
nimirum pampinis redimito , & racemo dexterae ,
ac poculo finiftrae appofito .

ΣΑΤΟΡΝΕΙΝΟΣ . ΕΓΩ . ΚΙΚΛΗΣΚΟΜΑΙ . ΒΚ
ΔΕ ΜΕ . ΓΑΙΔΟΣ

ΣΙΣ. ΔΙΟΝΤΣΟΤ. ΑΓΑΛΜΕΘΗΣΑΝ. ΜΙΤ̣Ρ̣Σ̣.ΓΑΤ̣Τ̣Σ̣

Saturninus . ego . vocor . ex . puero . me . autem
in. Bacchi. Statuam. conftituerunt. materque. paterque.

Exfcripfi , & in latinum verti ego ipfe .
Hieronymus Ferrius Poeta, & Orator celeberrimus ita hexametris verfibus Graecos ipfos
latine reddidit :

Saturnus ego fum nomine : meque puellum
Finxit in effigiem Bacchi materque , paterque .

21.

Lepriniani in Ecclefia S. Leonis .

D

M. MARCIV . . . . . .
SABINVS . R . . . . . .
MENSIB. VII . . . . . .
COMINIA . M . . . . . .
PIENTISS . . . . . .

Communicavit Vir Cl. Abbas Petrus Aloyfius
Gallettius Mon. Cafin.

Gg 3   Ro-

22.

Romae in Vinea Bernardi Oliverii extra Portam
Capenam . Tab. marmor. nuper inventa .

D. APVLEIVS
GLAPHYRVS
APVLEIAE . IRENE
FILIAE . DVLCIS
SIMAE . QVAE
VIX. ANN. III
MENS. IIII. DIE .
EVS . XVIII
FECIT

Exfcripfi ego ipfe .

23.

Ibidem . Tab. marm. nuper inventa .

PETRONIE . HELENI
QVE . VIX. AN. II. D. I
H. V. PARENTES . FILIE
DVLCISSIME
FECERVNT

Exfcripfi ego ipfe ,

24

Romae in Lapide apud Nicolaum Maronium
Palaeopolam .

AMIANTI
MATRI . CAR
ISSIMAE . MAR
CARITA . ET
ACHILEVS
FECERVNT

Exfcripfi ego ipfe :

Re-

25.

Romae in Vinea Oliveria. Tab. marm. nuper inventa.

D. M

TI. CLAV

DIO . CH

RY,H . FR

ATRI ; RR

NEMEREN

TI . FECIT

CELESTINVS

Exſcripſi ego ipſe.

26.

Ibid. Tab. marm. nuper inventa.

D. M

VLPIAE . HYCLAE

QVAE . VIXIT . ANN. XLIII

MENS. VI. D. I

VLPIA . TYCHE . SORORI

(ſic) MENEMERENTI . FECIT

Exſcripſi ego ipſe.

27.

Romae in Cippo apud Marmorarium in Colle
Hortulorum . Litteris ſequioris aetatis .

D. M

COCCEIO . FORTI

ET . CLAVDIAE

MELILINE . CO

NIVGI . EIVS

COCCEIVS . SADI

ECTVS . P

Exſcripſi ego ipſe prid. Kal. Sept. huius an. 1773.

G g 4   Ro-

28.

Romae extra Portam Capenam in Vinea Bernardi Oliuerii . Tab. marmor. nuper inuenta .

D. Ð M

FANNIVS

HELIVS . FE

CIT . CECILIE

PAVLINE . CON

IVGI . SVAE

BENEME

RENTI

DVLC:SSIMAE

QVAE . VIXIT . ANN

XXV. MENS. VI

Exſcripſi ego ipſe .

29.

Ibidem . Tab. mar. nuper inuenta ,
& diſrupta .

D. M

FORTVNATAE . CONIV

incomp ARABILI . CONIVG

. . . SSIME . QVEIS . BENE

. . . . E . SECVRVS . VIXIT

. . . . ET . AGILITATI . SVAE

. . . . ECVRVM . FECIT

. . . RVS . INFIBIX (*)

. . . . I DEBVIT . CON

. . . . DVLCISSIME

(*) Lege INFELIX . Exſcripſi ego ipſe .

Ro-

30.

Romae extra Portam Capenam. Tab. marmor. inventa anno 1771.

D. M
TROELIAE . FELICVLAE
T. FLAVIVS . CAPRIO
LVS . CONIVGI . CA
RISSIMAE . FECIT

Communicavit laudatus Cl. Iohannettius.

31.

Reate in Vinea Patritiae Gentis Sonantiae. Tab. marmor. inventa hoc anno 1773.

D. M
ISIADI
EVTRA
PELVS
CONIVGI
BENE
MERENTI
FECIT

Communicavit Praeful nobiliffimus Antonius Felix Chifius Zondadarius Reatinae Civitatis Praefes.

32.

Romae in Aedibus Buccapaduliis. Cippus advectus a Terri, quae dicitur de' Schiavi.

	Ideù	D. M
ΠΑΠΕΙΡΙΟC ΕΡ		Papirius . Her .
ΜΗC . ΠΑΠΕΙΡΙΑ		mes . Papiriae
ΠΑΝΘΕΙΑ CΤΜΒΙΩ		Pántheiae . Coniugi
ΓΛΤΚΥΤΑΤΗ . ΜΑΗ		Dulciffimae . ma .
		MHC.

MHC . XAPIN . TTM	*moriae . causta . ta*
BON . ANECTHCA	*~abus . excitavi*
ΓAPAΛABΩN . E	*eum . duxerim . an*
TΩN . IB . CTNZH	*norum xil. simul . vl*
CAC . ΓTECIN . H	*xi . annis . vul*
KAI . MHCIN . E	*& mensibus . v*

Communicavit laudatus Cl. Gallettius.

33.

Romae apud Iacobum Bellettium.

K.   K

MAPΓAPIΔOC TO ΔE CHMA EHC

ETHNOC ΓIETΣEN EINEKA MNH

MOCTNHC THC ΦIΛIHC ΔΛΟ

XOT KOYPHN ΓAMINΓΓHMEN

ΗΤΙ TPIA KAI ΔBKEXOTCAN

ΓΕΝΤΗΚΟΝΤΑ ΓAMΩN ΔΕ

ΤΕ AΓAHC AMENH KAΘANEN

ΕΞΗΚΟΝΤΑ ΤPIΩN ETEΩN

CA (fic)

ΓΕΓATIA ETΦPANA ΓOCIN

ΓANTIΘΩI BIOTΩI

Idest :

D   M

Margaridis hoc est sepulcrum eius
obsequii monumentum, amorisque
sui gratia positum. Uxorem
enim puellam duxi
annos sredecim natam .

Quin-

Quinquaginta annis steterunt nuptiae.
Simplici autem languore periit
post sexaginta tres annos exactos
Femina obsequens Viro plusquam
mortalium alia quaelibet .

Exfcripfi , & in latinum verti ego ipfe , ut
potui, ad fenfum .

34.

Reate in Vinea Patritiae Gentis Senensiae .
Tab. marmor. inventa hoc anno 1773.
cum Protome anaglyptice fculpta .

FEC (Pro tome) LI
ANNIVS
HIPPOLITVS
C. B. M. C. Q.
V. A. XI. . . . V
D. X . . . . . .

Siglas fic lege : Coniugi . Bene . Merenti . Cum .
Qua . Vixit . Ann. xi. Men. v. Dies . x. &c. Communicavit laudatus Praeful Zondadarius .

35.

Monte Caufario in Dioecefi Firmana nuper inventus
Sarcophagus , dum Eremitarum Auguftinenfium
Coenobium demoliretur . Altus pal. 2. unc. 9.,
latus pal. 8. unc.6. ; ornatus paraftatis , aliifque
anaglyptice fculptis .

D. M
M. ACVTIO . P. P. (fic) FILIO
ACVTIANO . EQ. R. LAVR.
LAVIN.

LAVIN. Q. VIXIT. ANN. XXX
MES. VL DIEB. XIV
LACANIA . MARTINA
CONIVGI . CARISSIMO . ET . PIO
CVM . FILIS . COHERED. SVIS
EX i TESTAMENTO ☽ ABIVS
BENAEMERENTI . POSVERVNT

Communicavit Praeful Cl. Stephanus Borgia
S. C. de Propag. Fide a Secretis .

36.

Reate in Vinea Sonantia . Lapis nuper inventus .

D. M

MARCIAE . ISIADf
PATRONAE
DE . SE . BENEMERITAE
. FECIT
A. MARCIVS . SY NER^{on}
LIB

Communicavit laudatus Praeful Zondadarius ,

37.

In Oppido Selci Agri Sabinenfis ad fcalam
Ecclefiae primariae S. Salvatoris .

ORFIDIVS . P. L. PRIMVS
ORFIDIA . P. L. PRIMA
LETVS . DELICIVM . VIXIT
ANNOS . VIIII ·
ORATVS . CORFIDIAE . PRIME (fic)
LIBERTAE

Communicavit laudatus Cl. Gallettlus .

Ro-

38.

Romae apud Marmorarium in Via Iulia.

DIS. MANIBVS	HERIA . Q. Q. L
, CL IVL. ANICETI	ET . EVTHERIS
ET . MAELIAES	SIBI . ET . SVIS
HELIADIS	Q. HERIVS Q. L
LIVIA . TROPHIME	TIRIVS
LIBERTA . ET	Q. HERIVS . Q. Q. L
LIVIA . HELIAS	CHARES
FILIA . DE . SVO	IN . FR. P. XIX
FECERVNT	IN . AGR. P. XII
IN . FRO. P. X	
IN . AORO . P. XII	

Communicavit laudatus Cl. Gallettius,

39.

Romae extra Portam Capenam in Vinea Oliveria.
Lapis nuper inventus.

D. M

CORNELIAE . ARTEMISIAE

VIX. ANN. IIL. M. VI. D. II

FECIT . CORNELIA . LVPERCA

VERNAE . SVAE ☾

Exſcripſi ego ipſe.

40.

Romae extra Portam Capenam in Vinea Caroli Simonis
Neronii ICti Ripani. Lapis nuper inventus.

DIS . M. SACR

APHRODISIO

VERNAE . SVO . DVLⁱ

FEC. T. FLAVIVS

EPA-

ΣPAPRHODITVS
AEDITVVS
ABASCANTI . ET . PRISCLL
LAES . PATRONOR
ET . SIBI . SVIS . R. B

Exfcripfi ego ipfe .

41.

Ibidem . Vrna nuper inventa :

DIS . MAN
L. FABNI . TELESPHOR
VNGVENTARI
LVGDVNENSIS
ET . FABNIAE
RESTITVTAE
VXORI . EIVS
FECIT . SERGIA
TYCHE

Exfcripfi ego ipfe .

42.

Ibidem . Lapis nuper inventus :

Q. FABIVS . ANTHVS
TAVRISCI . L. V. A. XXXIV

Exfcripfi ego ipfe .

43.

*Romae extra Portam Capenam in Vinea Oliveria .
Lapis difruptus nuper inventus .*

HAVE . SOPHRO . . . .
ET . VOS . VIATORES . . . .
AVG. LIB. PROC. NON. PR . . .
ME . CORONATIS . MVLT . . .
ET . SVIS . LIBERTIS

Exfcripfi ego ipfe .   Veli-

44·

Velitris in Aedibus Borgianis . Fragmentum lapidis erutum hoc anno 1773· ad Aedes sacras Divi Martini Cler. Reg. Cong. Somaschae .

```
. . . . . . . O . PHRYKO
. . . . . . . IOMASTENI
. . . . . . . AChDO
. . . . . . . A . . . .
. . . . . . . IT . . . . .
```

Exscripsi ego ipse .

45·

Ibidem . Sigillum aeneum .

P. MARCI

FORTVNATI

46.

Sermonetae . Sigillum aeneum .

SPECTATI

COR. PROC

Communicavit laudatus CL Regius .

47·

Sabiniani in Aemilia in Museo Viri Cl. Petri Burghesii. Sigillum aeneum repertum ad Castrum Vetus .

L. IVENNI

SABINI :

Communicavit ipse Burghesius .

Ibi-

48.

Ibidem . Fragmentum Inscriptionis in Opercolo Urnae sepulcralis inventae anno 1749. in Agro Sabinianensi prope Rubiconem fluvium , in praedio Marcucciorum de Arimino .

. . . . VS . AVRI . P. III
. . . IOLARB . VOLVERIT . DARB . DEBET . FISCO . . .

Communicavit laudatus Burghefius.

49.

Portariae , Pago Terrae Arnulphorum , antiqui Patrimonii S. Romanae Ecclesiae , in Dioecesi Spoletana. In Fistula aquaria plumbea invent. ann. 1769.

C. FAELIVS . CRESCES . FEC

50.

Romae apud Iacobum Belloetium . Lapis diruptus ; nuper detectus .

. . . N. TIBI . NVNC . PRODEST . S . . EI . . . IC . . TE . VIXISSE
. . . ANNIS . HEREDVM . RATIO . NVNTIAT
. . . PRIMA . FVIT . LITIS . VICESIMA
. . OLV . . . T . . ADENDE . RVDES . HOMINES
. . . . NO . MORANTES . DELATI
. . . . HOC . SVB . IVDICE . IVSTO
. . . . ET . LONGIS . PROTRACTIBVS
. . . . . MALORV . VICI . QVIDEM . DOMINE
VICTOR . CVM . PALMA . RELATVS . SEMANIMIS (ſc)
CASV . MEDICI . MALE . MEMBRA . EECARVNT
CORPORI . QVOD . SVPEREST . TVMVLVM . TIBI
FECI . LIBENTER . NON . MIHI . MANDASTI
SED . VIVOS . SAEPE . VOLEBA . . . . .

Exſcripſi ego ipſe.

Vell-

§ I.

Velitris in Delicio Suburbano Comitis Antonii An-
tonellii . In Lapide rubro difrupto , litteris minu-
tiffimis , fed elegantibus , reperto in Agro Veli-
terno anno 1759.

```
. . . . . LIVS . P. ET . CLODIA . L  L. OPTATVS
. . . . . VIXIT . ANNOS . VL  M.  VIII
FLORENTEM . MEI . CONE . . . VSSERE . PARENTES
. . . . VM . LICVIT . SVPERIS . . . . ACCEPTIOR  VNVS
. . . . . TVIT . VERBO . MALEDICERE . ACERBO
. . . . . AD . SVPEROS . QVOS . PIETAS . CVGI . .  .
. . . . . . . ODESTE . NVNC . VOS . QVOI . . . . . . . .
. . . . . . . . . . Is . DICITE . OPTATE . SIT . . . .
. . .  . . . . O . ANNORVM . NONDVM
. . . . . . . . VM . AD . MORTEM . MATRIS
. . . . .  . . MANIBVS . CARVS . FVI . VIVOS . CARI
ADVERSEIS . QVAE . ME . SVSTVLIT . O  . . .
DESINE . IAM . FRVSTRA . MEA . MATER . . . .
TE . MISERAM . TOTOS . EXAGITARE . DIE  . . .
NAMQVE . DOLOR . TALIS . NON . NVNC . TIBI . . .
HAEC . EADEM . ET . MAGNEIS . REGIBVS . . . .
CLARA . AMARANTO . . . . . .
AV . . . . . . .
```

Exfcripfi ego ipfe otio Autumnali huius an-
ni 1773.

52.

In S. Iuvenalis Episcopi extra Macerinum, Oppidum primarium Terrarum Arnulpharum, veteris Patrimonii S. Romanae Ecclesiae, in Dioecesi Spoletana. Tabula marmorea disrupta circa medium, ubi conspiciendae dumtaxat remanent litterae A. Ω. Ad latera sunt duo pueri. Pars dextera decem versus habet, totidem sinistra. Lat. palm. 6. $\frac{1}{2}$, alt. 2. $\frac{1}{2}$

PONTIASIDEREISASPIRANSVVLTIBVSOLIM
HICIACETAETHERIOSSMINBLAPSAFVIT
OMNESHONOSOMNISCESITTIBIGRATIAFORMAE
MENSQVOQVeCVMVVLTVSDIGNAΝITORBFVIT
TRADITAVIRGOTORISDBCIMVMNONPERTVLITANNVM
CONIVGIIINFEΣIEVNICAPROLEPE(fic)RIT
QVANTVSAMORMENTISPROMITASQVAMGRATAMARITO
QVAMCASTIMORESQVANTVSETIPSEPVDOR
NILTIBIQVODFOEDVMVITIVMNECMORIBVSVLLVM
DVMSATLOBSEQVERISFAMVLADICTAVIRI ₵

DENIQVETEMEMETFATIBODIOQVEGRAVATVM
DVMSEQVERISVIDITCVRSICACVMLACRIMIS
TVTREVIROSPERGENSCVRSVSVBVECTAROTARVM
CONIVOISHEVCVLTRIEDVRASATISPATERIS
TEPATERINFESTVSGENEROCVMTOLLEREVELLET
TEMTASTBLAQVEVMSIFACERETGENITOR
CEDITEIAMVETERVMLAVDESOMNESQVEMARITAE
TEMPORANVLLADABVNTTALIAQVAEBFACIAT
VIRTVVSINGENTIGEMITVFLETVQVERIGATVS
HOSFECIVERSVSPAVCATAMENMEMORANS

Differ-

Inserne haec leguntur :

.... IAM ...   HICLEGITAVTORESMV ...

Exfcripfit Praeful Cl. Stephanus Borgia Autumnali rufticatione anni 1769. Habet Muratorius pag. 1916. n. 1., qui ponit Spoleti ad Altare S. Iuvenalis, & cui mifit Dionyfius Sancaffia-
nus. Habet & Bonada *Carmin. ex antiq. Lapidib.*
Clafs. x. n. xxv. pag. 502., qui ponit in S. Iuvenalis extra Oppidum *Maceresi* Spoletanae Dioec.,
tum ex eo affert Pafchalis Amatius in Tom. vi.
Colleff. Pifaur. omnium Poemat. inter Carmina
Chriftiana Epigr. xxiii. pag. 279. Omnes tamen
ita mendofa exhibent haec Carmina, ut rurfus
heic proferre non nifi utiliffimum fit ; nam Muratorius, Bonada, & Amatius lin. 3. legunt
OMNIS, cum OMNES, licet tamen male, legatur
in marmore; & ibid. Murator. SIBI pro TIBI.
Lin. 5. finguli habent THORIS pro TORIS. Lin. 6.
Bonada, qui heic perperam emendat Murato-
rium, & Amatius CONIVGIS pro CONIVGII. Lin 9.
Murator. HIC pro NIL. Lin. 10. Murator. VIRO
pro VIRI. Ibid. Amatius TVM pro DVM. Lin 11.
Murator. TE TENEBRAM pro TENEBNET. Ibid. finguli
GRAVATAM pro GRAVATVM. Lin. 13. Murator TVTE
PVRGENT .... CVM SVBIECTA ROTARVM, Bonada,
& Amatius. TVTA VIRVM PERGENS &c. pro TV
TEEVIROS PERGENS CVESV SVBVECTA ROT-RVM.
Lin. 16. Murator. TESTANDI, Bonada, & Ama-
tius TENTASTI pro TEMTASTI. Lin. 17. Murator.
METRVM pro VETERVM, & MARIIO pro MARITAB.

                    H h 2   Ibid.

Ibid. Bonada , & Amatius OMNIS pro OMNES .
Lin.18. finguli FACIANT pro FACIAT .

53.

Velitris In Sacello SSmae Trinitatis Gentis Borgiae
Patritiae . Lapis inventus in Coemeterio veterum
Chriftianorum in Villa Borgia extra Portam Infe-
riorem Vrbis anno 1750.

> VE NE CES TVS PRE VI TER
>
> IN PA CAB DOM DOR MIT

Exfcripfi ego ipfe otio Autumnali huius anni 1773.

54

Ibidem in Aedibus Ginettiis , intra clypeum rotun-
dum in Urna ornata anaglyphis profanis , nempe
virginibus alis , & palmis infignitis , ac pueris
item alatis ; ad latera vero fphinges habentur .

> CLODIA . LVPER
>
> CILLA . IN . PACE ☧
>
> BENE . DORMIT . QVE
>
> VICXIT . ANNIS . XXVIII
>
> M. VII. DIES . VIII. MECVM
>
> ANN. VIII. M. VIII. D. XVIII
>
> AVR. TIMOTHEVS
>
> COIVG. B. M

Exfcripfi ego ipfe otio Autumnali huius anni 1773. Habet Muratorius pag.1852 n.9.,
qui ponit Romae apud SS. Apoftolorum
in Domo Epifcopi Sipontini, fed admodum
incorrectam, & indiligentem, ut e re fit eamdem repetere.

In

55.

*In loco, qui Vescovio dicitur, in Horto Coenobii
iam deserti, Agri Sabinensis, in Urna.*

AVRELIO . VRSA
CIO . P . C . BENEME
RENTI . QVI . VIXIT . AN
XXXVIII. DI. VIII. IN . PACE
DEP. XVI. KAL. APRIL

Communicavit laudatus Cl. Gallettius .

56.

*Verulis in parte posteriore Arae maximae
Ecclesiae Cathedralis .*

DP. MARTVRI
PB . IN . PCI . KAL. DICEM
ERIS . D. SOLIB . IND. XII

Exscripsi ego ipse otio Autumnali huius anni 1773.

57.

Bononiae in Academia Instituti Scientiarum.

DEPOSITVS . M
ARTYRIVS . III. KAL
IVLIAS . IN . PACE
TRIMATVS . ET . MS

Communicavit Vir cl. Caietanus Aloysius Marinius Civis Archangelianus .

Ro-

58.

Romae apud eundem Marinium. Lapis repertus
ad Cryptam Ferratam anno 1765.

Columba cum TB . IN . PACE
ramo olcae . TIMINIAE . s ore
  Arca Noe RLDI . DVLCIS si
QVOD . TIBI . DI ME . FILIE . OMNI . G *ratia*
XI SVAVIL. POSIDONIVS . ET . TV . . .
Canis .
Gallus. Exfcripfi ego ipfe .

59.

Romae in Vinea Caracciolia extra Portam
S. Laurentii in via Tiburtina .

MARCIANO . COMPARI . QVI . VIXIT

℞ ANNOS . N. L. DEPOSITVS

XI. KAL. IAN. IN . PACE

60.

Pifauri in Mufeo publico . Lapis Romae
ex Catacumbis advectus .

ΠΑΤΗΡ . ΑΙΑΙΑΝΗΤΙ   *Pater . Aelianeti*
  ΘΥΓΑΤΡΕΙ   *Filiae*
 ΑΙΜΝΗΤΩ   *Semper . memorabili*

Poftremam vocem eft, qui legat ἀμνήτῳ in-
nuptae a μνήω nubo , & ἀ privativo . Ego
potius legerem ἀμνήστῳ , cum & apud Fabret-
tium *Infcr.* cap. VIII. n. CXI. pag. 591. , & apud
Cl. Oliverium *Marmor. Pifauren.* pag. 72. n. 182.
habeatur titulus infcriptus ΤΩ . ΑΙΜΝΗCΤΩ .
ΦΗΛΙΚΙCCΙΜΩ , nempe *femper memorabili Feli-*
ciffimo .

Ibi-

61.

Ibidem ex Urbis Coemeteriis.

ΖΩCΙΜΟC . ΚΑΙ . ΕΥΝΕΙΚΗ
ΤΩ . ΙΔΙΩ . ΤΕΚΤΩ . ΕΤΝΕΙ
ΚΩ . ΚΑΛΩC . ΙΤΡΙΩΜΕΝΩ
ΤΗΝ . ΚΑΡΗΝ . ΤΟΥ . ΘΕΟΥ . ΕΙΡΗ
ΝΙΙΝ . ΕΧΕΤΕ . ΑΔΕΛΦΟΙ

Zofimus . & . Eunice
Suo . Filio . Euni
co . qui . bene . factus . est . dignus
conſequi . *gratiam . Dei . Pa*
rem . habete . Fratres

Communicavit utramque Epigraphem Vir Cl.
Calliſtus Marinius Piſaurenſis. Lin.2. lege τίκτω,
& lin. 3. ἰωμένω . Clauditur haec Inſcriptio
aurea ſentencia , Chriſtianis hominibus digniſſi-
ma ; Quare claudimus & nos ea ipſa Syllogem
noſtram.

FINIS TOMI SECUNDI.

EXCVSVM · ROMAE

CVRANTE · GREGORIO · SETTARIO · BIBLIOPOLA

AD · INSIGNE · HOMERI

IN · PERVIGILIO · NATALIS · DOMINI · NOSTRI

IESV · CHRISTI

ANNI · CIↃIↃCCLXXIII

REGNANTE · GLORIOSISSIMO

ROMANO · PONTIFICE

ET · EPISCOPO · OECVMENICO

CLEMENTE · XIV

QVI · MVLTIS · ANNIS · VIVAT · FLOREAT · IMPERET

PONTIFICATVS · EIVSDEM · ANNO · V

www.ingramcontent.com/pod-product-compliance
Lightning Source LLC
Chambersburg PA
CBHW020449270326
41926CB00008B/543